# 《岳石文化与东夷文明》
# 编委会

# 岳石文化与东夷文明

山东老新协岳石文化研究会
北京山仑影视文化传播集团　编

主　编　丁建英
副主编　赵瑞山　王简政

齐鲁书社
·济南·

图书在版编目（CIP）数据

岳石文化与东夷文明 / 丁建英主编. -- 济南：齐鲁书社, 2023.4
ISBN 978-7-5333-4683-6

Ⅰ. ①岳… Ⅱ. ①丁… Ⅲ. ①文化史－研究－山东 Ⅳ. ①K295.2

中国国家版本馆CIP数据核字(2023)第056066号

责任编辑：杨德乾　周梦雨
责任校对：赵自环　王其宝
装帧设计：亓旭欣

岳石文化与东夷文明
YUESHI WENHUA YU DONGYI WENMING
丁建英　主编

| | |
|---|---|
| 主管单位 | 山东出版传媒股份有限公司 |
| 出版发行 | 齊魯書社 |
| 社　　址 | 济南市市中区舜耕路517号 |
| 邮　　编 | 250003 |
| 网　　址 | www.qlss.com.cn |
| 电子邮箱 | qilupress@126.com |
| 营销中心 | （0531）82098521　82098519　82098517 |
| 印　　刷 | 山东新华印务有限公司 |
| 开　　本 | 880mm × 1230mm　1/32 |
| 印　　张 | 12 |
| 插　　页 | 3 |
| 字　　数 | 245千 |
| 版　　次 | 2023年4月第1版 |
| 印　　次 | 2023年4月第1次印刷 |
| 标准书号 | ISBN 978-7-5333-4683-6 |
| 定　　价 | 88.00元 |

# 前　言

《岳石文化与东夷文明》一书是山东省老新闻工作者协会岳石文化研究会和北京山仑影视文化传媒有限公司倾力合作的历史文化研究著作。本书有著名专家学者的最新研究成果，开创性的新课题，提出的新观点，研究的新思路和历史文化工作者的新视点。

本书的主要作者有山东大学儒学高等研究院教授、著名学者孟祥才先生，山东大学历史文化学院院长、文化遗产研究院院长、博物馆馆长方辉教授，曲阜师范大学原校长傅永聚教授，齐鲁师范学院副院长刘德增教授，聊城大学历史文化与旅游学院李桂民教授，东夷文化研究专家丁再献研究员，北京学者张国安。本书内容包括济南市嬴秦文化研究院及全国各地专家学者的研究成果，还转载了平度李树先生的《岳石文化与平度》、中国科学院考古研究所山东队 1962 年东岳石村遗址的发掘报告。

该书的出版是研究会对岳石文化与东夷文明研究的序曲，

以期吸引更多的专家学者投入岳石文化的考古勘探发掘和进一步深入探讨，以及东夷文明的研究，为历史文化的繁荣发展做出贡献。

该书的出版也可作为夏商周断代研究的补充，为中华文明探源工程做出贡献。

# 目　录

# 发起对岳石文化的深入研究和产业转化

## ——山东省老新闻工作者协会岳石文化研究会暨山东省老新闻工作者协会平度联络处揭牌仪式与首届研讨会上的讲话

丁建英

（山东广播电视台）

各位领导、专家学者、企业家、同志们：

在巍巍大泽山下，瓜果飘香的金秋农历八月初八，我们在这里举行山东省老新闻工作者协会岳石文化研究会的揭牌仪式与首届研讨会。在此，我代表岳石文化研究会向一直支持和指导我们工作的省老新闻工作者协会会长徐士景并通过您向省协会原会长刘学德表示衷心感谢！向一直支持我们的山东省广播电视局619台表示衷心感谢！向支持和帮助我们的平度市委、市政府领导表示衷心的感谢！向热情支持我们的平度一中领导表示衷心的感谢！向岳石文化研究的先行者李树先生等前辈表示衷心感谢！向在百忙中拨冗到会的领导、专家学者和企业家们表示衷心的感谢！

岳石文化研究会是一个公众平台。这个平台有若干领导和专家的加入，像山东大学历史文化学院院长方辉及其团队，曲阜师范大学原校长傅永聚及其团队，齐鲁师范学院副院长刘德增及其团队等，在此我们表示热烈欢迎，感谢，致敬！

我们要在省老新闻工作者协会和当地党委、政府领导下，积极工作，不断加强自身建设，为促进当地经济文化发展做出新的贡献！让我们团结一致，集中各方优势力量掀起岳石文化与东夷文明研究的新高潮！掀起历史文化研究产业化的新高潮！为实现以上目标，我们决心对岳石文化研究做出应有的贡献，对岳石文化发祥地及平度周边文化研究做出我们应有的贡献！

## 一、岳石文化研究会筹建过程

2017 年，在山东省老新闻工作者协会年会上山东省广播电视局原局长刘学德介绍了嬴秦文化研究成果：秦始皇的老家是我们山东莱芜。这使我很震撼，引起我们要做岳石文化研究的想法。

2018 年，我与大泽山转播台领导一起到大泽山镇东岳石村参观、考察、学习，我们认识到岳石文化研究相对滞后，感到很有必要助推岳石文化研究，掀起研究新高潮。

2019 年 4 月，协会组织人员赴泰安学习泰山文化研究会的经验，使我们坚定了进行岳石文化研究的决心。

2019 年 8 日，协会组织人员赴莱芜学习嬴秦文化研究的经验，使我们有了成立岳石文化研究会的设想及安排。

在山东省老新闻工作者协会的领导与指导下，在各位专家学者的支持推动下，岳石文化研究会于 2020 年 5 月得到批文正式成立了。

## 二、岳石文化的研究概况

1. 岳石文化发祥于平度市东岳石村的遗址

岳石文化是 20 世纪中国考古的重大发现。1959 年秋冬平度大兴水利，在大泽山东岳石村东南开挖淄阳水库（当地称“岳石水库”）过程中，发现地表几米以下埋藏着大量文物，有陶器、石器、骨器、蚌器、青铜器等。当时施工的负责人马上上报平度及山东省有关部门和领导。1960 年中国科学院考古研究所山东工作队进行了发掘工作，直到 1981 年由严文明先生提出命名为“岳石文化”，后被考古学界公认。

早在 1928 年，岳石文化与龙山文化同时在济南章丘龙山街道城子崖被发现。因当时没有比对，没能将二者分开。后来发掘发现，岳石文化与龙山文化的分布大致相同，这是继龙山文化之后的重大考古发现。绝对年代在公元前 1900—前 1600 年，距今 4000 年左右，岳石文化由先祖东夷族人创建。

2. 岳石文化的分布

岳石文化属于城邦国家发展时期的文化，与中原地区的二里头文化相当，分布在 30 多个地方，遗址达 500 多处。以泰沂山区为中心，北起鲁北冀中，南越淮河，西至山东最西部及河南兰考、杞县、濮阳，东至黄海之滨的广大区域，可称为海岱地区。

比较重要的岳石文化遗址主要分布在山东省平度市大泽山镇的东岳石村，烟台市牟平区照格庄，潍坊青州郝家庄，济南市章丘区王推官庄，济宁市泗水县尹家城，菏泽市牡丹区安邱堌堆及河南杞县、鹿邑、兰考等。

3. 岳石文化的特征

岳石文化的历史年代属于夏、早商时期。地处海岱地区，当时亦称“东夷”。

岳石文化文物的特征是：陶器古朴典雅，厚重实用；夹砂陶草率粗糙，泥质陶精致，两者有着巨大反差。子母口，凸棱，唇边外凸或者叠唇，器物转折圆钝，器底周缘外凸。

典型的器类是：甗，一种炊器（中国古代的蒸食用具）子母口罐，平底，蘑菇纽器盖。更为独有是舟形器。

岳石文化的泥质陶主要为灰陶和黑陶，其器壁比龙山文化的器壁厚且制作时火候高。出土的子母口三足罐是龙山文化所未见的，而最常见的袋足肥大的“素面甗”与龙山文化后期出现的甗形制也很不同。这证明了岳石文化是上承龙山文化发展起来的一种重要文化。

岳石文化的另一重要特征是在泥质陶器上施加彩绘（有红单彩和红、黄、白多彩）而成彩绘陶。这是前所未见的。这种本具有实用功能的陶器，一旦被施以彩绘，就失去了实用性而变为礼仪用具——礼器。这是社会发展进步的具体反映。

岳石文化石器形态有了重大变化。此时的石器农具已由先前的圆形钻孔发展为或单或双的方形凿孔。这标志着农业生产工具的进步和生产能力的提高。

岳石文化中出现了青铜器（照格庄和尹家城皆有发现），且用青铜器凿孔代替了以前的以石钻孔。这是石器农具发生突破性进步的重要原因。

4. 岳石文化的地方类型

照格庄类型：分布于胶东半岛及沿海岛屿。

郝家庄类型：分布于潍坊弥河和潍河流域，东至胶莱平原，西至淄河流域，南到沂山北麓。

土城类型：以沂、沭河中上游地区为主，包括日照、赣榆等。

王推官类型：分布于岱北，东起孝妇河，西到聊城西部，北至冀东南一带。

尹家城类型：分布于岱南的汶河、泗河、京杭大运河一带。

安邱堌堆类型：分布在鲁西南、豫东和皖北，与龙山文化王油坊类型基本一致，两者有继承发展关系。

5. 岳石文化与社会经济

农业：岳石文化在农业生产的作用主要表现为农具的改进、创新和农具在工具中的比例上升。

渔牧盐业：捕鱼、畜牧、盐业都有了开拓性的发展。

冶金业：已经进入青铜时代，并在手工业部门应用。

建筑业：继续了龙山文化的传统，岳石文化的集夯技术，在城墙建筑中有着广泛应用。

岳石文化对不同区域的社会经济交流、融合有着极大的推动作用。多领域表明不同文化的交流与融合，对社会的进步和历史发展有着极大的促进作用。新的社会结构正在建立和完善，新的生产力正在形成和发展。

6. 岳石文化的社会特性

社会形态仍然是龙山文化时期社会形态的延续，属于城邦国家的发展阶段。这个时期以家族所有制为主体，建立在家族基础之上的分散王权普遍加强，军事力量不断增强，以青铜器为代表的先进工具、先进生产力开始出现，新的生产关系正在酝酿形成。

7. 岳石文化的文化序列

山东的史前文明是中华文明早期形态之一，是自成体系的，其文化序列是沿着山东后李文化——北辛文化——大汶口文化——龙山文化——岳石文化这一条路径发展的。

岳石文化的发现是我省继大汶口文化、龙山文化之后又一次具有划时代意义的重大考古发现，填补了海岱地区史前文化的缺环，对研究我国史前文化具有十分重要的意义。

8. 岳石文化的价值

(1) 岳石文化为中国古代文明形成的多元化提供了又一重要佐证。直到20世纪50年代，传统的中原文化“中心说”，在史学界仍占主导地位。原因是中国古籍的记载多以炎黄为史，而对其周边的东夷、西戎、南蛮、北狄地区所记甚少，形成了中华文明起源的一元论。新中国成立后，考古事业突飞猛进，在古代四夷地区陆续发现了浙江的良渚文化、内蒙古的红山文化、长江中游的石家河文化、山东宁阳大汶口文化、山东平度岳石文化、四川广汉三星堆文化等许多不同于中原的史前文化。这就动摇了“中华文明一元论”和中原文化“中心说”的根基。一系列考古发现已经证实，中华文明是由华夏及其周边地区的多元文化长期交流融合而成的“多元一体”的大格局。

(2) 为深入研究东夷文化和夷夏关系揭开了新篇章。随着对岳石文化的深入研究，我们知道岳石文化已进入东夷文化的繁荣期。夏朝东夷人创造的古代文化特征及在当时人类历史上的领先成分（如先进的历法和农具、早期的青铜冶炼技术等），越来越多地为人们所认识。而夷夏通过联姻、交往，逐渐融合成统一的部族。他们对于中华民族的形成和灿烂的古代中华文明的发展，都做出了杰出的贡献。

(3) 为研究海岱地区尤其是胶东半岛一带的古代历史开辟了广阔前景。岳石文化的发掘，把对东夷文化的研究推进到了一个新的阶段。有学者认为，在胶东，岳石文化的下限当及于商代中期。而古史记载半岛的莱夷人和他们所建立的莱国，是在经历了西周王朝，直到春秋中期，才最后被齐国所并。值得注意的是，在莱夷与齐国的融合过程中及融合以后，齐国的国力迅速增强起来，齐国的经济繁荣、军事强盛、文化发达，都是与半岛上的东夷文化的融合密不可分的。所以对半岛地区的岳石文化的深入研究，将会进一步地揭示夏、商以至周代半岛地区的历史面貌，并进而具体地弄清半岛先民们对于中华古代文明所做出的贡献。

综上所述，我们认为深入研究岳石文化是很有意义的，是繁荣文化、利国利民的大事情。欢迎有志于岳石文化研究和产业化的专家学者参与和指导我们的工作！

欢迎有关领导和组织参与和指导我们的研究和转化工作！

欢迎热心文化事业的企业家参与和指导我们的工作！

欢迎书法美术界、传统文化界、宣传媒体界等同仁参与指导我们的工作！

大家齐心协力，以期让岳石文化这颗璀璨的文化明珠，在新时代发出更加耀眼的光辉！

## 三、岳石文化研究会工作设想

1. 与专家学者团队合作进行岳石文化的深入调查、发掘和研究，以期有所突破，出新的成果。

2. 与当地党委、政府密切联系，发挥媒体自身优势，为当地的政治、经济、文化发展做出新贡献。

3. 与当地教育、文化部门密切合作，为文化教育事业发展做出贡献。

4. 与企业家们密切合作，为企业的发展做出贡献，以促进各参与企业的发展壮大。

5. 以岳石文化研究为开端，逐渐扩大到二十四节气研究、东夷文化研究、即墨故城研究和以魏碑为代表的书画等领域的研究。

6. 深入研究、开发并转化成果，以带动大泽山和平度旅游业的大发展，促进当地经济发展。

## 四、我们的决心

我们的团队包括考古学家、历史学家、教育家、书画家和企业家，这是一支难得的高层次团队。我们背靠山东省老新闻工作者协会和众多主流媒体，又有各级政府鼎力支持。在山东这块人杰地灵的热土上，让我们团结一致，奋力拼搏，发起对岳石文化的深入研究及产业转化！

我们应该能够成功！我们一定能够成功！

2020 年 9 月 24 日

# 岳石文化发掘与研究简史

方　辉　于筱筝

（山东大学历史文化学院）

## 一、发现概况

岳石文化是黄河下游青铜时代早期的一支考古学文化，分布范围东到大海，西抵鲁西南和豫东，南达皖北和苏北，北抵冀中一带。该文化由山东平度东岳石遗址命名，典型的遗址包括山东泗水尹家城、青州郝家庄、牟平照格庄、菏泽安邱堌堆、章丘城子崖、桓台史家，河南鹿邑栾台、杞县鹿台岗，江苏沭阳万北、高邮周邶墩等。岳石文化的确立填补了山东地区新石器时代与青铜时代之间的缺环，构建起较为完整的海岱地区史前考古学文化发展序列，对还原夏及早商时期东夷文化的文化面貌具有重要意义。

东岳石遗址的考古发现始于20世纪60年代，主要发现集中在20世纪八九十年代，但早在20世纪30年代，在对山东省历城区龙山镇（今济南市章丘区龙山街道）城子崖遗址进行发掘时就已发现了岳石文化的遗物和夯土城墙①，日本学者发掘辽东半岛南部的单砣子、双砣子遗址时也发现少量岳石文化遗物②。20世纪五六十年代以来，在对山东省平度市东岳石村遗址的考古发掘中发现了面貌比较单纯的岳石文化遗存③，在江苏徐州高皇庙和连云港赣榆下庙墩等地也多有发现④。随后山东地区陆续发现有关岳石文化的遗物，如潍坊姚官庄遗址⑤、兖州西吴寺⑥、临沂土城子⑦、威海文登石羊⑧等。但此阶段由于资料的缺乏与认知不足并未引起学界重视，仍是将其归为龙山文化范畴，并未将岳石文化确立为独立的考古学文化。

---

① 傅斯年、李济等：《城子崖——山东历城县龙山镇之黑陶文化遗址》，国立中央研究院历史语言研究所1934年版。

② ［日］滨田耕作：《貔子窝》，见《东方考古学丛刊》甲种第一册，1929年；江上波夫、驹井和爱、水野清一：《旅顺双砣子新石器时代遗迹》，载《人类学杂志》1934年第49卷第1期。

③ 中国科学院考古研究所山东发掘队：《山东平度东岳石村新石器时代遗址与战国墓》，载《考古》1962年第10期。

④ 江苏省文物管理委员会：《徐州高皇庙遗址清理报告》，载《考古学报》1958年第4期；南京博物院：《江苏赣榆新石器时代至汉代遗址和墓葬》，载《考古》1962年第3期。

⑤ 山东省博物馆：《山东潍坊姚官庄遗址发掘简报》，载《考古》1963年第7期。

⑥ 中国科学院考古研究所山东工作队：《山东泗水、兖州考古调查简报》，载《考古》1965年第1期。

⑦ 刘敦愿：《山东临沂新石器时代遗址调查》，载《考古》1961年第11期。

⑧ 山东省文物管理处：《山东胶东地区新石器时代遗址的调查》，载《考古》1963年第7期。

20世纪70—90年代，考古工作者发现了一批重要的岳石文化遗址。

20世纪70年代末80年代初，考古工作者对山东泗水尹家城①、牟平照格庄②等重要遗址进行了发掘，由此逐渐将岳石文化从山东龙山文化中独立出来。随后，山东青州郝家庄③，昌乐邹家庄④，菏泽安邱堌堆⑤，章丘城子崖⑥、王推官庄⑦；河南鹿邑栾台⑧，杞县鹿台岗⑨，夏邑清凉山；江苏沭阳万北⑩，高邮周邶墩⑪等遗址的发掘都为岳石文化的确立提供了坚实的资料基础。

---

① 山东大学历史系考古专业教研室：《泗水尹家城》，文物出版社1990年版。

② 中国社会科学院考古研究所山东队等：《山东牟平照格庄遗址》，载《考古学报》1986年第4期。

③ 吴玉喜：《益都县郝家庄新石器时代遗址》，中国考古学会编《中国考古学年鉴·1984》，文物出版社1984年版，第118页。

④ 北京大学考古实习队等：《山东昌乐县邹家庄遗址发掘简报》，载《考古》1987年第5期。

⑤ 北京大学考古系商周组等：《菏泽安邱堌堆遗址发掘简报》，载《文物》1987年第11期。

⑥ 山东省文物考古研究所：《城子崖遗址又有重大发现，龙山岳石周代城址重见天日》，载《中国文物报》1990年7月26日。

⑦ 山东省文物考古研究所：《山东章丘市王推官庄遗址发掘报告》，载《华夏考古》1996年第4期。

⑧ 河南省文物研究所：《河南鹿邑栾台遗址发掘简报》，载《华夏考古》1989年第1期。

⑨ 郑州大学文博学院等编：《豫东杞县发掘报告》，科学出版社2000年版。

⑩ 南京博物院：《江苏沭阳万北遗址新石器时代遗存发掘简报》，载《东南文化》1992年第1期。

⑪ 南京博物院考古研究所等：《江苏高邮周邶墩遗址发掘报告》，载《考古学报》1997年第4期。

自20世纪90年代末以来，关于岳石文化的新发现相对较少，但如江苏连云港藤花落、沂源姑子坪等遗址的发掘及一系列岳石文化遗迹及遗物的发现为岳石文化的研究注入了新的活力。1996—1998年，考古工作者在连云港藤花落遗址的发掘中发现了岳石文化大型环壕、灰坑及遗物，为研究徐淮海地区的岳石文化增加了实物资料①。20世纪90年代末沂源姑子坪遗址的发掘为沂蒙山区岳石文化的发现填补了空白，出土了大量岳石文化遗物及石器作坊遗存，对于研究当地岳石文化的石器工艺及经济类型具有重要价值②。2000年以来，随着规模化与科学化的考古调查与发掘工作的开展，岳石文化的相关发现也有所增加。鲁东南地区区域考古调查③、淄博乌河流域区域系统调查④、烟台地区第三次全国文物普查⑤、薛河流域区域系统调查⑥及城子崖遗址周边

① 南京博物院、连云港市博物馆编著：《藤花落：连云港市新石器时代遗址考古发掘报告》，科学出版社2014年版。

② 山东大学考古系等：《山东沂源县姑子坪遗址的发掘》，载《考古》2003年第1期。

③ 中美日照地区联合考古队等：《鲁东南沿海地区系统考古调查报告》，文物出版社2012年版。

④ 山东省文物考古研究所、北京大学考古文博学院：《临淄桐林遗址聚落形态研究考古报告》，见山东省文物考古研究所编《海岱考古（第五辑）》，科学出版社2012年版，第139~168页。

⑤ 烟台市第三次文物普查工作领导小组办公室、烟台市博物馆编著：《山东省烟台市第三次全国文物普查成果汇编》，黄海数字出版社2012年版。

⑥ 中国国家博物馆田野考古研究中心、山东大学考古学系编著：《山东薛河流域系统考古调查报告》，科学出版社2016年版。

地区区域系统调查[1]等发现了一批岳石文化遗址。2006 年，烟台市莱山区庙后遗址发现了岳石文化的环壕、窖穴、灰坑等遗迹，是研究胶东地区岳石文化聚落形态的有利材料。[2] 2007 年，山东大学对日照六甲庄遗址进行发掘，获得一批岳石文化的遗迹、遗物，遗存虽不算丰富，但这是日照地区首个科学发掘的岳石文化遗址，为鲁东南及苏北沿海地区的岳石文化研究提供了新材料。[3] 2008 年，济南市彭家庄遗址发现了岳石文化的 1 座墓葬、5 座陶窑及灰坑、窖穴，成为研究当时手工业状况的重要材料，填补了山东内陆地区对岳石文化墓葬发掘的空白。[4] 2014 年，考古工作者在菏泽市定陶区十里铺北遗址的发掘中揭露了夯土城墙、灰坑等大量的岳石文化遗存，也是近年来岳石文化较为重要的发现之一。[5] 此外在其他众多考古发掘工作中也发现岳石文化相关遗

---

① 山东省文物考古研究所：《章丘城子崖周边区域考古调查报告（第一阶段）》，见山东省文物考古研究所编《海岱考古（第六辑）》，科学出版社 2013 年版，第 151～209 页。

② 王富强：《烟台市庙后龙山文化和岳石文化遗址》，见中国考古学会编《中国考古学年鉴·2007》，文物出版社 2008 年版，第 267 页。

③ 山东大学历史文化学院考古系：《山东日照市六甲庄遗址 2007 年发掘简报》，载《考古》2016 年第 11 期。

④ 山东省文物考古研究院：《济南彭家庄遗址 2008 年发掘报告》，见山东省文物考古研究院编著《京沪高速铁路山东段考古报告集》，文物出版社 2017 年版，第 1～84 页。

⑤ 高明奎、孙明、张克思、王龙、杨小博、王世宾：《菏泽市定陶十里铺北先秦时期堌堆遗址》，见中国考古学会编《中国考古学年鉴·2015》，中国社会科学出版社 2016 年版，第 200 页。

存，包括济南市长清区仙人台遗址[①]、桓台县史家遗址[②]、临沂市化沂庄遗址[③]、淄博市桐林遗址[④]、龙口市楼子庄遗址[⑤]、莱州市路宿遗址[⑥]、临沭县东盘遗址[⑦]、苍山县后杨官庄遗址[⑧]、乐陵市尹家遗址[⑨]、曲阜市林家遗址[⑩]、曹县梁堌堆遗

---

① 山东大学考古系：《山东长清县仙人台遗址发掘简报》，载《考古》1998年第9期。

② 张光明等：《桓台县史家龙山文化至商代遗址》，见中国考古学会编《中国考古学年鉴·1997》，文物出版社1999年版，第156页。

③ 孙波、郝导华：《临沂化沂庄龙山文化、岳石文化及汉代遗址》，见中国考古学会编《中国考古学年鉴·1998》，文物出版社2000年版，第140~141页。

④ 孙波：《淄博市桐林新石器时代至战国时期遗址》，见中国考古学会编《中国考古学年鉴·2003》，文物出版社2004年版，第201~202页。

⑤ 王富强：《龙口市楼子庄新石器时代及青铜时代遗址》，见中国考古学会编《中国考古学年鉴·2003》，文物出版社2004年版，第204~205页。

⑥ 林光旭、张英军、李振光：《莱州市路宿龙山文化至东周时期遗址》，见中国考古学会编《中国考古学年鉴·2008》，文物出版社2009年版，第247页。

⑦ 刘延常、王绪波、李善超：《临沭县东盘北辛文化及龙山文化至东汉遗址》，见中国考古学会编《中国考古学年鉴·2010》，文物出版社2011年版，第269~272页。

⑧ 何德亮、宋彦泉、王树栋、李钰：《苍山县后杨官庄大汶口文化至汉唐遗址》，见中国考古学会编《中国考古学年鉴·2011》，文物出版社2012年版，第281~282页。

⑨ 山东省文物考古研究院：《乐陵尹家遗址发掘报告》，见山东省文物考古研究院编《海岱考古（第十辑）》，科学出版社2017年版，第194~212页。

⑩ 董文斌：《曲阜市林家新石器时代至清代遗址》，见中国考古学会编《中国考古学年鉴·2014》，中国社会科学出版社2015年版，第286页。

址[①]、嘉祥县付庄遗址[②]、邹平市丁公遗址[③]、济南市章丘区榆林遗址[④]、肥西县北塘岗遗址[⑤]、长丰县古城遗址[⑥]、宿州市杨堡史前遗址、固镇县南城孜遗址[⑦]等。

## 二、研究历程

纵观岳石文化的研究历程，大致可以20世纪70年代末、90年代中期为界将其分为三个阶段。第一阶段为20世纪60—70年代，在此阶段由于考古资料的匮乏以及缺少大规模的考古发掘工作，学界对于岳石文化的面貌认知尚不清晰，仅仅是认识到岳石文化有别于山东龙山文化的独特面貌，但尚未对岳石文化进行确认与命名。第二阶段为20世纪70年代末至90

---

① 崔圣宽、孙铭、董文斌：《曹县梁堌堆新石器时代至宋元遗址》，见中国考古学会编《中国考古学年鉴·2015》，中国社会科学出版社2016年版，第199页。

② 佚名：《嘉祥县付庄岳石文化及商代遗址》，见中国考古学会编《中国考古学年鉴·2015》，中国社会科学出版社2016年版，第203页。

③ 姜仕炜：《邹平县丁公龙山时期至商代遗址》，见中国考古学会编《中国考古学年鉴·2015》，中国社会科学出版社2016年版，第202~203页。

④ 朱超：《章丘市榆林新石器岳石及东周时期遗址》，见中国考古学会编《中国考古学年鉴·2017》，中国社会科学出版社2018年版，第283~284页。

⑤ 安徽省文物考古研究所：《安徽肥西塘岗遗址发掘》，载《东南文化》2007年第1期。

⑥ 安徽省文物考古研究所、长丰县文物管理所：《安徽长丰县古城遗址发掘报告》，见安徽省文物考古研究所、安徽省考古学会编《文物研究（第19辑）》，科学出版社2012年版，第62~93页。

⑦ 安徽省文物考古研究所、武汉大学历史学院考古系：《皖北小孙岗、南城孜、杨堡史前遗址试掘简报》，载《考古》2015年第2期。

年代中期，这一阶段的研究围绕岳石文化的确立与命名展开，泗水尹家城、牟平照格庄及青州郝家庄等遗址的发掘使得学界逐渐确认了岳石文化的独立性，并以此为基础围绕其文化内涵、类型划分、年代分期、来源与族属等问题展开研究，使岳石文化研究成为学术界关注的焦点之一。此一阶段的研究主要关注文化本身，对于社会生活状况及文化交流与变迁等深层次问题鲜少涉及。第三阶段为 20 世纪 90 年代中期至今，学术界对于岳石文化的研究逐渐深入，较大规模的考古调查工作与考古发掘资料的公布使岳石文化研究进展日益清晰，不仅有较为全面的综合研究，也开始运用科技考古等手段关注具体遗物及个别遗迹的功用及性质；不仅将目光转向聚落与社会考古及生业经济方面，也使岳石文化与周边文化关系、东夷与夏商两族关系问题成为一大研究热点，研究层次较前更加深入，视野更加开阔。

### （一） 20 世纪 60—70 年代

1960 年，中国科学院考古研究所山东发掘队对平度东岳石遗址的发掘揭开了岳石文化研究的序幕，此次发掘获得了较为单纯的岳石文化遗存，虽然认识到某些如尊、簋、器盖等陶器“具有独特的风格”，但由于出土陶器数量不足，以及与山东龙山文化一定程度的相似性，最终做出“应属于龙山文化”的结论。① 1973 年，山东大学历史系考古专业对泗水尹家城遗

① 中国科学院考古研究所山东发掘队：《山东平度东岳石村新石器时代遗址与战国墓》，载《考古》1962 年第 10 期。

址的第一次发掘中发现了龙山文化层和商文化层之间的岳石文化堆积，“既不同于它之前的龙山文化，也不同于它之后的商文化，而是具有承前启后的特征”，简报中称之为“尹家城第二期文化”①，这是第一次依据地层关系将这类遗存与龙山文化分开。

### （二）20世纪70年代末至90年代中期

20世纪70年代末，随着“文革”结束和学术活动的恢复，潍坊姚官庄、胶州三里河、泗水尹家城等遗址考古发掘及研究报告的出版使龙山文化陶器分期面貌逐渐清晰，学术界开始将龙山文化的去向问题纳入探讨日程。1979年，黎家芳、高广仁提出“可能仍在典型龙山文化中另立一期，或独立为晚于典型龙山文化的另一文化”。② 1981年，严文明在论及龙山文化去向问题时，首次提出了“岳石文化”的命名，并且推测岳石文化的居民应为夏代前后的夷人。③ 同时，山东大学对尹家城遗址进行了第二、三次发掘，④ 再次从层位关系上证明了岳石文化晚于龙山文化、早于二里岗期商文化的层位关系。此后一系列岳石文化遗址的发掘都验证了岳石文化命名的正确性。期间，对于岳石文化的命名也存在不同认识。蔡凤书在

---

① 山东大学历史系考古专业：《山东泗水尹家城第一次试掘》，载《考古》1980年第1期。

② 黎家芳、高广仁：《典型龙山文化的来源、发展及社会性质初探》，载《文物》1979年第11期。

③ 严文明：《龙山文化和龙山时代》，载《文物》1981年第6期。

④ 山东大学历史系考古专业等：《泗水尹家城遗址第二、三次发掘简报》，载《考古》1985年第7期。

1982年发表的文章中认为应以"尹家城二期文化"命名。① 此后学者们对于命名问题展开讨论，多数学者认为仍以岳石遗址命名为妥。至此，岳石文化的命名最终被确认下来。岳石文化由此作为一种新的独立的考古学文化被学术界广泛认可和接受，围绕岳石文化的综合研究也进入崭新的阶段。

伴随着岳石文化的命名与确定，学术界对于岳石文化的研究围绕以下几个方面展开：

第一，对于岳石文化的特征，首次进行专论的是赵朝洪1984年发表的《有关岳石文化的几个问题》②，该文在全面归纳岳石文化的文化特征之外也论及分布范围、分期、族属等问题。此外，于海广、思集、严文明、邵望平、邹衡等人都对岳石文化的特征进行了一定的阐述。③ 学术界围绕此问题的看法基本一致。

第二，对于岳石文化的分期问题，学术界有多种看法。在发掘工作与公布的考古材料中，北京大学考古系将青州郝家庄

---

① 蔡凤书：《山东龙山文化"去脉"之推论》，载《文史哲》1982年第2期。

② 赵朝洪：《有关岳石文化的几个问题》，载《考古与文物》1984年第1期。

③ 思集、于海广、任相宏、栾丰实、佟佩华：《谈对岳石文化的认识》，载《山东大学文科论文集刊》1984年第2期；严文明：《夏代的东方》，见中国先秦史学会编《夏史论丛》，齐鲁书社1985年版，第159~180页；邵望平：《岳石文化——山东史前考古的新课题》，见山东省《齐鲁考古丛刊》编辑部编《山东史前文化论文集》，齐鲁书社1986年版，第120~128页；邹衡：《论菏泽（曹州）地区的岳石文化》，见文物出版社编辑部编《文物与考古论集》，文物出版社1986年版，第114~136页。

遗址的岳石文化遗存分为早、晚两期①，将菏泽安邱堌堆遗址的岳石文化遗存分为三段②；山东大学历史系考古专业将泗水尹家城的岳石文化遗存以H437和H8为代表分为早、晚两期③。在此基础上，多位学者又进行了更为详尽的尝试：1988年，王迅根据菏泽安邱堌堆、泗水尹家城、青州郝家庄等遗址的材料，将整个岳石文化划分为四期，这是关于岳石文化分期具有代表性的一次尝试，但在文中并没有阐明划分依据和各期特征④，嗣后在前文的基础上又进行补充扩展，根据地层间的早晚关系及陶器演变特征详细论述了岳石文化分期的依据⑤；任相宏在泗水尹家城岳石文化分期基础上将山东中部地区的岳石文化分为了三期；⑥ 1993年，栾丰实将尹家城、照格庄和安邱堌堆遗址为代表的岳石文化遗存分为三期，并认为在鲁北地

① 吴玉喜：《岳石文化地方类型初探——从郝家庄岳石遗存的发现谈起》，见苏秉琦主编《考古学文化论集（三）》，文物出版社1993年版，第270~310页。

② 北京大学考古系商周组等：《菏泽安邱堌堆遗址发掘简报》，载《文物》1987年第11期；邹衡：《论菏泽（曹州）地区的岳石文化》，见文物出版社编辑部编《文物与考古论集》，文物出版社1986年版，第114~136页。

③ 山东大学历史系考古专业教研室：《泗水尹家城》，文物出版社1990年版。

④ 王迅：《试论夏商时期东方地区的考古学文化》，载《北京大学学报（哲学社会科学版）》1989年第2期。

⑤ 王迅：《东夷文化与淮夷文化研究》，北京大学出版社1994年版，第7~13页。

⑥ 任相宏：《岳石文化的发现与研究》，见中国考古学会编《中国考古学会第八次年会论文集（1991）》，文物出版社1996年版，第110~119页。

区存在更晚的岳石文化遗存。[①] 方辉对岳石文化陶器分期也进行了探讨，也主张分为三期。[②] 可见，该时期对于岳石文化分期的研究仍处于探索阶段，学术界并未形成统一意见。

第三，岳石文化的类型划分也是一项基本问题。1982 年，韩榕就将岳石文化划分为尹家城类型和照格庄类型，[③] 1984 年，于海广等第一次注意到岳石文化的区域性差异，[④] 严文明在论及岳石文化时也涉及了区域性差异这一问题[⑤]。20 世纪 80 年代中期之后，随着有关岳石文化遗址的发掘和材料的增多，学术界也越来越多地注意到地方类型划分这一大问题。1985 年，吴玉喜提出将岳石文化分为照格庄、郝家庄、尹家城三个类型。[⑥] 随后，王迅将岳石文化划分为鲁西南类型、照格庄类型、尹家城类型、郝家庄类型和苏北类型五个类型。[⑦] 同年，

---

① 栾丰实：《论岳石文化的来源》，见张学海主编《纪念城子崖遗址发掘 60 周年国际学术讨论会文集》，齐鲁书社 1993 年版，第 266~282 页。

② 方辉：《岳石文化陶器分期初探》，见洛阳市第二文物工作队编《河洛文明论文集》，中州古籍出版社 1993 年版，第 83~92 页。

③ 韩榕：《胶东史前文化初论》，见山东省《齐鲁考古丛刊》编辑部编《山东史前文化论文集》，齐鲁书社 1986 年版，第 96~119 页。

④ 思集、于海广、任相宏、栾丰实、佟佩华：《谈对岳石文化的认识》，载《山东大学文科论文集刊》1984 年第 2 期。

⑤ 严文明：《夏代的东方》，见中国先秦史学会编《夏史论丛》，齐鲁书社 1985 年版，第 159~180 页。

⑥ 吴玉喜：《岳石文化地方类型初探——从郝家庄岳石遗存的发现谈起》，见苏秉琦主编《考古学文化论集（三）》，文物出版社 1993 年版，第 270~310 页。

⑦ 栾丰实：《论岳石文化的来源》，见张学海主编《纪念城子崖遗址发掘 60 周年国际学术讨论会文集》，齐鲁书社 1993 年版，第 266~282 页。

严文明也将岳石文化划分为五个类型，但在具体的地方类型上有所差别。[①] 1992 年，张国硕发表《岳石文化的类型划分》一文，详述了岳石文化的类型划分，并对文化因素进行了综合分析，将其分为东部（典型岳石文化）和西部（非典型岳石文化）两大区系，每个区系又细分为两型和多个亚型。[②] 此外还存在四类型[③]、六类型[④]的观点。随着研究的深入，关于岳石文化的地方类型划分问题歧见纷出。

第四，岳石文化的来源及族属问题也是学术界关注的焦点之一。对于岳石文化的渊源基本可分为三类观点。其一，认为岳石文化的主体继承于山东龙山文化的传统，同时吸收了周边考古学文化而形成，即“本地说”，这种观点为学术界的多数学者支持，[⑤] 对于龙山文化与岳石文化之间缺环的问题，需要在进一步的田野工作中寻找答案。[⑥] 其二，以张国硕为代表，

---

① 严文明：《东夷文化的探索》，载《文物》1989 年第 9 期。

② 张国硕：《岳石文化的类型划分》，载《郑州大学学报（哲学社会科学版）》1992 年第 2 期。

③ 张学海：《论四十年来山东先秦考古的基本收获》，见张学海主编《海岱考古（第一辑）》，山东大学出版社 1989 年版，第 325～343 页。

④ 徐基：《试论岳石文化》，载《辽海文物学刊》1993 年第 1 期。

⑤ 蔡凤书：《山东龙山文化“去脉”之推论》，载《文史哲》1982 年第 2 期；思集、于海广、任相宏、栾丰实、佟佩华：《谈对岳石文化的认识》，载《山东大学文科论文集刊》1984 年第 2 期；中国社会科学院考古研究所山东队等：《山东牟平照格庄遗址》，载《考古学报》1986 年第 4 期。

⑥ 严文明：《夏代的东方》，见中国先秦史学会编《夏史论丛》，齐鲁书社 1985 年版，第 159～180 页；邵望平：《岳石文化——山东史前考古的新课题》，见山东省《齐鲁考古丛刊》编辑部编《山东史前文化论文集》，齐鲁书社 1986 年版，第 120～128 页。

他将岳石文化与西辽河、大凌河流域和辽东半岛地区的考古学文化进行对比，认为岳石文化的主体来源于北方的夏家店下层文化，并吸收了于家村文化、龙山文化等发展而来，山东龙山文化与岳石文化二者为突变关系而不是继承发展关系。① 此观点与一般的看法存在较大差异，引起了学术界的讨论，反对意见中以栾丰实的研究为代表，详细阐释了龙山文化与岳石文化的渊源关系，是这一派观点中较为代表性的论述。② 嗣后张国硕再次撰文重申自己的观点，并详细阐述了岳石文化与夏家店下层文化的关系。③ 徐寿群对此表示反对，认为夏家店下层文化与岳石文化的巨大差异性使二者不可能具有渊源关系。④ 同时，以方辉、崔大庸等学者为代表提出了一些新的观点，认为“岳石文化继承了山东龙山文化的部分因素，但更多地则是吸收了诸邻境考古学文化的成果”，同时将山东龙山文化晚期至岳石文化时期之间的巨大差异“归结于夏代前后山东地区古代族群的变迁。其中既有土著东夷族

---

① 张国硕：《岳石文化来源初探》，载《郑州大学学报（哲学社会科学版）》1989 年第 1 期。

② 栾丰实：《论岳石文化的来源》，见张学海主编《纪念城子崖遗址发掘 60 周年国际学术讨论会文集》，齐鲁书社 1993 年版，第 266~282 页；栾丰实：《东夷考古》，山东大学出版社 1996 年版，第 335~338 页。

③ 张国硕：《岳石文化的渊源再探》，载《郑州大学学报（哲学社会科学版）》1994 年第 6 期。

④ 徐寿群：《也谈岳石文化来源——从岳石文化与辽西、辽东同期文化之比较谈起》，见苏秉琦编《考古学文化论集（四）》，文物出版社 1997 年版，第 219~233 页。

的向外迁徙，也有众多异姓族群的入居”。[①]

岳石文化为东夷人所创造这一观点已得到学术界普遍认同，在此基础上一些学者对岳石文化的族属构成发表了不少见地。严文明指出：“岳石文化非夷莫属。而岳石文化中出现的许多地方类型则是夷人内部不同集团的反映，是诸夷或九夷历史的再现。”[②] 方辉、崔大庸则认为当时的东方居民除了单一嬴姓、凤姓、妫姓等东夷族，还应包括入居的众多外姓族群如姜姓、姒姓、嬉姓等国族，所谓的东夷更多的是区域文化概念，而非族属意义上的概念。[③] 张国硕提出岳石文化时期东夷一族主体为夏家店下层文化人，还包括辽东半岛人、山东及河南龙山文化人、先商文化人等。[④] 王迅则指出同一时期皖西一带的文化也吸收了某些岳石文化的因素，并讨论了江淮的淮夷文化与山东的东夷文化之间源远流长的关系。[⑤] 对于岳石文化与夏商两族关系也有学者进行了初步的探讨。方辉基于二里头与岳石文化的文化内涵提出：“有夏一代对于其东方的夷人始

---

① 方辉、崔大庸：《浅谈岳石文化的来源及其族属问题》，见中国考古学会编《中国考古学会第九次年会论文集第一辑》，文物出版社 1997 年版，第 93~107 页。

② 严文明：《东夷文化的探索》，载《文物》1989 年第 9 期。

③ 方辉、崔大庸：《浅谈岳石文化的来源及其族属问题》，见中国考古学会编《中国考古学会第九次年会论文集第一辑》，文物出版社 1997 年版，第 93~107 页。

④ 张国硕：《岳石文化的渊源再探》，载《郑州大学学报（哲学社会科学版）》1994 年第 6 期。

⑤ 王迅：《东夷文化与淮夷文化的研究》，北京大学出版社 1994 年版。

终未敢轻视，夏夷之间的交往至为频繁。二里头文化与岳石文化中所表现的相同或相近的因素、二者之间的互相渗透，正是夏夷关系在考古学文化中的表现。”① 张国硕则认为二里头文化与岳石文化之间几乎不存在文化往来，只在豫东地区有一定的关联，此时二者之间似乎为对抗与排斥的关系。② 关于岳石文化与先商、早商文化的关系，邹衡提出郑州商文化的夹砂褐陶是来自东方岳石文化的因素，这对说明郑州商文化与岳石文化的关系十分重要。该文还系统论述了鲁西豫东岳石文化的特征，指出岳石文化不可能属于先商文化。③ 随后，陈旭从年代学角度将岳石文化与郑州商文化进行了对应，并依据文献记载，梳理出早期夷商两族之间文化交流密切、商汤灭夏后夷商和平交往、早商晚期岳石文化为商文化所取代的脉络。④ 栾丰实⑤、方辉⑥等通过对郑州南关外期等相关遗存的分析，探讨了岳石文化与南关外期遗存的关系，以及商夷联盟西向灭夏的时间等问题。

---

① 方辉：《二里头文化与岳石文化》，载《中原文物》1987 年第 1 期。

② 张国硕：《试论华夏集团与东夷集团的文化交流及其融合》，载《中国史研究》1993 年第 3 期。

③ 邹衡：《论菏泽（曹州）地区的岳石文化》，见文物出版社编辑部编《文物与考古论集》，文物出版社 1986 年版，第 114~136 页。

④ 陈旭：《豫东岳石文化与郑州商文化的关系》，载《中州学刊》1994 年第 4 期。

⑤ 栾丰实：《试论岳石文化与郑州地区早期商文化的关系——兼论商族起源问题》，载《华夏考古》1994 年第 4 期。

⑥ 方辉：《南关外期先商文化的来龙去脉及其对夏商文化断限的启示》，见田昌五主编《华夏文明第三集》，北京大学出版社 1992 年版，第 47~59 页。

此外，这一阶段还有学者对岳石文化的经济与生产力水平进行了关注。较山东龙山文化而言，通常认为岳石文化在生产力发展水平上处于衰落阶段，但徐基着眼于整体，提出据其在农业生产、制陶、冶铸、石器骨器制作、城墙及墓葬构筑等方面的水平可见，其生产力水平仍处于发展上升阶段。① 不过，这一时期对生业经济及社会生活状况的研究仍涉及较少，为较薄弱环节。可见这一阶段的研究主要集中在年代分期、类型划分、文化特征等较为基础的课题上，岳石文化相关墓葬、房址等遗存资料的缺乏以及研究方法的单一，使得更多深入化的问题仍待进一步的明确和解决，但这一阶段探索的丰富成果为更广泛层面上的研究打下了坚实的基础。

### （三） 20 世纪 90 年代中期至今

20 世纪年代中期后，学术界围绕岳石文化展开的研究更加翔实与深入，总体来说，无论在研究层次和视野广度上都进入了一个崭新的阶段。除了上一阶段对岳石文化本身如年代分期、类型划分的研究继续深入之外，学者们更多的将目光投向岳石文化与周边考古学文化的交流与融合以及与龙山文化、夏商文化的关系中，将岳石文化的研究动态地纳入历史文化形成与发展的过程；同时也更注重对文化现象背后形成原因与背景的考察，尝试去解决重大历史问题，岳石文化衰落的原因成为

---

① 徐基：《岳石文化生产力状况的初步分析》，见山东大学历史系考古教研室编《纪念山东大学考古专业创建 20 周年文集》，山东大学出版社 1992 年版，第 210~221 页。

讨论焦点之一；而随着聚落考古方法和理念的传入与推广，学术界开始以全新的视角开拓对社会组织结构的研究领域；最后多学科手段的引入与科技考古的逐渐成熟使考古学研究方法不断创新，进而使动植物考古、环境考古、冶金考古等相关研究成为可能并逐渐占据一席之地，岳石文化的生业模式、生产力发展水平及人与环境关系等问题逐渐明晰。

这一阶段岳石文化引起学术界广泛重视，成体系的综合研究不在少数。最早较为系统的论述是栾丰实在《东夷考古》中对岳石文化的梳理，包括发现历程、典型遗址、文化特征、分期与年代、地方类型、社会经济、社会性质与族属、与周邻地区同时期诸文化关系及来源。① 高广仁、邵望平的研究涉及了岳石文化的特征与来源、年代分期与分布分区、社会经济以及扩张与交往，指明了岳石文化青铜冶铸业、城建技术的进步，祭祀与卜骨的兴盛，以及其对中原地区积极主动的渗透与影响。② 方辉在《岳石文化》一书对岳石文化的发现历程、分布范围与特征、来源去向与族属、环境与社会组织、与夏商文化关系及精神文化做了综合性的探讨，指出岳石文化在来源于龙山文化的基础上与夏家店下层文化、双砣子二期文化、点将台文化及斗鸡台文化的密切关系，其去向则一是融入商文化，二是发展为珍珠门文化，在与周边地区同期文化的交往中岳石

---

① 栾丰实：《东夷考古》，山东大学出版社 1996 年版，第 288～338 页。

② 高广仁、邵望平：《海岱文化与齐鲁文明》，江苏教育出版社 2005 年版，第 169～206 页。

文化总体处于强势地位，而岳石文化遗址较龙山文化的数量大为减少，与龙山文化聚落形态已具备国家的组织结构不同，在许多地区“可能已经蜕变为氏族部落社会了”。[①] 崔胜宽、佟佩华也对岳石文化的文化面貌、分期与年代、来源与流向、地方类型、与周边地区同期文化的关系、经济与社会等进行了归纳。[②]

与之相对的，这一阶段另一趋势是研究的细化与深入，出现了不少对某种遗迹、遗物的专门研究。遗物方面，随着科技考古的兴起，学者们开始运用科技手段关注器物的成分与功能问题：李宏飞运用能量散射X射线荧光对郑州小双桥遗址出土的岳石文化陶器成分进行了分析，[③] 索全星对方孔石器进行了形态观察和微痕分析，[④] 徐基与方辉均对岳石文化出土铜器进行了研究；[⑤] 遗迹方面，主要围绕桓台史家木构架器物坑的相关问题展开讨论：发掘者在1999年就提出该木构坑“规模宏大，结构复杂，建造精细……绝非为一般水井和窖藏。坑内器物大多完整，埋置有序……木构坑周围有多处商代的杀殉祭

① 方辉：《岳石文化》，山东文艺出版社2004年版，第70页。

② 山东省文物考古研究所编著：《山东20世纪的考古发现和研究》，科学出版社2005年版，第280~322页。

③ 李宏飞、李素婷、崔剑锋等：《小双桥遗址岳石文化风格陶器成分分析》，载《中原文物》2015年第3期。

④ 索全星：《“方孔石器”是古代乐器》，载《中原文物》2009年第5期。

⑤ 徐基：《夏时期岳石文化的铜器试探》，见王宇信、秦刚、王云峰主编《北京平谷与华夏文明：国际学术研讨会论文集（2005）》，社会科学文献出版社2006年版，第252~258页；方辉：《海岱地区早期铜器的发现与研究》，《海岱地区青铜时代考古》，山东大学出版社2007年版，第42~52页。

坑……推断该木构坑是一处祭祀遗迹应是可信的”①。在此基础上，许多学者进一步提出其具体的祭祀性质与对象。② 同时也存在另一种意见，认为这是一眼水井，对木构遗迹的出土物应做一些自然科学方面的检测工作。③ 对于该木构坑的年代与所出甲骨文的特点，发掘者也进行了探讨，并提出史家遗址出土的岳石文化时期甲骨文是目前我国发现最早的甲骨文。④

具体来说，这一阶段对于岳石文化新的研究认识集中在如下几个方面：

第一，在前一阶段已有的基础上，对岳石文化分期与类型划分的基本问题继续进行探讨。栾丰实根据已有的尹家城、照格庄、安邱堌堆的材料，依据出土遗物的形态变化和堆积情况将岳石文化分为四期，此四期前后基本互相衔接，不存在大的缺环，第二期延续时间略长，根据碳-14 测年数据，绝对年代

---

① 张光明：《山东桓台史家遗址发掘收获的再认识》，见张光明等主编《夏商周文明研究》，中国文联出版社 1999 年版，第 1~14 页。

② 杨良敏：《试析山东桓台县史家遗址岳石文化木构器物坑的性质》，载《史学集刊》1998 年第 3 期；张国硕：《史家遗址岳石文化祭祀坑初探》，见《文明起源与夏商周文明研究》，线装书局 2006 年版，第 200~204 页。

③ 栾丰实：《简论桓台史家岳石文化木构遗迹》，见谢治秀主编《齐鲁文博——山东省首届文物科学报告月文集》，齐鲁书社 2002 年版，第 70~84 页。

④ 张光明等：《桓台史家遗址发掘获重大成果》，载《中国文物报》1997 年 5 月 18 日；淄博市文物局等：《山东桓台县史家遗址岳石文化木构架祭祀器物坑的发掘》，载《考古》1997 年第 11 期；张光明：《山东桓台史家遗址发掘收获的再认识》，见张光明等主编《夏商周文明研究》，中国文联出版社 1999 年版，第 1~14 页。

应在公元前1950年至前1500年，同时并将其分为照格庄、郝家庄、王推官、土城、尹家城、安邱堌堆和万北七大地方类型。[①] 方辉根据陶器演变序列将岳石文化分为四段，二、三段之间存在较大差异，因此以二、三段为界将一至四段分为早、晚两期，并采用交叉断代的方法寻找岳石文化与夏商文化系统之间的年代对应关系，认为岳石文化的年代约相当于二里头二期至殷墟早期，绝对年代在公元前1800年至前1450年，[②] 在其后的《岳石文化区域类型新论》一文中，将岳石文化划分为照格庄、下庙墩、尹家城、郝家庄、王推官庄、安邱堌堆六个类型，并对其分布区域内的族属逐一进行了考证。[③] 张翠莲将岳石文化分为早、晚两期，早期在豫东鲁西南区、鲁中南区、鲁北区、鲁东区，分别为清凉山类型、尹家城类型、郝家庄类型、照格庄类型，晚期在豫东鲁西南区、鲁中南区、鲁北区，分别划出清凉山类型、尹家城类型、郝家庄类型。[④] 此外，张学海将岳石文化分为五期，绝对年代在公元前2000年至前1200年。[⑤] 高广仁、邵望平将岳石文化划分为郝家庄、照格庄、尹家城、安邱

---

① 栾丰实：《海岱地区考古研究》，山东大学出版社1997年版，第318~347页。

② 方辉：《岳石文化的分期与年代》，载《考古》1998年第4期。

③ 方辉：《岳石文化区域类型新论》，见山东大学考古学系编《刘敦愿先生纪念文集》，山东大学出版社1998年版，第225~243页。

④ 张翠莲：《论岳石文化的分期和地方类型》，载《中原文物》1998年第1期。

⑤ 张学海：《张学海考古论集》，学苑出版社1999年版，第283~296页。

堌堆、苏北五个类型。[1] 崔胜宽、佟佩华在对典型遗址分期和典型器物演变特征分析的基础上将岳石文化划分为四期、六大类型，绝对年代在公元前2000年至前1500年。[2] 可见，这一阶段对于分期与年代、地方类型的研究基于岳石文化总体为主，并随着考古资料的翔实和认识的深入较前更加充实与完善。

第二，这一阶段学术界已不单基于文化本身进行研究，而是以更宏大的视角着眼于与周邻文化交流与关系的相关问题，这也成为该一阶段的研究热点。首先，学者们继续将目光投向商文化及岳石文化与夏商两族的关系上，并且已有解决历史问题的意识。田昌五、方辉通过对“景亳之会”的观察提出“岳石文化在相当于二里头文化三期之末的时候向西推进，反映了夏末夏王朝对东方部族战争的失利及对东方部族控制的削弱”，“景亳之会”形成了众多部族组成的灭夏联军，最终导致了夏王朝的灭亡。[3] 陈旭、任相宏都认为郑州小双桥所出的穿孔石器为吸收岳石文化因素形成，任相宏还将其与文献所载“仲丁征蓝夷”相联系，认为其为战利品。[4] 张国硕否定了

---

① 高广仁、邵望平：《海岱文化与齐鲁文明》，江苏教育出版社2005年版，第308~316页。

② 山东省文物考古研究所编著：《山东20世纪的考古发现和研究》，科学出版社2005年版，第280~324页。

③ 田昌五、方辉：《“景亳之会”的考古学观察》，载《殷都学刊》1997年第4期。

④ 陈旭：《郑州小双桥商代遗址即隞都说》，载《中原文物》1997年第2期；任相宏：《郑州小双桥出土的岳石文化石器与仲丁征蓝夷》，载《中原文物》1997年第3期。

“还亳”之亳为“南亳”或“北亳”之说，提出“南亳”“北亳”实则岳石文化的分布区，[①] 商人与夷人曾在夏商之际形成反对夏王朝的政治、军事联盟共同灭夏。[②] 王立新、胡保华也对夷商联盟提出见解，通过文化因素分析得出夷人虽在夷商联盟对夏的征讨中发挥重要作用，但从数量来说仍少于下七垣人及夏遗民。[③] 靳松安在对河洛与海岱地区考古学文化的交流、融合中分别对二里头文化、先商文化、早商早期文化与岳石文化间的交流与影响作出了梳理，并对其产生原因和背景进行了探讨。[④] 栾丰实、崔宗亮等学者也对这一问题撰文进行讨论，基本认为中原与东方长期存在密切交往，就二里头与岳石文化来说，以岳石文化对二里头文化的影响为主，[⑤] 有一部分学者提出二者之间虽有交流，但据文化因素分析，岳石文化对夏文化的影响十分有限，交往力度远不及二里头与下七垣文化。[⑥]

---

① 张国硕：《商汤“还亳”考辨》，载《殷都学刊》1997 年第 3 期。

② 张国硕：《论夏末早商的商夷联盟》，载《郑州大学学报（哲学社会科学版）》2002 年第 2 期。

③ 王立新、胡保华：《试论下七垣文化的南下》，见北京大学考古文博学院等编《考古学研究（八）》，科学出版社 2011 年版，第 179~193 页。

④ 靳松安：《河洛与海岱地区考古学文化的交流与融合》，科学出版社 2006 年版，第 194~213 页。

⑤ 栾丰实：《二里头遗址中的东方文化因素》，载《华夏考古》2006 年第 3 期；崔宗亮：《二里头文化与周边地区考古学文化交流研究》，郑州大学考古学及博物馆学专业 2011 年硕士学位论文；魏继印：《从夏、夷、商三族关系看夏文化》，载《中原文化研究》2017 年第 3 期。

⑥ 袁广阔：《二里头文化研究》郑州大学先秦史专业 2005 年博士学位论文；王琼：《“后羿代夏”的考古学观察》，郑州大学考古学及博物馆学专业 2011 年硕士学位论文。

因涉及夷与夏、商关系及商族起源问题，豫东鲁西地区的岳石文化引起学者们的广泛关注。在前期邹衡先生学术观点的基础上，宋豫秦[①]、刘春迎[②]、张翠莲[③]、郑清森[④]、赵俊杰[⑤]等学者都对豫东岳石文化进行了专论。此外，关于岳石文化与辽东半岛同时代文化的关系，段天璟认为胶东半岛岳石文化的登陆“对辽东半岛以及辽中地区的考古学文化面貌产生了深远的影响，同时，辽东半岛的土著文化也对岳石文化产生了一定的渗透”[⑥]。赵宾福则提出双砣子一、二期的土著因素并不属于岳石文化的地方类型，夏商时期辽东半岛南部的本地文化对外来文化表现出排斥的状态，龙山文化及岳石文化在此时未能取代本地文化。[⑦] 张翠敏认为双砣子一、二期的文化面貌与山

① 宋豫秦：《论豫东夏邑清凉山遗址的岳石文化地层——与孙明同志共探讨》，载《中原文物》1995 年第 1 期。

② 刘春迎：《河南杞县境内夏商夷三族之考古学文化》，载《史学月刊》1996 年第 3 期。

③ 张翠莲：《先商文化、岳石文化与夏家店下层文化关系考辨》，载《文物季刊》1997 年第 2 期；第翠莲：《试论豫东东部地区的岳石文化遗存》，载《考古与文物》2001 年第 2 期。

④ 郑清森：《豫东地区岳石文化初论》，载《考古与文物》1998 年第 6 期。

⑤ 赵俊杰：《豫东地区夏商时代文化研究》，郑州大学考古学及博物馆学专业 2010 年硕士学位论文。

⑥ 段天璟：《胶东半岛和辽东半岛岳石文化的相关问题》，见教育部人文社会科学重点研究基地吉林大学边疆考古研究中心编《边疆考古研究（第 2 辑）》，科学出版社 2004 年版，第 125～145 页；段天璟：《二里头文化时期环渤海地区的文化区域与互动态势》，载《社会科学战线》2014 年第 9 期。

⑦ 赵宾福：《中国东北地区夏至战国时期的考古学文化研究》，科学出版社 2009 年版，第 296 页。

东龙山文化和岳石文化高度相似，这使大连地区早期青铜文化呈现出复杂的格局，山东半岛与辽东半岛的文化交流、龙山晚期的社会巨变、降温事件以及地理环境都与这种格局的形成息息相关。①

第三，是对岳石文化衰变及原因的探讨。对于岳石文化较龙山文化的衰落，以往学术界多将其归结于洪水或战争因素，现今学者们开始将其纳入环境变迁这一大背景下进行考虑。方辉推测其原因当与公元前2000年前后气候异常导致的稻作农业的衰退有关，② 嗣后又依据鲁东南地区考古调查资料进一步指出，龙山文化中期后遗址数量减少，政治体系衰落，岳石文化不可避免地呈现相同的态势。③ 王巍进一步提出在自然环境变化的背景下，与华夏集团军事较量的劣势地位以及在祭祀活动中消耗的大量人力、物力共同作用，最终使其走向衰亡。④ 也有学者不同意岳石文化衰变的说法，认为岳石文化陶器风格的“骤变”是“制陶业为满足人们日益增长的日常生活需要，而对其制陶实践所进行的一次全面的调

---

① 张翠敏：《大连地区早期青铜文化格局形成的动因》，见山东大学东方考古研究中心编《东方考古（第8集）》，科学出版社2011年版，第195~210页。

② 方辉：《岳石文化衰落原因蠡测》，载《文史哲》2003年第3期。

③ 方辉、[美] 文德安、[美] 加里·费曼等：《鲁东南沿海地区聚落形态变迁与社会复杂化进程研究》，见山东大学东方考古研究中心编《东方考古（第4集）》，科学出版社2008年版，第253~287页。

④ 王巍：《公元前2000年前后我国大范围文化变化原因探讨》，载《考古》2004年第1期。

整和总结”的结果。[①] 徐基、陈淑卿、高江涛、庞小霞等学者在谈论岳石文化去向时都提及岳石文化与大辛庄第二类遗存的关系，并提出中商时期，商文化逐渐向东扩展取代岳石文化，对峙的同时也显示出文化的融合，为晚商及西周时期的文化融合奠定了基础。[②]

第四，随着科技考古和多学科手段的运用，生业经济及环境考古也成为这一阶段新兴的研究方向。生业经济方面，栾丰实、靳桂云等在对海岱地区史前农业发展状况的研究中提到农业是岳石文化主要的生业模式，且以旱作农业占据一定优势，[③] 在此基础上，陈雪香进一步探讨了人与植物的互动关系，[④] 郭荣臻等具体分析了岳石文化旱作农业的构成，揭示了岳石文化生业模式的形成与海岱龙山文化、二里头—二里岗文化的联

---

① 王富强：《关于岳石文化陶器“骤变”原因的探讨》，载《华夏考古》2001 年第 1 期。

② 徐基、陈淑卿：《论岳石文化的终结——兼谈大辛庄商文化第二类遗存的性质》，见山东大学东方考古研究中心编《东方考古（第 4 集）》，科学出版社 2008 年版，第 15~29 页；高江涛、庞小霞：《岳石文化时期海岱文化区人文地理格局演变探析》，载《考古》2009 年第 11 期。

③ 栾丰实：《海岱地区史前时期稻作农业的产生、发展和扩散》，见栾丰实、［日］宫本一夫编：《海岱地区早期农业和人类学研究》，科学出版社 2008 年版，第 41~55 页；靳桂云、王育茜、吴文婉、王海玉：《山东半岛早期农业研究新进展》，见中国考古学会编《中国考古学会第十二次年会论文集 2009》，文物出版社 2010 年版，第 228~236 页；靳桂云、郭荣臻、魏娜：《海岱地区史前稻遗存研究》，载《东南文化》2017 年第 5 期。

④ 陈雪香：《岳石文化先民与植物的互动关系》，首届中国考古学大会发言，郑州，2016 年 5 月 21—22 日。

系。[①] 植物考古方面，陈雪香、靳桂云、赵敏、吴文婉等学者都对岳石文化相关遗址进行过炭化植物遗存和微体植物遗存的研究工作[②]。动物考古方面，除泗水尹家城等遗址发表过出土动物遗存鉴定，近年来照格庄遗址也进行过较为系统的动物考古研究。[③] 环境考古方面，高华中、齐乌云、丁敏等一批学者运

---

① 郭荣臻、靳桂云：《岳石文化农业经济的植物考古新证》，载《东南文化》2019年第1期。

② 陈雪香、郭俊峰：《山东章丘马安遗址2008年浮选植物遗存分析》，见山东大学东方考古研究中心编《东方考古（第5集）》，科学出版社2008年版，第368~371页；靳桂云、赵敏、王传明等：《山东烟台照格庄岳石文化遗址炭化植物遗存研究》，见山东大学东方考古研究中心编《东方考古（第6集）》，科学出版社2009年版，第331~343页；靳桂云、王传明、赵敏等：《山东烟台庙后遗址植物考古研究》，见山东大学东方考古研究中心编《东方考古（第6集）》，科学出版社2009年版，第321~330页；吴文婉、郝导华、靳桂云：《济南彭家庄遗址浮选结果初步分析》，见山东大学东方考古研究中心编《东方考古（第7集）》，科学出版社2010年版，第358~369页；郑晓蕖、朱超、王海玉等：《山东乐陵尹家岳石文化遗址植物考古报告》，见山东省文物考古研究所编《海岱考古（第六辑）》，科学出版社2013年版，第139~150页；程至杰、杨玉璋、袁增箭等：《安徽宿州杨堡遗址炭化植物遗存研究》，载《江汉考古》2016年第1期；靳桂云：《山东先秦考古遗址植硅体分析与研究（1997~2003）》，见栾丰实、［日］宫本一夫主编《海岱地区早期农业和人类学研究》，科学出版社2008年版，第20~40页；靳桂云、栾丰实、张翠敏等：《辽东半岛南部农业考古调查报告——植硅体证据》，见山东大学东方考古研究中心编《东方考古（第6集）》，科学出版社2009年版，第306~316页；齐乌云、赵志军、梁中合等：《山东沭河上游史前遗址的植硅体分析》，载《农业考古》2015年第6期。

③ 周本雄：《山东牟平县照格庄遗址动物遗骸》，见中国社会科学院考古研究所山东队、烟台市文物管理委员会《山东牟平照格庄遗址》，载《考古学报》1986年第4期；卢浩泉、周才武：《山东泗水县尹家城遗址出土动、植物标本鉴定报告》，见山东大学历史系考古专业教研室编《泗水尹家城》，文物出版社1990年版，第350~352页。

用同位素分析、孢粉分析、土壤微形态分析等科技手段，对岳石文化初期的降温事件及其对岳石文化变迁、社会经济的影响提出了不少新的见地。①

此外，这一阶段也涉足了关于聚落与社会复杂化进程的研究，如张光明对岳石文化时期海岱地区的文明进程进行了探索，② 张国硕、郭荣臻考察了岳石文化的防御文化。③ 但在聚落与社会考古方面仍缺乏对岳石文化的进一步研究，关于其微观、宏观聚落形态，以及聚落内部、聚落之间的关系问题尚待展开。新世纪以来关于岳石文化的认识在深度和广度上都有了质的飞跃，同时，对于分期、类型划分等问题尚存在较大的分歧，这就要求学者们面对现有的考古材料更加客观而全面地加以阐释和分析。未来不管对于岳石文化抑或中国考古学的研究，仍需更多主动性的发掘工作，辅之多学科的方法手段，以谨慎对待史料的态度，对较为欠缺的动植物考古、环境考古、聚落考古等研究进行更为深入的探索，是以对社会生活、文明

---

① 高华中、朱诚、曹光杰：《山东沂沭河流域 2000BC 前后古文化兴衰的环境考古》，载《地理学报》2006 年第 3 期；齐乌云、梁中合、高立兵等：《山东沭河上游史前文化人地关系研究》，载《第四纪研究》2006 年第 4 期；丁敏、彭淑贞等：《山东中部中全新世环境演变与人类文化发展》，载《土壤通报》2011 年第 6 期。

② 张光明：《谈海岱地区龙山文化和岳石文化的文明进程》，见王宇信等主编《2004 年安阳殷商文明国际学术研讨会论文集》，科学出版社 2004 年版，第 504～509 页。

③ 张国硕：《中原先秦城市防御文化研究》，社会科学文献出版社 2014 年版，第 194～201 页；郭荣臻等：《海岱地区龙山时代城市防御体系初论》，载《洛阳考古》2017 年第 3 期。

进程及文化交流与融合做出更多的认识。

## 三、大事记

| 年　份 | 发　现 | 研　究 |
|---|---|---|
| 1930 年 | 前中央研究院史语所考古组发掘城子崖遗址 | |
| 1933 年 | 日本学者在辽东半岛双砣子发现岳石遗物 | |
| 1960 年 | 中国科学院考古研究所山东队发掘平度东岳石遗址 | |
| 1973 年 | 山东大学历史系考古专业发掘泗水尹家城遗址 | |
| 1979 年 | 中国科学院考古研究所山东队发掘牟平照格庄遗址 | 黎家芳、高广仁首次提出“东岳石类型” |
| 1980 年 | | 山东大学历史系考古专业提出“尹家城第二期文化”的命名 |
| 1981 年 | | 严文明提出“岳石文化”的命名 |
| 1982 年 | | 韩榕率先提出岳石文化地方类型划分问题 |
| 1983 年 | 北京大学考古系发掘青州郝家庄遗址 | |
| 1984 年 | 北京大学考古系等发掘菏泽安邱堌堆遗址 | 赵朝洪首次对岳石文化进行专论，涉及文化特征、分布范围、分期与族属等问题 |

（续表）

| 年份 | 发现 | 研究 |
|---|---|---|
| 1986年 | | 《山东牟平照格庄遗址》发表；邹衡《论菏泽（曹州）地区的岳石文化》发表 |
| 1987年 | 河南省文物考古研究所发掘鹿邑栾台遗址 | |
| 1989年 | 山东省文物考古研究所等试掘章丘王推官遗址 | 张国硕首次提出岳石文化“北来说” |
| 1990年 | 山东省文物考古研究所再次发掘城子崖遗址，发现龙山文化城址、岳石文化城址和周代城址重叠的地层关系，澄清了有关城子崖遗址时代的疑点；郑州大学考古专业发掘杞县鹿台岗遗址 | 《泗水尹家城》报告出版 |
| 1994年 | | 王迅《东夷文化与淮夷文化研究》一书出版 |
| 1996年 | 南京博物院等发掘连云港藤花落遗址 | 栾丰实《东夷考古》一书出版 |
| 2001年 | 山东大学考古系发掘沂源姑子坪遗址 | |
| 2004年 | | 方辉《岳石文化》一书出版 |
| 2008年 | 山东省文物考古研究所发掘济南彭家庄遗址 | |
| 2014年 | 山东省文物考古研究所等发掘菏泽定陶区十里铺北遗址 | |

# 岳石文化与东夷文化发微

傅永聚

（曲阜师范大学）

## 一、考古学意义

岳石文化作为前与龙山文化衔接，后与商文化（严格说来应是商中晚期）衔接的历史环节，取得了与中原夏文化甚至商文化前、中期同时并存的东方地域文化的重要地位。

中华上古文明是由数不清的地域（城邦）文明共同组成的，灿若浩瀚星辰。诚如当代考古界著名学者苏秉琦先生所言：自一万年前到四千年前，中国六大考古学文化区系以及数以千计的新石器时代考古遗址展现出“满天星斗”的壮阔景象。当时黄河流域下游的山东地区新石器时期依次出现过后李文化（前 8500—前 7500 年）、北辛文化（前 5400—前 4400 年，原称“青莲岗文化”）、大汶口文化［前 4100—前 2600 年，而中原的仰韶文化（前 5000—前 3000 年），稍早于大汶口文化］、龙山文化（前2500—前2000年）。而龙山文化之后的岳石文化（约前1900—前1650年，即距今3900—3650年），是东夷文化浩瀚星辰谱系中耀眼的明星。

儒家重道统，习称夏商周为三代，所以人们一般也认为中国历史上的第一个王朝——夏与后来的商、周一样，是一个大一统的王朝。从历史发展阶段来看，岳石文化时期（约前1900—前1650年，即距今3900—3650年），大致比夏朝（前2070—前1700年，距今4100—3900年）存在的时间稍晚。夏朝的统治总体上未及岳石文化存在的东夷地区。禹是活动在崇山一带的夏部落的首领，故被称为夏后氏。夏朝以今河南偃师为中心，其最盛时期的东部疆域也没有越过今豫、皖、鲁交界处。无论是大舜时期的“万姓”，还是大禹之时的诸侯万国、涂山之会，其实都是部落共同体的活动。夏王朝只是当时万国林立中的一个较大的城邦，绝非后来商，尤其是周那种覆盖东方、直抵东海的庞大国家空间。《尚书·禹贡》描绘的“大九州”，乃战国时人的意识。当时的今山东地区一直是东夷文化区域。《王制》云：“东方曰夷。”东夷族为代表的东方各民族，是中华民族的前身——华夏族的重要组成部分。史书中记载的最早的“王”太昊伏羲氏便是公认的华夏民族人文之始祖。而以伏羲的母亲华胥氏命名的华胥山也在今之泗水。那时的山东地区也是中华远古文明的渊薮。据载，黄帝生于寿丘，后来传说中为黄帝长子的少昊又迁来曲阜，发展繁荣了凤文化。凤文化与华夏西部的龙文化相融合，共同构成中华龙凤文化的基础。据《后汉书·东夷传》记载，东夷族属众多，称为九夷，即畎夷、于夷、方夷、黄夷、白夷、赤夷、玄夷、风夷和阳夷，都是伏羲太昊和少昊的后裔。“天命玄鸟，降而生商。”商人子姓，以鸟为图腾，明显出自东夷。盘庚迁殷之前，商奄之地一度是商的政治中心。当时的东夷文化并不落后，孔子对自己具有的商代贵族血统则一直念念不忘，“丘也，殷人也”。甚至通过横扫六合，最终真正实现“天下一统”的秦人的先民，也是商奄旧民。史载秦人女始祖女修吞“玄鸟陨卵”，生子大业，成为嬴姓第一位男性祖先。（《史记·秦本纪》）作为并立的东西两大部落集团，夏虽然与东夷之间有过一些战争，如“（伯）益干启位，启杀之”“有扈氏不服，启伐之……遂灭有扈氏”；后羿代夏政、太康失国、少康中兴等。但终夏之世，夏与东夷的对峙格局没有大的改变。夏亡商兴，商王朝迅速以夏的核心区域作为自己的统治中心。但商的东进是一个缓慢的过程。有学者研究指出：商初，与郑州商城紧邻的今山东菏泽、聊城广袤地区，仍为岳石文化分布区。商代初期，商文化尚未深入岳石文化分布区，商人与东夷族群仍能和平共处。显然，此时的岳石文化与商文化仍处于东西对峙的局面。[①] 一直到商中期，随着大规模东向扩张，商文化才逐渐覆盖了汶泗流域、泰山南北原大汶口文化的中心地区，取代了原来这一地区的岳石文化。商晚期更向东直达渤海，实现了商文化对岳石文化的全面统一。但即使在商文化成为主体文化

① 燕生东、丁燕杰：《商文化前期在东方地区的发展特点》，载《中原文物》2016 年第 6 期。

的情况下，大辛庄出土器物仍体现出一定数量的当代文化，即岳石文化的因素。[①]

将东夷地区山东龙山文化—岳石文化—商文化的序列，与中原地区同期龙山文化—二里头（夏）文化—商文化的序列相比较，我们可以清楚地发现：岳石文化不仅作为与夏文化同期的独立的东方地域文化，起到了与同期二里头（夏）文化并列对峙的作用，而且在商前、中期还一直与商文化并存，鲜明地体现出龙山文化与商文化中间环节的连接。既然岳石文化与夏文化无涉，鉴于人们已经将其称之为海岱龙山文化，其实也可以称之为后龙山文化，因为海岱龙山的称呼是扁平的，容易被误认为与龙山文化的时代平行。

岳石文化的广泛发现，使它从以往泛义的龙山文化中独立出来，成为与中原二里头文化同期的海岱地区后龙山文化的代表。此前，受较早发现的龙山文化的影响，考古界一直没有把岳石文化独立看待，只是简单地将其归于龙山文化（前2500—前2000年）中。20世纪70年代末至20世纪80年代，随着更多的岳石文化遗址尤其是鲁南泗水尹家城遗址[②]被发掘出来和考古学家更加缜密的研究，考古界和历史学界取得了共识，岳石文化作为独立的考古类型终于得到了公认。岳石文化虽然以首次发现地平度岳石村命名，其实作为一种考古学上的

---

① 周书灿：《晚商时期对东方地区的军事经略和主权管辖》，载《东方论坛》2008年第2期。

② 山东大学历史系考古专业教研室：《泗水尹家城》，文物出版社1990年版。

文化类型，迄今已经发现的以胶东半岛地区的照格庄类型、鲁北地区的郝家庄类型、鲁西北地区的王推官庄类型、鲁东南和苏北地区的下庙墩类型、鲁南地区的尹家城类型和鲁西南地区的安邱堌堆类型为代表的已有百余处遗址，广泛分布在山东、河南、江苏和安徽交界地区，东北至渤海、辽东半岛东端；西界河南商丘、周口一带；南达安徽、江苏的淮水北岸，约 20 多万平方公里，比今天山东省的面积还要大四分之一左右。[①]

## 二、文化学意义

在文化学上，岳石文化证明了中华古老文明起源的多元、多源性，作为华夏民族重要组成部分的东方地域文化，东夷族群不仅为此做出了重要的贡献，而且通过后来的齐文化以及齐鲁文化的交融，对中华文化的核心思想体系——孔子仁学的形成，影响深远。

文化具有鲜明的民族性。至少在距今一万年前的新石器时代，创造岳石文化的先民，东夷族之一的莱夷就集中居住在今山东半岛地区。“莱夷作牧，厥篚檿丝。”[②] 生产工具的使用，推动了农业、畜牧业和手工业的发展。莱夷是最早培育和种植小麦的东方民族，原始农业发达；麦丘邑反映出都市建筑水

---

① 方辉：《岳石文化》，山东文艺出版社 2004 年版，第 8~10 页。

② 〔清〕阮元校刻：《十三经注疏》（清嘉庆刊本），中华书局 2009 年版，第 311 页。

平；黑陶技术、缫丝手工业、造船与捕捞技术都具有先进性和地方文化特色。① 岳石文化时期都有了进一步的发展。岳石文化考古发掘遗址往北距离渤海湾不过十余公里，出土物既体现出对龙山文化的传承，又体现出受到周边其他地区文化的影响，展现出渔猎经济与海洋文化的鲜明特色。生活用具中的鸟形陶斝，夹砂陶炊器内蚌末的掺杂，蚌壳做成的坠饰，集中发现于山东半岛和辽东半岛的造型独特的口和底成椭圆形的舟形器，长岛砣矶岛大口遗址半地下式且用白石灰膏防潮的房屋，农业工具中除去独自发明的方孔石镢，蚌铲、蚌刀和蚌镰与渔猎工具如鱼钩、梭镖和渔网，以及海洋捕捞能力（被打捞出水的庙岛群岛海域岳石文化陶器残片），都显示出与内陆典型龙山文化时期的农耕经济明显不同的特色，反映出岳石文化的明显进步。②

岳石文化的发现结合文献再次有利地证明了中华古老文明起源的多元、多源性。上古民族融合的进程无时无处不在激烈的进行中，其重要的特征是互动，一方面商文化以及后来周文化的东进与东夷本地文化通过族群战争等形式而融合；另一方面是岳石文化通过海陆两渠道向东北和江淮地区的传播（如在辽宁喀左县发现了莱夷的最大部族的遗物），与当地民族融合，创造了当地的文明。而留在山东半岛的东夷部族，虽然春秋时期仍建有许多小国，如任、

---

① 王献唐：《炎黄氏族文化考》，青岛出版社2006年版。

② 方辉：《岳石文化》，山东文艺出版社2004年版，第12~25页。

宿、须句、颛臾、邾、莒、郯、鄫、介、根牟等，但最终并入齐国，成为华夏民族构成之一。

东西民族的不断融合，夷夏文化的深度交流，使华夏祖先的公认范围也在不断扩大，这反映在三皇五帝的综合排序上。司马迁写《史记》从五帝开始，五帝中的太昊、黄帝、炎帝、少昊、颛顼，至少有太昊、少昊和颛顼即五分之三出自东夷；再考虑到“黄帝生于寿丘”，而寿丘在“鲁东门之北，今在兖州曲阜县东北六里”①。神农氏炎帝更是长期活动在曲阜一带，今天的曲阜犁铧店传说就是当年神农氏打造犁铧处。可见五帝均与东夷文化密切相关。序列整合以后，原来仅属于东夷文化代表的太昊就变成了全华夏族的人文始祖，《易·系辞》曰：“古者包牺氏之王天下也。”少昊是黄帝的儿子，继承太昊的事业，成为五帝之一。“少皞之墟”就是今曲阜。《吕氏春秋》云少昊养育的颛顼“生自若水，实处空桑”，族源上属于东夷无疑。② 就连舜也是“生于诸冯，迁于负夏，卒于鸣条，东夷之人也”③。舜乐（《韶乐》）是夏商周三代王宫乐舞的源头，被孔子赞为“尽善尽美”，闻之“三月不知肉味”。可见中华文明的曙光中闪烁着东夷文化的光芒。

---

① 〔汉〕司马迁撰，〔唐〕张守节正义，中华书局编辑部点校：《史记·五帝本纪第一》，中华书局1982年版，第1页。

② 张富祥：《东夷古史传说》，山东文艺出版社2004年版，第36～37页。

③ 〔清〕阮元校刻：《十三经注疏》（清嘉庆刊本），中华书局2009年版，第5927页。

东夷文化代表的东方地区民族文化不仅为华夏上古文化做出了重要贡献，而且通过后来的齐文化以及齐鲁文化的接续，还对中华文化的核心思想体系——孔子儒学的形成，影响深远。中华文化虽然儒、释、道相融，但毫无疑问是以孔子儒学为核心的。而对孔子儒学中心内容的争论，无非分为礼和仁两个大的视阈。礼是从秩序规范角度着眼的，而仁是从人文精神的维度出发考量的。人类的人文精神不外人性、理性和超越性，是人类宗教精神的基础，而礼属于外在的秩序安排，显然不在其中。数千年来，儒学虽不是宗教，但在中国实际上起到了宗教的作用。梁漱溟曾指出：中国没有宗教，替代一个大宗教而为中国社会文化中心的，是孔子之教化。孔子教化的主旨是什么？当然是“成人”，即教人成其为人。这也就是被称为“人学”“人理学”“人德学”的孔子的“仁学”。学界都认为仁学是孔子的发明，这当然没错，但是孔子仁学的起源其实受到了东夷文化和齐文化的深刻影响。我们注意到，孔子的仁学体系诞生于孔子晚年。孔子早年接受和励志弘扬的主要是西周的礼乐文明。但春秋以降，礼坏乐崩，以礼治国的传统显然无法再起到整饬社会秩序的作用。孔子敏锐地发现：问题出在人本身。“人而不仁，如礼何？人而不仁，如乐何？”所以他才转向“贵仁”，创造出一套崭新的仁学体系。“仁”字出现较晚，甲骨文、金文中均不见。《尚书》和《诗经》中开始出现“仁”字。《左传》《国语》中开始频繁出现。但作为一种博大精深的思想体系，作为

"总德"，是孔子系统化充实提高的结果。[①]

孔子少年即十分好学，博览群书，明晰"天子失官，学在四夷"[②] 的文化传播规律，对东夷文化"言仁而好生"[③] 尊重生命的特征和"夷俗仁，仁者寿"[④] 的风俗习惯早有着深刻的了解。而"欲居九夷"[⑤] 的主张，更体现出他对东夷文化的肯定和向往。公元前 517 年，35 岁的孔子因避鲁乱而至齐，至公元前 515 年离开，首尾三年，实际呆了一年半左右。在齐期间，孔子广泛接触、耳闻目睹了"卢令令，其人美且仁"[⑥] 的民俗背景；学到了"信之者仁也，不可欺者智也。既智且仁，是谓成人"[⑦] 的做人评判标准。孔子年轻时主张恢复周礼，坚决维护周天子的一统权威。但当他把"仁"作为最高道德评判标准时，就发生了重大的改变。齐桓公作为春秋首霸，管仲为其相，虽然打的是"尊王攘夷"的旗号，实际上是加速权力重心下移，破坏周天子的权威，造成了周王室的进一步衰

---

① 张宗舜、李景明：《孔子大传》，山东友谊出版社 2003 年版，第 301 页。

② 〔清〕阮元校刻：《十三经注疏》（清嘉庆刊本），中华书局 2009 年版，第 4526 页。

③ 〔南朝宋〕范晔撰，〔唐〕李贤等注，中华书局编辑部点校：《后汉书·东夷列传第七十五》，中华书局 1965 年版，第 2807 页。

④ 〔汉〕许慎撰，陶生魁点校：《说文解字》，中华书局 2020 年版，第 120 页。

⑤ 〔清〕阮元校刻：《十三经注疏》（清嘉庆刊本），中华书局 2009 年版，第 5407 页。

⑥ 〔清〕阮元校刻：《十三经注疏》（清嘉庆刊本），中华书局 2009 年版，第 748 页。

⑦ 黎翔凤撰，梁运华整理：《管子校注·枢言第十二》，中华书局 2004 年版，第 241 页。

微。这严重违背了孔子一贯主张的“天下有道，则礼乐征伐自天子出；天下无道，则礼乐征伐自诸侯出”的基本政治原则。但孔子对此的评价是“正而不谲”；是“如其仁。”子路曰：“桓公杀公子纠，召忽死之，管仲不死。”曰：“未仁乎？”子曰：“桓公九合诸侯，不以兵车，管仲之力也。如其仁！如其仁！””子贡曰：“管仲非仁者与？桓公杀公子纠，不能死，又相之。”子曰：“管仲相桓公，霸诸侯，一匡天下，民到于今受其赐。微管仲，吾其被发左衽矣。”① 孔子曾经在齐国前后首尾呆过三年（实际只有一半左右，公元前 517 年秋至前 515 年春夏之交）。两次对话后，齐景公已经决定要重用孔子了，许以高官厚禄封田，却遭到了权臣晏婴的坚决反对。孔子对反对自己的人，也并不心怀埋怨，反而十分公正地评价“晏平仲善与人交，久而敬之”②。而就是这个晏婴，在当时人眼中，也是被呼为“仁人”的，“君子曰：‘仁人之言，其利博哉！晏子一言，而齐侯省刑。’”③ 可见，孔子创造的“仁学”体系与其在齐国的文化考察经历息息相关。其实，齐鲁文化之间的传播，尤其是“仁”概念范畴的使用，非限于孔子。仁作为道德评判标准，同时的鲁国其他人也在使用。比如，“阳货

---

① 〔清〕阮元校刻：《十三经注疏》（清嘉庆刊本），中华书局 2009 年版，第 5456~5457 页。

② 〔清〕阮元校刻：《十三经注疏》（清嘉庆刊本），中华书局 2009 年版，第 5374 页。

③ 〔清〕洪亮吉撰，李解民点校：《春秋左传诂》，中华书局 1987 年版，第 652 页。

欲见孔子，孔子不见，归孔子豚。孔子时其亡也，而往拜之，遇诸涂。谓孔子曰："来！予与尔言。"曰："怀其宝而迷其邦，可谓仁乎？"曰："不可。""好从事而亟失时，可谓知乎？"曰："不可。""日月逝矣，岁不我与。"孔子曰："诺，吾将仕矣。"[①] 孔子赞许的君子"三达德"——"智仁勇"，也与此相关。

可见，孔子"仁"思想体系的来源至少有两个：一是西周的礼；二是齐文化的仁。当年姜太公封于齐，"太公至国，修政，因其俗，简其礼"。使齐文化较多地保留了东夷文化的基因。孔子至齐，将齐文化中的"仁"元素融入自己"仁学"体系。学界有人只看到"鲁学的北渐"，却忽视了齐学的南传对孔子儒学尤其是"仁学"形成发展的影响，显然是不全面的认知。[②] 因为孔子创立的仁学，本身就是齐鲁文化深度交融的结晶。

总之，东夷文化（包括岳石文化）不仅为中华文明的曙光初现做出了巨大贡献，而且是发展成为中华文化主流核心思想——儒学的重要思想元素之一，其价值今日仍需深入挖掘。

---

① 〔清〕阮元校刻：《十三经注疏》（清嘉庆刊本），中华书局 2009 年版，第 5484 页。

② 刘冰莉、赵睿才：《"鲁学"北渐与齐鲁古道》，载《孔子研究》2021 年第 1 期。

# 承前启后的岳石文化

丁再献

（山东省文化和旅游厅）

## 一、中华文明的源头之一是东夷文化

中华上下五千年，
岳石承联商世传。
启后东夷先祖业，
文明古国史无前。

如讲中华文明的源头，必然要讲东夷文化，那什么是东夷文化呢？笔者通过多年研究得出粗浅的结论：东夷文化，是东夷人经过数千年的智慧积累所创造的地域性鲜明、独成体系的族群社会现象，包括精神、文化、政治、经济、军事、民俗、生活习性等传承、创造和发展众多领域。由笔者创作，百度热搜，中外推介的原山东省旅游局新年贺词“2015，新年再话山东!”中这样描述：山东，姓山名东，字齐鲁，号海右。民族：古称东夷。祖居：黄河下游。体貌：身材高大，英俊潇洒。性格：北人性格，儒家风范。诚实能干，任劳任怨。勇于拼搏，甘于奉献。热情好客，豪气依然。坚持不懈，勤奋钻研。锲而不舍，勇往直前。独具创造，敢为人先。东夷人创造的骨刻文字，证实了中华文明5000年的真实存在。

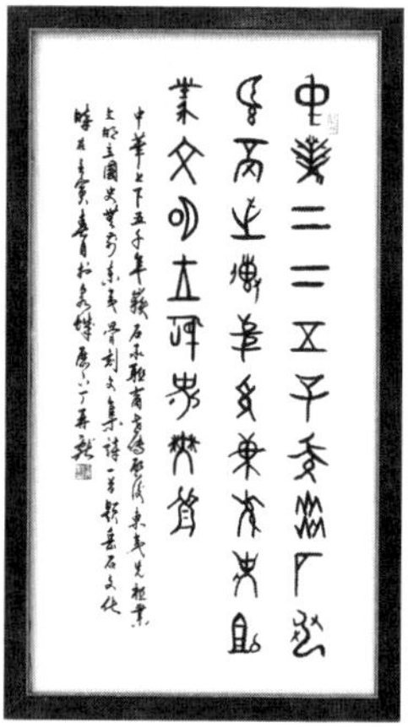

图1　骨刻文书法

图2　“东夷”五体演变自右向左依次为：骨刻原图、骨刻文、甲骨文、金文、小篆、隶书

东夷文化10000年前后初创，核心地区是山东。考古证明，东夷文化历经了距今20000—10000年前后临沂凤凰岭和青峰岭旧石器文化、距今14000—8000年黑龙潭新石器文化、

距今 12000—7000 年泉上屯文化，到了距今 11000—9000 年前后沂源扁扁洞文化时期形成了东夷文化的雏形，扁扁洞文化应该是旧石器和新石时期的分水岭，也是东夷文化的初创期；此后，历经了距今 9000—7500 年的西河文化、距今 8500—7500 年的后李文化、距今 7400—6300 年的北辛文化、距今 6300—4500 年的大汶口文化、距今 4600—3900 年的龙山文化、距今 3900—3500 年的岳石文化、下接商周，经过不断丰富、发展，一直传承至今而从未断流，也就是人们常说的中华上下 5000 年。

大汶口文化后期是上下 5000 年文明社会的分水岭；岳石文化则是东夷文化承前启后的分水岭，是东夷末代方国创造的文化。

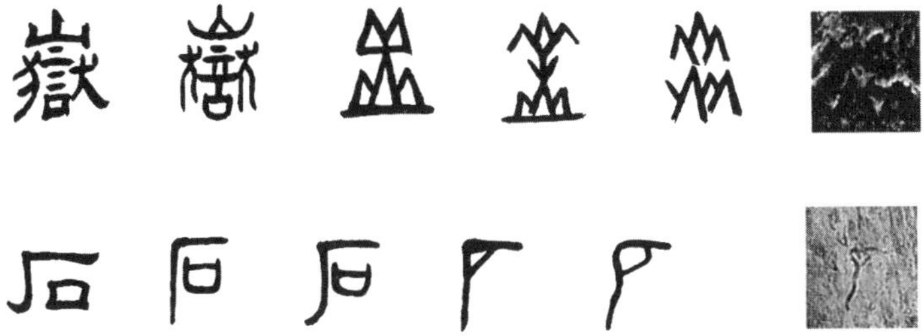

图 3　“岳石”五体演变自右向左依次为：
骨刻原图、骨刻文、甲骨文、金文、小篆、隶书

关于东夷文化的地域划分，今天应该重新定位。“东夷文化的核心地区是山东半岛”这一概念，是 20 世纪六七十年代郭沫若先生认定的，那个年代经过考古认定的东夷文化遗存仅

有几百处。而山东半岛界线的划分，有点地理常识的人应该知道，胶莱河以东是山东半岛。胶莱河流经昌邑、莱州、高密、诸城以及青岛市的平度、胶州、西海岸新区等。山东半岛定义：是中国最大的半岛，在山东省东部、胶莱谷地以东，伸入渤海、黄海间，东西最长 290 公里，南北最宽 190 公里，最窄 50 公里，总面积 7.3 万平方公里，界划以河口区新户镇与沾化区交界和日照岚山口与岚山头苏鲁交界处的绣针河口两点连线以东的部分。半岛三面临海，北面与辽东半岛隔渤海湾相望，东部与韩国隔海相望。

图 4 “龙山”五体演变自右向左依次为：
骨刻原图、骨刻文、甲骨文、金文、小篆、隶书

经过半个多世纪的考古证明，“东夷文化的核心地区是山东半岛”这一论断已经与考古事实差异甚大，据笔者 2019 年参与东夷文化资源调查时，山东省文物考古研究院提供的数据，不完全统计，山东地区东夷文化遗址就达 2700 多处。其中：山东全省旧石器地点 60 余处、新石器地点 100 余处、后李文化 20 余处、北辛文化 100 余处、大汶口文化 600 余处、

龙山文化1500余处、岳石文化400余处。这些星罗棋布的东夷文化遗迹遍布于山东各地，随着考古工作的发展，文物点数量将不断增加。因此，笔者可以理直气壮地说，整个山东是东夷文化的核心地区而毋庸置疑。

对于文明历史源头的探寻时间则更久。司马迁在撰写《史记》时就曾到中华民族人文始祖们的故里做过实地考察。近一个世纪以来，考古工作更是没有停止过。随着考古工作地不断推进，中华文明的源头也越来越清晰：她就在母亲河黄河现在的入海口南侧，史前东夷文化的发祥地，也就是我们今天的山东大地。

中华民族向来以5000年文明史著称。自20世纪初以来，却常常遭到疑古派学者们的质疑，特别是西方史学界尤为严厉。国内外的部分史学家们认为，中华文明只有3300年，最多不超过3700年。其质疑的主要理由是“五千年文明”考古发现的证据不足，特别是文字、金属冶炼术、城市国家（城邦）这三大要素，甲骨文仅有3300年历史，因此把5000年文明几乎打了对折。关于这个3700年的推论，笔者认为，可能是根据商朝的建立而推测的。这些史学家们认为，可能在商建立前后（距今3600—3700年）就开始初创甲骨文了，便有3700年的推论。而早于甲骨文1300多年的东夷骨刻文字的发现和系统破译，推翻了这一论断。在当时条件下对疑古派的质疑还真的不好轻易否定，因为当时远古历史的证据确实很脆弱，《史记》虽然对五帝时代有所记载，但毕竟《史记》产生的时间距离炎黄蚩时代近 3000 年之久，如果没有考古证据的支持，确实是难以令人信服的。

图 5 “中国”五体演变自右向左依次为：
骨刻原图、骨刻文、甲骨文、金文、小篆、隶书

## 二、岳石文化是承前启后的末代东夷方国时代

经过将近一个世纪的考古发掘之后，我们已经有充分的理由对 5000 年文明作出肯定的回答了，因为我们的考古工作已经取得丰硕成果：良渚文化、河姆渡文化、仰韶文化、北辛文化、三星堆文化、大汶口文化、龙山文化、齐家文化、岳石文化、二里头文化等相继发现。大量考古发现证明，距今 5000 年前后的炎黄蚩时期，已经进入了文明时代，尤其是海岱地区的大汶口和龙山及岳石考古，为 5000 年前东夷人创造的文明提供了充足的证据。东夷先民的居住地也就是太昊、伏羲、黄帝、少昊、蚩尤的故乡，在大汶口文化中期即已经进入了父系社会，出现了阶级分化，开启礼制时代；从大量出土文物看，大汶口文化后期已经有骨刻文字和陶文出现，已有了指事字和

象形字，同时也有会意字以及形声字的产生；从墓葬中木制棺椁的出现即大型木材加工来看，当时的金属工具也已经开始使用；在大汶口文化中后期至龙山文化时期，已经有相当规模的城市出现。这些已经基本符合雅斯贝尔斯文明社会定义的几个“硬件”。雅斯贝尔斯对文明定义的几个主要特征为：文字、金属冶炼术、国家城市（城邦）、宗教礼仪的出现等。笔者研究发现，东夷骨刻文字经过了1000多年的传承，在岳石文化时期得到了进一步的调整和规范。到了岳石文化中后期（距今3700年前后），人们发现东夷人首创的骨刻文字具有重大的文化价值，开始将兽骨上的文字向龟甲上刻画。到了殷商时期，商人通过进一步规范，创造了甲骨文字。甲骨文不可能一夜之间形成，它很可能从3700年前就开始出现，到3300年前商朝统一使用甲骨文，这段时间甲骨文和骨刻文字是同时交叉使用的。

图6　“舜禹”五体演变自右向左依次为：
骨刻原图、骨刻文、甲骨文、金文、小篆、隶书

而且在《史记》等典籍中也有关于这些“硬件”的记载。

差不多在同一时期即炎黄蚩时代，国家、都城就已经出现，还有黄帝指令仓颉对文字进行加工整理的记载，相传仓颉石室藏二十八字，在北海（今寿光）仓颉墓中。在黄帝与蚩尤的交战中也有铜兵器出现。这些记载均与大汶口文化和东夷后期的龙山、岳石文化相互印证。笔者研究得出结论：我国在夏朝中后期的岳石文化时期，还有一个灿烂的部落方国时代。城子崖遗址是中国考古工作者发现和发掘的第一处原始社会遗址，在中国近代考古学史上具有开创性的意义，对认识和研究中国新石器时代文化有着极其重要的作用。岳石文化绝对年代为公元前1900—前1600年，其上限有可能延伸到距今4000年，个别地区的下限可能在3500年前。从龙山文化中期（约公元前2200年）到岳石文化末期，历时600年左右，经历了夏朝的整个时代。

众所周知，岳石文化是继山东龙山文化之后分布于海岱地区的一支考古学文化，因最早发现于山东省平度市东岳石村而得名。文化时代大致与中原地区的二里头文化相当。岳石文化与龙山文化分布范围大致相同，属于城邦国家发展时期。1959年发现的岳石文化遗址南北长约70米，东西宽约200米，出土了大量石器、陶器、骨器和蚌器。经考古认证为东夷族创造的一种古老文化，这个阶段正好是上接龙山文化，龙山文化中后和岳石文化历经了整个夏代时期，下接商代。主要代表人物有虞舜、伯益等。

虞舜，东夷人东部文化的一个始祖级代表人物。天下明德，皆自虞舜始。在大舜的带领下，东夷的各部族空前团结，生产力得到长足发展，农业水平居于各区域之首。大舜是中国古代的明君、贤臣、孝子的典型。他勤政爱民，提倡民乐，受到人民的普遍拥戴，尤其受到孔子、孟子等儒家先哲的推崇。伯益，是东夷文化始祖级代表人物，莱芜嬴城遗址考古证明，伯益后裔西迁，杰出的代表人物是秦始皇。

图7 “伯益”五体演变自右向左依次为：
骨刻原图、骨刻文、甲骨文、金文、小篆、隶书

据2015年7月13日李政发表的《东岳石遗址与岳石文化》一文中论述：岳石文化遗址已经发现340余处，以泰沂山系为中心分布，并向四周扩展，与大汶口文化晚期、龙山文化的分布范围大体一致。以平度东岳石遗址命名的岳石文化，是20世纪60年代中国考古的重要发现，不但明晰了青岛地区远古文明发展的脉络，同时也填补了黄河流域、胶东半岛古文明发展链的空白。岳石文化的发现，形成了由山东后李文化、北辛文化、大汶口文化、龙山文化、岳石文化构成，谱系清晰、脉络连贯、特色突出的山东半岛海岱区域文明发展序列，在中国考古学史上具有重要意义。

图 8 “泉城”五体演变自右向左依次为：
骨刻原图、骨刻文、甲骨文、金文、小篆、隶书

笔者 2019 年参与东夷文化资源调查时，据山东省文物考古研究院提供的数据，不完全统计，山东地区岳石文化已达 400 余处。分布状况与李政文大致相同。和岳石文化同时期的城子崖是济南地区历史上有据可考的最早的城邦，那时城邦的出现，表明我国在夏朝之前，还有一个灿烂的部落方国时代。从城的规模来判断，岳石文化时代比较强盛的方国在山东地区很多，甚至有可能是那时某个部落方国联盟中的盟主国。在这座济南历史上最早的城里，当时已能生产举世无双的蛋壳陶，代表着龙山后期和岳石文化时期整个黄河流域制陶工艺的最高水平。据考证，上古山东地区主要居住着东夷部落，仅城子崖龙山城的人口当时应在 3000 人以上，在城子崖西一里之处，上溯到距今 9000 年的西河文化部落城已有数百人居住。同中原的夏族关系密切，但又有不同的风俗。岳石文化、龙山文化及其之前的大汶口文化，是东夷部落远古文化发展的三个重要阶段。而岳石文化时期的骨刻文字正是重要的成熟阶段，这一阶段为创造甲骨文字提供了最基本依据。

由于东夷人具有超高的创造力，各项发明创造都领先于全国水平。从出土的大量石器、陶器、骨器和蚌器分析，岳石文化时期，社会发展进入快车道，社会分工更加明显。岳石文化的主体因素继承了龙山文化，并且在其自身运动发展的过程中不断创新，从而丰富和完善了自身的文化内涵，同时也吸收了一些其他先进文化的因素，随之社会形态也逐渐演变。随着社会的发展，群雄四起，各个集团力量不断发展壮大，文化重心也不断南移。到了岳石文化后期，也正是夏代的后期，随着周边地区文化集团的不断干预，东夷集团的统治地位不断弱化，最终夏朝统治集团也随之被中原殷商集团所取代。商朝族群高层为打击东夷有生力量，采取了去夷或淡化夷人策略，所以从殷商甲骨文中可以看出，将骨刻文中“从太从弓”的“夷”字改为“尸”的写法，释其“夷”为“尸”字，这一写法到了周代中期金文中还是以“尸”取代“夷”字，一直到了周代中晚期才逐步恢复了“从大从弓”的写法。东夷集团主导地位虽然逐渐消失，但东夷文化一直在传承，最具代表性的当属东夷人创造的骨刻文字，被商周秦汉历代传承至今，从没有中断。这在笔者《东夷文化与山东·骨刻文释读》(中国文史出版社 2012 年版）专著中已有较全面论述，这里不再重复。

## 三、文明要素之首是东夷骨刻文

前承岳石至龙山，
华夏文明后世传。
守望东夷成骨刻，
商周秦汉字相联。

1. 骨刻文的发现和命名

图 9　骨刻文书法

骨刻文是指东夷人在兽骨上人为有意刻画的符号，象形、指事、会意、形声、转注、假借六书齐全，一部分为图形符号。在山东昌乐袁家庄、任家河，寿光圣城、纪台，章丘龙山冯家村，临淄苏家庙、崔家庄等地集中发现（赤峰、关中等地也有发现），是我国最早的以记事和地名等为主的可识文字。2004 年昌乐收藏爱好者将肖广德先生收藏的刻有图案符号的石化状兽骨，送山东大学美术考古研究所所长、著名考古学家刘凤君教授鉴定发现是中国早期的文字。2005 年刘凤君教授命名，初定东夷文字，后称“骨刻文”，并认定刻画工具为玛瑙等锐角宝石，形成距今 4600—3300 年，是龙山文化时期流行的文字。自 2010 年底开始，笔者将骨刻文成功系统破译，从文字的起源和构造等方面较全面地论述了与甲骨文及现代汉字的传承关系。笔者认为，东夷骨刻文字也是整个夏代统一使用的文字。

图 10　“骨刻文”五体演变自右向左依次为：
骨刻原图、骨刻文、甲骨文、金文、小篆、隶书

2. 骨刻文的破译和研究

中国考古人员曾在山东省东部发现 130 多块兽骨上所刻的数百个神秘图文。笔者通过研究比对，找出了其中 110 多个图文所对应的现代汉字。笔者根据汉字演变规律，并结合史料对兽骨上的所有图案进行解析已解出包括炎、黄、蚩、颉、昊、禹等在内的 110 多个汉字，并依照骨刻文、甲骨文、金文、篆书、隶书的顺序书写出不同时期文字的字形。山东昌乐县民间收藏爱好者在昌乐县袁家庄古遗址上采集陶器标本时，看到当地正在施工挖掘的农民丢弃了许多亚化石状远古兽骨。经过清理，可见骨腔内、骨臼头上有许多刻画痕迹明显的图案符号。

图 11 “仁人”五体演变自右向左依次为：
骨刻原图、骨刻文、甲骨文、金文、小篆、隶书

此前类似兽骨在中国其他地区也曾被发现。这些图文符号属于阴刻，笔画婉转曲折，多为弧笔和曲笔。曾任国际摩擦学会副主席的薛群基院士认为：骨刻图案的形成，应是人工所为。

早期先民不仅依据动物、物体形象创造了象形文字，还把炎、黄、蚩、颉、昊、颛、尧、舜、彭翦和大禹等人文始祖的形象创造成文字，甚至还发明了一些半象形、半会意字。

“书画同源”，中国绘画和书法关系密切，两者的产生和发展相辅相成，汉字很可能是由图画演变而成。

迄今为止，中国已发现的时代最早、体系较为完整的文字，是在河南安阳出土的商朝王室用于占卜的殷墟甲骨文，这一发现使中国与以纸草、泥板、石板为文字载体的古埃及、古巴比伦和古印度并列世界文明古国。21 世纪初，中国各地先后发现了一系列较殷墟甲骨文更早、与汉字起源有关的出土资料，包括原始社会晚期及上古历史早期出现在陶器上的刻画或彩绘符号，还有少量刻写在甲骨、玉器、石器等上面的符号。

其中，骨刻文相较为当时最成熟、最规范的文字。刘凤君教授论证，骨刻文成熟于5000年前后的大汶口文化后期，为东夷人所创造，一直使用到3300年前，是甲骨文的源头。

图12 “和平”五体演变自右向左依次为：骨刻原图、骨刻文、甲骨文、金文、小篆、隶书

为确定兽骨的年代，刘凤君教授亲自带队在寿光圣城遗址进行挖掘，中国社会科学院考古研究所碳十四实验室对在寿光圣城遗址龙山文化晚期（属于骨刻文中晚期）灰坑出土的“寿骨60”，进行了碳十四年代检测。报告显示，“寿骨60”的年代距今有3700年。这个年代正好是岳石文化的中期，证实了岳石文化时期对东夷文化和骨刻文字的重大贡献，并载入史册。

3. 骨刻文的立项和认定

笔者首先对东夷文化进行了系统研究，取得了重大突破，2013年3月20日，主管文化和旅游工作的副省长到省旅游部门调研，最后听取了笔者关于东夷骨刻文字研究成果的汇报，转达了时任省长郭树清要求有关部门要重视东夷文化和骨刻文研究的指示。6月，以笔者为课题组负责人的“东夷骨刻文研发和利用”通过了山东省重大课题立项并正式结项，标志着省级政府的正式认定，因此山东省决定实施“东夷文化溯源工程”。由笔者引领开创，中国先秦史学会、山东社会科学院、山东省文化和旅游厅主办的东夷文化论坛已连续举办了七届，由临沂市政府和山东省社会科学院主办的“中国·临沂东夷文化节”已举办了两届，就东夷文化和骨刻文字对中华文明源头考证贡献达成了共识。到目前为止，笔者与家兄、古代汉语文字学家丁再斌已共同破译出900多个骨刻文字。

图13 “智者”五体演变自右向左依次为：骨刻原图、骨刻文、甲骨文、金文、小篆、隶书

4. 骨刻文的存在和意义

从考古发现所认定的，依据考古资料提供，笔者认为，最早的金文出现在公元前15世纪，即在商代中期的二里岗文化时期，有的青铜器上有“亘”字和“父甲”的铭文。而甲骨文是在公元前14世纪出现，即商代后期的殷商时期。以此而论金文要比甲骨文早一个世纪。

《中国大百科全书·语言文字》集载文，金文出现在商代中期，郑州市白家庄出土饕餮文上有“龟”字，陕西省岐山县东出土戈上有“臣”字，这类资料虽不多，年代却都比殷墟甲骨文要早。

甲骨文初创于距今3700—3500年，也就是岳石文化的中后期。商代统一于距今3300多年前，距今3100年前甲骨文被金文取代。实际上金文也在这个阶段创造，具有代表意义的是商代早期的阳纹纹饰。距今3300年左右的“妇好墓”出土的“司母辛”鼎等器物铭文已很成熟。这一时期正是骨刻文和甲骨文交叉并用的阶段。骨刻文的发现和破译不仅证明比甲骨文早了1300多年，改写了中国文字史，也为甲骨文已释字和未释字的进一步解释和修正提供了直接的依据；为司马迁《史记》的真实性提供了可靠的新依据；为大汶口文化、龙山文化和人类文明发展史提供了有力的新佐证；为陶刻图像（文）、岩画图像（文）研究和远古文化研究奠定了坚实基础。研究说明，距今3900—3300年前这600年期间，是骨刻文字更加成熟和规范的时期。距今3700—3300年，是骨刻文和甲骨文及金文交叉使用的磨合期。

东夷骨刻文的大批量发现和系统破译，证实了汉字的源头在山东。王懿荣发现了甲骨文，但在王懿荣发现之前就已经有一些关于甲骨文的记载了。实际上，东夷骨刻文研究发现，创造和发现甲骨文的都是山东人。

图 14　骨刻文“祖”字创作原型：昌乐崇山石祖林

笔者研究发现，中国文字，到了甲骨文时代，毫无疑问至少经过了两三千年的发展的。但是甲骨文绝对不是最早的文字，在这之前肯定有一个初创和成熟的阶段，这个阶段至少经过了 1500 年之上。从东夷骨刻文到甲骨文的演变来看，极有可能就有这样长的一段历史。大家试想，甲骨文不可能一夜之间就形成了这么规范的文字。东夷骨刻文的发现和系统破译证明了先前对汉字形成的推断是正确的。

图 15　“宗祖”五体演变自右向左依次为：
骨刻原图、骨刻文、甲骨文、金文、小篆、隶书

5. 骨刻文的比较和发展

世界上有许多种古文字。最具代表性的有古埃及文字，形成于距今 5000 多年前，遗留到公元前 52 年，实际使用了 1000 多年。玛雅文字遗留的铭文最早的相当于公元前 328 年，一直应用到 16 世纪，使用了 1000 年左右。公元前 1500 年左右，苏美尔人发明的楔形文字已成为当时国家交往通用的文字体系，连埃及和两河流域各国外交往来的书信或订立条约都使用楔形文字。而使用了 1000 年左右逐渐消失，现在见到的遗存只能作为后人研究历史的一个内容。笔者研究发现，上述地区的所谓文字，皆属高度具象的象形字，而只存在了一千年左右，后被其他文字取代；但与其同时期的东夷骨刻文字已经是高度抽象文字，并被甲骨文、金文、小篆和隶书传承至今从未中断。

中国的古文字也有多种，骨刻文没有发现之前，传承至今的有：距今 3300 年的甲骨文、距今 3100 年的金文、距今 2300 年左右的小篆和隶书。后来的纳西族东巴文、藏文和蒙文都有 1000 多年的历史。西夏文字只存在了 200 多年。但是，东夷骨刻文字的发现，打破了这一百年定论。研究发现，骨刻文字是从 5000 年前后东夷人创造，后被甲骨文、金文、小篆和隶书传承，直至今天连续使用的文字。骨刻文将中国文字往前推了 1300 多年，证实了中华文明 5000 年的真实存在，改写了中国文化史。

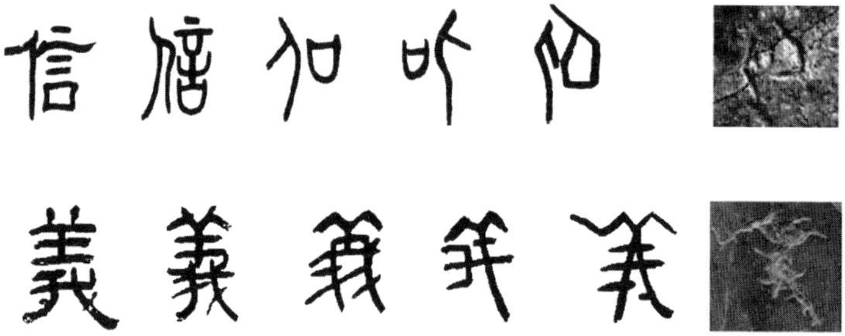

图16　“信义”五体演变自右向左依次为：
骨刻原图、骨刻文、甲骨文、金文、小篆、隶书

6. 骨刻文的艺术和影响

笔者始创的东夷骨刻文书法艺术，其高古、典雅的艺术风格充分体现了东夷人创造文字的智慧和文化领先地位。笔者先后创作了东夷骨刻文书法艺术数千件，不少作品被社会各界收藏，在中外产生了重大影响。东夷骨刻文书法艺术展分别于2018年、2019年、2021年在美国、加拿大及山东沂南先后举办，产生了巨大的反响。国外和国内各省市媒体数百次宣传报道，具不完全统计，报刊、视频、百度等网络浏览达4亿多人次。

图17　“传承”五体演变自右向左依次为：
骨刻原图、骨刻文、甲骨文、金文、小篆、隶书

7. 骨刻文的价值和利用

沂南县为笔者建立的东夷骨刻文书法艺术馆，是中国第一座以笔者东夷文化研究成果和骨刻文书法艺术为主题的展馆，共收入笔者作品 160 幅，其中诗词 60 幅，楹联 60 幅，百家姓 40 幅，为笔者从目前破译出的 900 多个骨刻文中集字创作而成。作品全部无偿捐赠给家乡沂南县，大部分由县档案馆收藏，其余展陈于东夷骨刻文书法艺术馆供人们参观研究。馆名由山东省政协原副主席、王羲之第 48 代孙、著名书法家王宗廉亲笔题写。同时，笔者东夷骨刻文书法艺术展和艺术馆开幕仪式，由中共沂南县委宣传部在沂南县文化中心举办。

由笔者书写的东夷骨刻文书法艺术生肖文化广场落户济南金刚纂。用东夷骨刻文书法艺术书写十二生肖的文化广场，在中国是第一座。

## 四、关于平度市岳石文化开发和利用

平度市文化文物和旅游资源丰富。岳石文化又是东夷文化承前启后的重要节点，开启了夏代向商周秦汉发展的新纪元。东岳石村，是岳石文化发现和命名地。上推沙梁遗址（属龙山文化遗址）、韩村遗址（属大汶口文化至商周时期文化遗址），下与商周秦汉历代传承至今从未间断。平度是山东省面积最大的县级市，境内文化遗存丰富，拥有各级文保单位及一般不可移动文物 144 处，馆藏文物 12.7 万件。近年来，平度市委、市政府深入贯彻习近平总书记关于文物工作重要指示，全力统筹文物保护与经济社会发展，成功入选全国第二批革命文物保护利用片区分县名单。为此，2021 年 3 月 22 日，山东省文化和旅游厅以《青岛平度：全面推动文物保护利用改革》为题刊发平度市文物保护工作经验。笔者认为，各级党政领导机关如此重视平度的文旅事业，现在正是干一番文旅融合大发展的黄金时期。

平度市是岳石文化的命名地，人们提起岳石文化就会联想到平度市，一说到龙山文化人们马上就会联想到济南章丘。就如同人们说到大理石就会联想到大理市一样。最近几年由方山地貌更名为岱崮地貌的蒙阴县岱崮镇等，对提高当地的知名度发挥了重大作用。岳石文化上承距今 4600 年龙山文化、距今 6300 年的大汶口文化、距今 7400 年的北辛文化、距今 9000 年的西河文化，直至 11000 年前的扁扁洞文化和 20000 年前的凤凰岭文化；下接商周秦汉，传承至今从没有断流。岳石文化和龙山文化时期至大汶口文化后期，已经基本符合雅斯贝尔斯文明社会定义的几个“硬件”，又称为“文明社会三大要素”，即文字、金属冶炼术、城市国家（城邦），而三大要素之首当属文字。东夷骨刻文字正是龙山文化时期成熟、岳石时期发展规范了的文字，后被甲骨文和金文完全继承。所以说岳石文化是上承龙山文化中华 5000 年文明史，下传商周承前启后的重要时期，而这个时期正是中华文明社会实现历史转折的分水岭。

一座城市如果没有了文化，这座城市就失去了灵魂。但咱们平度是一座有深厚文化底蕴的城市。论好东夷文化，续好夏商承接，研好文明传承，做好岳石文章，传好平度历史。将东夷文化、岳石文化的研究、开发和利用放在重要位置，先争创省级历史文化名城，后争创国家级历史文化名城。借国家大遗址公园的优惠政策，建立岳石文化大遗址旅游公园，周边配套生态农业观光文旅项目。以支撑和引领平度人文和历史文化，还原国家历史文化名城的真实面目，推动平度市的文化和旅游及其他产业的融合与发展。应该大力挖掘各地的东夷文化资源，做好山东这一独有的文化旅游融合发展大文章。

**参考文献：**

刘凤君：《骨刻文》，山东画报出版社 2015 年版。

# 东夷人的鸟图腾崇拜

刘德增

（齐鲁师范学院）

我的家乡在胶莱河畔，儿时的情景大多已经淡忘，但有一条禁忌迄今记忆犹新，那就是“打燕子瞎眼！”每当少不更事的孩童拉开弹弓瞄准燕子时，大人总是慌忙喝止。乡人对燕子敬若神明，燕子在谁家房檐上垒窝，被视为福份，谚云：“燕子不进穷屋。”雏燕不小心摔下地来，为父为兄者会立刻丢下碗筷，两手小心翼翼地将其捧起，搬凳子，找梯子，送回窝里。农家建房时，往往在房门上方留一条缝隙，以便燕子出入，谓之“燕路”。对燕子的崇拜广泛存在于山东一带，拥有“农民民俗学家”之称的田传江先生介绍他的家乡——山东省枣庄市山亭区付庄乡红山峪村——对燕子的崇拜时，讲到了1992年发生在他家的一件事：

我家过道顶是水泥浇制的，在大门一旁，有一对燕子在此筑巢。正当小燕孵出时，一对麻雀妄图占领，燕子和麻雀大战不可避免。老太太发觉后，当然站在燕子立场上，燕子外出“打食”，她老人家守在一旁，禁止麻雀来骚扰……①

燕子何以赢得如此之地位?

鲁西南地区迄今存在一种独特的习俗：在鸟类名称中，避开“鸟”“雀”两字，代之以“虫”字等，如麻雀谓之“小小虫”，布谷鸟谓之“骚咕咕”，啄木鸟谓之“钻钻木”。烟台师范学院教授、民俗学家山曼先生向笔者介绍了这一习俗，笔者随即对此进行调查，发现这一习俗的分布地区以今山东菏泽为中心，东起邹城，南至单县，西迄东明，北到梁山。另据山曼先生介绍，与菏泽接壤的豫东地区也存在这种习俗。

这种习俗有着古老的源头。

## 一、玄鸟生商”：从神话到传说

“玄鸟生商”神话最早的文献记载，是《诗·商颂·玄鸟》：“天命玄鸟，降而生商，宅殷土茫茫。”此文歌颂的是商人始祖契的诞生、汤之建国与武丁中兴。高亨先生说，这是一首“简单的史诗”②。

---

① 田传江：《红山峪村民俗志》，辽宁文化艺术音像出版社 1999 年版，第 88 页。

② 高亨：《诗经今注》，上海古籍出版社 1980 年版，第 527 页。

汉代注《诗》的齐、鲁、韩三家皆认为《商颂》是宋人的颂歌。商亡，周公册封纣王庶兄微子启于宋（今河南商丘），奉商先祀[①]。清人魏源《诗古微》、皮锡瑞《经学通论》又进而申之。迨王国维《说商颂》出，《商颂》乃宋人颂歌，几成定论。1995 年，南开大学出版社出版了张松如的《商颂研究》一书，考论《商颂》乃商人之颂歌。这首“简单的史诗”应为商人之传，商亡后，奉商先祀的宋人继传之。

但是，在甲骨文中不见“玄鸟生商”的神话。但是，甲骨文中有一位“高祖夒”，夒字之形，像一人侧立，一手上举至颚下，俯首作吞物状。郑慧生先生考证说，夒就是简狄，字形便是简狄吞食玄鸟卵的形象写照[②]。青铜器中，有“玄鸟妇壶”，于省吾判定“玄鸟妇壶”系商代晚期铜器，其合文格式在与商代晚期金文上限相衔接的中期卜辞的合文中，可以找出

---

① 1997 年，在河南省鹿邑县太清宫发现了一座西周初期的大墓，在该墓出土的青铜器上，屡见“长子口”铭文（河南省文物考古研究所等:《鹿邑太清宫长子口墓》，中州古籍出版社 2000 年版）。王恩田先生认为，“长”应读为“微”，该墓当即微子之墓（《鹿邑太清宫西周大墓与微子封宋》，载《中原文物》2002 年第 4 期）。此说得到了日本学者松丸道雄的赞同（《文献与考古学的邂逅》，载《中国文物报》2004 年 2 月 6 日第 7 版）。在今山东微山湖中的微山岛西北部，有一座海拔 91.6 米的小山丘，名曰“微山”。山丘上有一座高 10 米、底径 7.5 米的圆形坟墓，墓前一幢高 2.23 米、宽 0.88 米的石碑，上书“殷微子墓”四字，传为汉丞相匡衡手笔（山东省出版总社济宁分社编:《微山湖风情录》，山东友谊书社 1987 年版，第 15 页）。民间传说，“微山”因微子墓而名，微山湖因“微山”而名。微山岛之微子墓与太清宫之微子墓，孰真孰假，尚难断言。

② 郑慧生:《上古华夏妇女与婚姻》，河南人民出版社 1988 年出版，第 109~112 页。

同样的例子。“玄鸟妇”三字合文乃商代金文中所保留下来的先世玄鸟图腾的残余①。朱彦民先生认为，按照商周青铜器命名的规则，尤其是商代晚期的少数字铭文青铜器上，只是刻铸被祭祀和被纪念者的名号，不可能是持器者的名字。准此，那么壶上的“玄鸟妇”一名，应是被祭者名字，而“玄鸟妇”壶应当是商代晚期人们祭祀“玄鸟妇”简狄的祭器②。

图1 甲骨文中的“夒”字

从“夒”“亥”两字及“玄鸟妇”三字合文来看，“玄鸟生商”的神话为商人所信奉，并一直在商人及其后裔中流传。

图2 “玄鸟妇”合文

不独商人及其后裔，在其他人中也广泛传承着这个传说。

1994年，上海博物馆从香港古玩市场购回大批楚简，其中有一篇《子羔》，其写作时代当为战国中期。

① 于省吾：《略论图腾与宗教起源和夏商图腾》，载《历史研究》1959年第11期。

② 朱彦民：《殷卜辞所见先公配偶考》，载《历史研究》2003年第6期。

子羔，姓高名柴，子羔是其字，卫国人[1]，孔子弟子[2]。《子羔》中谈到了“玄鸟生商”传说。裘锡圭先生对这段简文字作了校正。子羔问：“三王者之作也，皆人子也，而其父贱不足称也与？(抑）亦成（诚）天子也与？”子羔所谓的“三王”既夏之禹、商之契、周之弃。孔子回答说：

契之母，有娀氏之女也，游于央台之上，有燕衔卵而措诸其前，取而吞之，壐（娠）三忢（年）而画（?）于雁膺，生乃呼曰：“钦（?）!”是契也。[3]

这是迄今为止商人及其后裔之外的其他人关于“玄鸟生商”的最早的文献记载。

在《吕氏春秋·音初》中，我们看到了另一个版本：说简狄不是吃玄鸟卵而生子，乃是用筐孵卵而生子：

有娀氏有二佚女，为之九成之台，饮食必以鼓。帝令燕往视之，鸣若谥隘二女爱而争搏之，覆以玉筐。少选，发而视之，燕遗二卵，北飞，遂不返。

① 《史纪·仲尼弟子列传》《集解》引郑玄注说高柴为卫人，《孔子家语·弟子解》则云齐人。

② 关于高柴的情况可参见李启谦：《孔门弟子研究》第二十二《高柴》，齐鲁书社 1987 年版，第 187~189 页。

③ 裘锡圭：《新出土先秦文献与古史传说》，见《中国出土古文献十讲》，复旦大学出版社 2004 年版，第 18~45 页。

比对《子羔》与《吕氏春秋·音初》，二者关于“玄鸟生商”有明显的不同：

1.《子羔》中的“央台”到《吕氏春秋·音初》变为“九成之台”。

2.《吕氏春秋·音初》中的简狄姐妹饮食之时，有鼓乐相伴。《子羔》无此情节。

3.《子羔》中的燕卵是燕子特意送到简狄面前，《吕氏春秋·音初》中的燕卵则是燕子奉“帝”之命去察看简狄姐妹时，被她们用“玉筐”覆住而生下的，且是两枚。

4.《子羔》中的简狄姻娠三年，契如鸟破卵壳而出般破胸而出。《吕氏春秋·音初》中无此内容。

5.《子羔》中的契初生就会说“钦”。《吕氏春秋·音初》中无此情节。

相比之下，《子羔》中的记载更为原始。从子羔的提问可看出，子羔不是将“玄鸟生商”等作为图腾神话，而是将其作为历史记载来看待的，并怀疑契等实际上是凡人所生，因其父地位低贱，不为人所知而已。其“历史化”倾向已经很明显。屈原《天问》：“简狄在台，喾何宜？玄鸟致贻，女何喜？”据此，简狄已被安排为帝喾之妃。帝喾，号高辛氏，《史记·五帝本纪》司马贞《索隐》引宋衷语云：“高辛地名，因以为号。喾，名也。”但孔子讲的那个版本中还保留了一些图腾神话的痕迹。而《吕氏春秋·音初》中的“玄鸟生商”则已经“历史化”了。

司马迁《史记·殷本纪》也记载了“玄鸟生商”的传说：

殷契，母曰简狄，有娀氏之女，为帝喾次妃。三人行浴，见玄鸟堕其卵，简狄取吞之，因孕生契。

《史记·殷本纪》的“历史化”倾向更为明显。

褚少孙补《史记·三代世表》，郑玄注《诗经·商颂·玄鸟》、《诗经·商颂·长发》，王逸注《楚辞·天问》、《楚辞·九章·思美人》，皆用《史记·殷本纪》之版本①。与《史记·殷本纪》略有不同的是，刘向《列女传》卷一《简狄》云：

契母简狄者，有娀氏之长女也。当尧之时，与其妹娣浴于玄丘之水。有玄鸟衔卵过而坠之，五色甚好。简狄与其妹娣竞往取之。简狄得而含之，误而吞之，遂生契焉。

褚少孙补《史记·三代世表》也说简狄把玄鸟卵含在口中，不小心“误吞”而生契②。

---

① 《诗经·商颂·玄鸟》：“天命玄鸟，降而生商。”郑玄注：“天使鳦下而生商者，谓鳦遗卵，娀氏之女简狄吞之而生契。”《诗经·商颂·长发》：“有娀方将，帝立子生商。”郑玄注：“禹敷下土之时，有娀氏之国亦始广大，有女简狄，吞鳦卵而生契。”《楚辞·天问》：“简狄在台喾何宜？玄鸟致贻女何嘉？”王逸注说：“言简狄侍帝喾于台上，有飞燕堕遗其卵，喜而吞之，因生契也。”《楚辞·九章·思美人》：“帝辛之灵盛兮，遭玄鸟而致诒。”王逸注：“喾妃吞燕卵以生契也。”

② 刘向《列女传》卷一：“契母简狄者，有娀氏之长女也。当尧之时，与其妹娣浴于玄丘之水。有玄鸟衔卵过而坠之，五色甚好。简狄与其妹娣竞往取之。简狄得而含之，误而吞之，遂生契焉。”

图腾神话具有自己的特点，前苏联学者Д. Е. 海通在分析澳大利亚图腾神话时指出：

> 神话的内容主要是人和图腾的起源，图腾分类和图腾仪式的起源，“祖先”的生活和奇异经历。神话与某一地区的有特色的地点紧密相连，与图腾仪式和某种圣物不可分割。神话的形式相当单调：没有开头部分，故事的结尾出乎意外，往往不是情节发展的结果。同一部落的某些神话相互之间没有联系，甚至是在描述同一个人的奇异经历时，也往往是互相矛盾。最使人奇怪的是，澳大利亚人并没有觉察到这种矛盾。同时，使人不解的是，神话不阐明人和图腾存在亲属关系的原因，当然，神话简单地说明确有这种关系。①

“玄鸟生商”神话与澳大利亚图腾神话有很多相似之处：

1. “玄鸟生商”神话描述“是人和图腾的起源”。

2. “玄鸟生商”神话也与“某一地区的有特色的地点紧密相连”：“央台”“九成之台”或“玄丘之水”。

3. 故事的结尾出乎意外“玄鸟生商”神话也“相当单调”，故事的结尾也“出乎意外”：吃玄鸟卵而生子。

谈到这里，有必要界定一下“神话”与“传说”两个概

---

① 〔苏〕Д. Е. 海通著，何星亮译：《图腾崇拜》，广西师范大学出版社2004年版，第48页。

念。茅盾先生说：

传说（Legend）也常被混称为神话。实则神话自神话，传说自传说，二者绝非一物。神话所叙述者，是神或半神的超人所行之事；传说所叙述者，则为一民族的古代英雄（往往即为此一民族的祖先或最古的帝王）所行的事。原始人对于自然现象如风雷昼暝之类，又惊异，又畏惧，以为冥冥之中必有人（神）为之主宰，于是就造作一段故事（神话）以为解释；所以其性质颇像宗教记载。但传说则不然。传说内的民族英雄，自然也是编造出来，同神话的神一样，可是在原始人的眼中，这些英雄是他们的祖宗，或开国帝皇，而不是主宰自然现象的神。所以传说的性质颇像史传。这便是神话与传说的区别。①

杨堃先生认为传说是从神话演变而来的：

神话总是和信仰仪式联系在一起的。如果对于神话的真实性失去信仰，不相信它是神话，不相信神话具有超人的威力，当然也就不会与崇拜的各种仪式联系在一起。这样的神话就变成了传说。②

---

① 茅盾：《神话研究》，百花文艺出版社 1997 年版，第 3~4 页。

② 杨堃：《论神话的起源与发展》，载《民间文学论坛》1985 年第 1 期。

袁珂先生虽然赞同杨堃先生的观点，但他主张“广义神话”，并以“广义神话”作为神话研究的主体，在他的“广义神话”体系中，包含传说：“神话与传说，原是一回事体。我对这二者均以广义神话目之。”①

我们赞同茅盾与杨堃先生的观点。神话所叙述者，是神或半神的超人所行之事，并总是和信仰仪式联系在一起。

《子羔》中的“玄鸟生商”仍保留神话的痕迹，而《史记·殷本纪》等文献的记载已被“历史化”，属于传说。

以玄鸟为图腾者，除了商人外，还有嬴秦。《史记·秦本纪》记曰：

> 秦之先，帝颛顼之苗裔孙曰女修。女修织，玄鸟陨卵，女修吞之，生子大业。

这是秦人起源的一个美丽神话。据此，秦为鸟图腾族群成员。《秦记》不在始皇焚书名单中，秦国历史较多地保留到司马迁时代。《史记·秦本纪》中的这条记载被作为嬴秦鸟图腾崇拜最直接的证据。

少皞氏鸟图腾部落是东夷人最重要的一支，栖息在今山东中部泰沂山地的周边地带。许慎《说文解字》女部“嬴”条：“嬴，少昊氏之姓。”秦人嬴姓，嬴姓方国大多分布在泰沂山

---

① 袁珂：《袁珂学述》，浙江人民出版社1999年版，第31页。

区西部及西南部一带[①]。从遗传至今的文献来看，“嬴”作为地名始见于《左传·桓公三年》：“春正月，公会齐侯于嬴。”其地在今山东莱芜市莱城区羊里镇城子县村。基于以上等原因，卫聚贤、徐旭生、顾颉刚、邹衡、马非百、林剑鸣诸先生认为秦起源于东方。

据《史记·秦本纪》记载，大业之子大费佐舜调驯鸟兽，与禹平水土。舜生活的时代相当于中国考古学的龙山文化时代。龙山文化是继大汶口文化、仰韶文化而兴起的一种原始文化，距今4500—4000年。大汶口文化、仰韶文化时期，黄河中下游一带已步入农耕时代。但是，直到大舜时代，秦人先祖仍以游牧为生。他们是游牧的佼佼者。夏桀残暴，大业之玄孙费昌，去夏归商，成为商汤之“御”——驾车的亲信奴仆。终商一代，秦人先祖始终充当这个角色，深得商王信任。费昌之后，族人四处迁徙，中潏一支辗转西迁，到商末，到达“西垂”。这一支是秦人的直系祖先。西垂是秦在西方发展的起点。文献记载与考古发现相互印证，西垂的地望在今甘肃礼县永坪镇赵坪村大堡子山附近。这一带水草丰美，是良好的牧场。游牧部族高上气力，以射猎为先。中潏之子蜚廉，蜚廉之子恶来，俱以“材力”事商纣。周武王伐商，恶来也被杀。入周，秦人地位一度沦落。

中潏一支迁西垂，可能与牧马有关。

---

① 逄振镐：《山东古国与姓氏》，山东人民出版社2006年版，第105~117页。

中国的家马和马车是在商代晚期出现的，一般发现于墓葬和祭坑中，在灰坑中绝少见。而同样是作为祭品的牛、狗、羊、猪和鸡等，却大量发现于灰坑中。这一方面说明马的作用不在于提供肉食，另一方面也证明马是珍贵的动物。一种观点认为，中国的家马是中亚地区传入的。

在传世文献中，秦人是最早的牧马人。蜚廉另一个儿子叫季胜，季胜之玄孙造父擅长驯马驾车，周穆王起用造父为其驾车，以赵城封造父，造父这一支成为赵人的直系先祖。恶来之子女防一支，有名非子者，当周孝王之时，以擅长牧马著称。《史记·秦本纪》记载："非子居犬丘，好马及畜，善养息之。犬丘人言之周孝王，孝王召使主马于汧、渭之间，马大蕃息。"犬丘，裴骃《史记集解》、张守节《史记正义》皆以为在汉代的槐里（今陕西兴平西南），王国维证其误，指出犬丘、西垂本一地；犬丘乃"西犬丘"之省，是相对于槐里的东犬丘而言①。到周孝王时代，马仍是珍贵物种。非子擅长牧马，深得周孝王宠信，邑之秦，号曰"秦嬴"。秦之地望，在今甘肃清水县城西数里处的清水故城。

## 二、"玄鸟生商"神话的考古发现

"玄鸟生商"的神话及其信仰仪式可以追溯至大汶口文化。

---

① 王国维：《秦都邑考》，见周锡山编校《王国维集》第四册，中国社会科学出版社 2008 年版，第 146~148 页。

根据已经发现的大汶口文化遗址出土材料，推定大汶口文化的绝对年代距今6100—4600年。在大汶口文化中有一种奇特的含球习俗。那枚含在口中的小球，直径在15~20毫米之间，一般为石球，陶球亦偶见。典型遗址有两处：山东兖州王因遗址，江苏邳县大墩子遗址。

王因遗址位于兖州西南一块高地上，南边不远是一处洼地，古时当为一片沼泽；东北不远，是一条东北——西南流向的河溪。遗址面积约5万平方米，在已发掘的7500平方米范围内，清理墓葬899座，至少有20座墓葬存在含球习俗。墓主性别，男性2座，女性17座，另一座性别已难以分辨。一人只含一球，发现石球9枚，多为石英石磨制而成；陶球2枚，素面，呈砖红色或深灰色。另外9座，虽然没有发现石球或陶球，但从颌骨与齿冠颊面磨损情况来看，应是含球所致。①

大墩子遗址地处苏鲁边境的平原地带，遗址呈漫坡状，面积也在5万平米左右，清理墓葬42座。经鉴定，14座墓的颌骨和牙齿有不同程度的磨损、变形，其中男性墓4座，女性墓10座；发现石球6枚，陶球仅有一枚。②

那枚石球或陶球一旦放入口中，便成年累月地含着，终生不再吐出，有的人死后仍含在嘴里。虽然那是个小小

---

① 韩康信、潘其风：《大墩子和王因新石器时代人类颌骨的异常变形》，载《考古》1980年第2期。

② 韩康信、潘其风：《大墩子和王因新石器时代人类颌骨的异常变形》，载《考古》1980年第2期。

的石球、陶球，但是长期含在嘴里很不方便，颌骨与齿冠俱破磨损，直到6000多年后的今天，我们在他们的遗骨上仍可以清晰地见到磨损的痕迹。虽多有不便，痛苦不堪，但他们毫不动摇。支撑这一行为的坚定信念是什么？对此，考古学家们百思不得其解。[①] 试图破解此谜者，据笔者手头材料，只有三位，一位是考古学家蔡凤书先生，他在《中国史前文化》一书中写道：

> 口颊含球是在口颊含一小石球的习俗。由于长期含球，这些人的上下颌骨受到严重影响，致使齿冠、齿根和齿槽骨变形。这一习俗多见于早期大汶口文化，从山东兖州王因墓葬所见到的来看，口颊含球者多为女性，而且为数不多。口颊含球必然影响发音，说话时含混不清，也许是为了效仿鸟类的发声而有此举的。[②]

第二位是历史学家郑若葵先生，他在《中国远古暨三代习俗史》中给出一个答案：

> 此俗的确切意义尚不明了。仅据现象看，大约与死者曾受到一些原始宗教规例约束有关，即因为某种原因而被

① 中国社会科学院考古研究所编：《新中国的考古发现和研究》，文物出版社1984年版，第93页。

② 蔡凤书：《中国史前文化》，山东教育出版社1991年版，第91页。

罚含陶球或石球，以约束其言语权力。①

第三位从事搞中国文学史研究的张碧波先生，他考证说，高阳氏以●（即珠）为氏族标志，含球习俗与此有关：

> 我们认为这小石（陶）球就是颛顼高阳氏族团的氏族标记●（珠）。用以标明他们属于颛顼族团的成员，而区别于其他氏族族团，并成为本族团成员、坚持本族团传统的标记，成为本族团的圣物，从而成为整个族团的文化习俗。②

对蔡、郑两位先生的诠释，笔者不敢苟同，原因很简单：那枚直径最大不过 20 毫米的小小的石球或陶球，既不影响他们的发音，更无法使他们缄口。张先生的观点，我们也不能赞同，原因是：高阳氏以●为族团标志的证据不足，此其一。其二，在王因、大墩子两遗址中，含球者仅是极少数人，若他们以含球来表明自己为高阳氏的后裔，与他们埋在同一片墓地的绝大多数人难道属于另一个族团吗？

那么，含球的意蕴究竟何在？

我们认为，这是一种图腾繁殖仪式。

---

① 郑若葵：《中国全史·中国远古暨三代习俗史》，人民出版社 1994 年版，第 220 页。

② 张碧波：《关于大汶口文化三种习俗的文化思考》，载《民俗研究》1998 年第 2 期。

Д. Е. 海通指出：在澳大利亚各部落中，图腾仪式是图腾崇拜不可分割的内容。图腾仪式主要有两种，一种以繁殖图腾为目的，称为“因蒂丘马”；一种是成丁礼，叫作“伊尼齐亚齐亚”。“因蒂丘马”处处表现出繁殖图腾的目的：

> 在蛇图腾群体中，为了蛇的繁殖，而在雨图腾群体中，则是为了雨的降临，等等。仪式主要基于巫术能够影响图腾的信仰，而且这种影响是以交感巫术为基础的，这就是，为了使蜥蜴繁殖，举行仪式者砸开石块，并把它扔向四面八方；为了使幼虫繁殖，用石头敲击家畜，并说“你把我的食物吃了”，同时模仿幼虫从虫蛹里出来；为了雨的降临，模仿呼风唤雨者——“人-云”的运动，等等。此外，在所有澳大利亚人的部落中，繁殖仪式与“阿尔切林加”时代（指图腾神话时代——引者）的神幻祖先有关。在仪式上，必须扮演“祖先”的昔日的奇异经历，并演说和歌唱①。

所谓的“交感巫术”，即英国人詹姆斯·弗雷泽所说的“顺势巫术”或“模拟巫术”：

> 如果我们分析巫术赖以建立的思想原则，便会发现它

---

① 〔苏〕Д. Е. 海通著，何星亮译：《图腾崇拜》，广西师范大学出版社2004年版，第63~64页。

> 们可以归结为两个方面：第一是“同类相生”或果必同因；第二是“物体一经互相接触，在中断实体接触后还会继续远距离地互相作用”。前者可称之为“相似律”，后者可称作“接触律”或“触染律”。巫术根据第一个原则即“相似律”引申出，他能够仅仅通过模仿就实现任何他想做的事；从第二个原则出发，他断定，他能通过一个物体来对一个人施加影响，只要该物体曾被那个人接触过，不论该物体是否为该人身体之一部分。基于相似律的法术叫作“顺势巫术”或“模拟巫术”。基于接触律或触染律的法术叫作“接触巫术”。①

在澳大利亚，图腾繁殖仪式一般由图腾首领主持。在瓦拉蒙加部落中，蜥蜴图腾繁殖仪式则由妇女主持②。

举行图腾繁殖仪式的时间，一般是在图腾动物开始繁殖或植物开花之时③。

大汶口文化含球习俗，应与图腾繁殖仪式有关。“大汶口人”口中含的那枚石球或陶球状如燕卵，含球乃是取象于简狄吃燕卵而生子。换言之，含球是一种图腾繁殖仪式，

---

① ［英］詹姆斯·乔治·弗雷泽著，徐育新、汪培基、张泽石译：《金枝》，中国民间文艺出版社 1987 年版，第 19 页。

② 〔苏〕Д.Е. 海通著，何星亮译：《图腾崇拜》，广西师范大学出版社 2004 年版，第 66 页。

③ 〔苏〕Д.Е. 海通著，何星亮译：《图腾崇拜》，广西师范大学出版社 2004 年版，第 65 页。

含球者应是职司图腾繁殖仪式的巫师。

繁殖图腾的目的，是为了部落或氏族人口的繁殖。后世之“高禖”，当为其遗风。《礼记·月令》记仲春之月云：

是月也：玄鸟至。至之日，以大牢祠于高禖，天子亲往，后妃帅九嫔御。乃礼天子所御，带以弓韣，授以弓矢于高禖之前。

郑玄注：

玄鸟，燕也。燕以施生时来，巢人堂宇而孚乳，嫁娶之象也。媒氏之官以为候。高辛氏之出，玄鸟遗卵，娀简吞之而生契，后王以为媒官嘉祥，而立其祠焉。变媒言禖，神之也。

郑玄认为简狄就是高禖神①。在春秋战国时期，列国诸侯大都有高禖之祠，袁珂先生说：

各国祀高禖的地方不同，或在山林，例如宋国的桑

① 或认为女娲为高禖神，或认为伏羲为高禖神。宋兆麟先生认为，这是因为各部族都有自己的高禖神所致（《生育神与性巫术研究》，文物出版社1990年版，第24~26页）。闻一多先生早就说：“古代各民族所祀的高禖，全是各民族的先妣。”（《闻一多全集》，开明书店1948年版，第1册第98页）。因此，高禖还有女娲、姜嫄等人。

林；或在水泽，例如楚国的云梦：总之是风景优美的地方。在神坛上面，照例总要竖上一块石头，人们对于这块石头，非常尊敬。它的含义我们还不十分明白，大约是原始时代人类崇拜生殖机能的一种风俗的遗留吧。①

那块石头，就是鸟卵的象征。《路史·后纪九》说简狄“感乙致胎”，罗苹注：

乙，燕也。特男子之祥，感遇生子，非必吞卵。历代遂于坛立卵石，姑束皙议坛有石以为吞卵之象，经无文，乞除之。②

刘向《列女传·简狄》、褚少孙补《史记·三代世表》皆说简狄得燕卵而“含之”，不小心吞下而生契。简狄“含”卵与大汶口文化的含球，应有其渊源关系。

简狄——大汶口文化含球者（职司图腾繁殖仪式的巫

① 袁珂：《中国神话传说》，中国民间文艺出版社1984年版，第105页。

② 〔清〕严可均：《全上古三代秦汉三国六朝文·全晋文卷八十七·束皙·高禖坛石议》：“石在坛上，盖主道也。夫未详其置之故，而欲必其可除之理，理不可然。案《郊祀志》，秦汉不祀高禖。汉武帝五子传，武帝晚得太子，始为立禖，其事未之能审。许慎《五经异义》云：‘山阳民祭，皆以石为主。然则石之为主，’由来尚矣，其此象矣。而《祭礼》‘龟策祭器，弊则埋之，而改置新’。石今破，则宜埋而更造，不宜遂废。收集破石，积之故处，于礼无依，于事不肃，愚所未安也。”

师）——高禖，她们之间有着一脉相传的关系。

就目前所知，含球习俗仅见于鲁南苏北一带的大汶口文化遗址。张光直先生认为，这里应该就是商人的发祥地。追寻先商文化的踪迹，是张先生多年来不懈努力的课题之一。最后，他把商人和商文化的发端定为鲁南苏北的大汶口文化：

> 殷商文明中下列成分与东海岸大汶口文化的关系密切：厚葬、墓墩与二层台、龟甲、若干陶器形制与白陶、骨匕、骨雕、绿松石镶嵌及装饰艺术中之纹样。①

在与张长寿先生合作的一篇文字中，他们勾画出了商人的迁徙路线：

> 考古学材料给了我们一条很坚强、很清楚的线索，说明先商文化自东海岸沿着现在陇海路的路线从苏北经徐州进入豫东，征服了土著，在商丘一带建立了他的第一个都城——商，这种可能性是可以郑重考虑的。②

鲁南苏北一带大汶口文化的含球习俗，为张先生此说提供了又一个有力的证据。

---

① 张光直：《中国青铜时代》，生活·读书·新知三联书店1999年版，第287页。

② 张长寿、张光直：《河南商丘地区殷商文明调查发掘初步报告》，载《考古》1997年第4期。

商人以“子”为姓，据司马迁《史记·殷本纪》记载，这个姓是舜赐给契的，裴骃《集解》引《礼纬》云：“祖以玄鸟生子也。”迄今山东乡间仍谓鸡蛋为“鸡子”，换言之，把蛋称为“子”。商人子姓，是因为简狄吃玄鸟蛋而生子。

如前所述，在鸟类名称中，迄今鲁西南与豫东一带还存在避开“鸟”“雀”二字的习俗。这一带正是张光直先生划定的商人发祥地，也是宋国故地。这种迄今犹存的习俗乃商人鸟崇拜之遗风。

以玄鸟为图腾者，除了商人外，还有嬴秦。《史记·秦本纪》：

> 秦之先，帝颛顼之苗裔孙曰女修。女修织，玄鸟陨卵，女修吞之，生子大业。

《秦记》不在始皇焚书的名单中，秦国历史较多地保留到司马迁时代。但是，《史记》中关于“玄鸟生秦”的记载仅此两句。不过，一些零碎的史料，还有考古发掘，都证明秦人的发祥地也在今山东一带。对此，傅斯年先生《夷夏东西说》[1]、林剑鸣先生《秦史稿》皆有令人信服的考证[2]。

鸟夷人信奉不同的鸟为图腾，玄鸟只是其中之一。从《左

---

① 傅斯年：《夷夏东西说》，见《民族与古代中国史》，上海人民出版社 2014 年版，第 1~46 页。

② 林剑鸣：《秦史稿》，上海人民出版社 1981 年版，第 14~19 页。

传》昭公十七年的记载来看，东夷至少分为24个鸟氏族（说详后）。其他以鸟为图腾的氏族，也应信奉“卵生”神话。

## 三、“鸟夷”形象的考古发现

除了含球习俗外，大汶口文化还有两种奇特的习俗，一是变头，一是拔牙：

> 整个大汶口文化，从早到晚，从苏北鲁南到胶东沿海，各地墓葬的人骨经鉴定，发现多有枕骨人工变形及成年拔除上侧门齿的现象，这是大汶口文化所特有的一种习俗的遗痕。①

变头，指头骨人工变形，这是一种在世界范围内广泛存在、七大洲都可以找到例证的古俗。据张振标、尤玉柱两先生研究，头骨人工变形有三种形式：一是环形，二是楔形，三是组合形。② 在我国，考古发现的最早的头骨人工变形是北京周口店山顶洞人，考其年代，距今约为三万年；年代稍晚、距今约10000年的黑龙江扎赉诺尔人也有明显的头骨人工变形，其变形的形式为组合形，从侧面看，额骨扁平呈扳状，向颅顶上斜；枕部平直向上，整个颅骨后上部上方呈锥状凸起；自额骨

① 张振标、尤玉柱：《中国史前人类的一风俗——有意识的改形颅骨》，载《史前研究》1985年第3期。

② 张振标、尤玉柱：《中国史前人类的一风俗——有意识的改形颅骨》，载《史前研究》1985年第3期。

中部至枕鳞部，可见一条带状环形压痕绕颅骨一周。距今约7800年的吉林前郭人的头骨变形属于环形，其主要特征是从顶骨前卤区到枕骨项面有一条带状环形压痕绕颅骨一周。从侧面看，颅穹隆平直，颅后部向上方凸，整个颅骨变得长而窄。大汶口文化头骨人工变形属于楔形，整个枕骨大后孔后部的枕骨至顶骨的后1/4十分扁平；从顶面观，颅骨后面平整；颅低下降，整个颅骨变得高而宽。关于头骨人工变形的方法，多数人认为环形系用箍带捆绑头部形成，组合形用平板前后夹紧头部而成，楔形是在婴儿降生后，长时间仰卧于硬物之上使然。山东泰安大汶口、兖州王因、曲阜西夏侯、胶州三里河、诸城呈子、邹县野店以及江苏邳县大墩子等大汶口文化遗址，都存在变头现象。为什么要改变头形？张振标、尤玉柱先生认为可能是头部装饰的需要：

> 可以设想，要在一个头部上进行各种装饰，不管动物形象的装饰或者是其他壮丽的装饰，其重要条件是有一个基础，即头部的形态基础。因此，在进行装饰之前必须进行一些基本的改形……①

张、尤两先生的研究论文发表后，影响甚大。但是，不囿于成说者亦大有人在，张碧波先生即是其中的一位。他考证说，韩

① 张振标、尤玉柱：《中国史前人类的一风俗——有意识的改形颅骨》，载《史前研究》1985年第3期。

流的头颅扁长，其子遗传了乃父的头形，名曰颛顼。出于对首领的崇敬，颛顼的族人纷纷模仿领导人的头形①。也有人认为这是一个难解之谜，如山东社会科学院历史研究所研究员逄振镐先生说：

> 至于当时居民为什么一定要使刚生下来的婴儿如此长时间的一个姿势地枕卧于硬具之上，这究竟是出于当时知识贫乏、没有经验，还是出于某种宗教的信仰或对婴儿的某种迷信习俗所致，限于资料的贫乏，就不得而知了。②

值得注意的是，变头习俗迄今在山东、特别是在鲁西南一带仍然存在，婴儿出生以后，长期仰卧于用大豆填充的枕头之上，直至把后脑勺睡得扁平为止，俗称“睡头”。今山东省广饶县一带若问为父为母者何以如此，他们只是说这样好看，再也说不出别的理由。另外，满族迄今也有这种习俗。

拔牙之俗，亦遍布于世界各大洲。我国的文献典籍如《山海经》《博物志》《通典》《新唐书》《太平寰宇记》等也有若干关于拔牙的记载。直到20世纪40年代，贵州普定地区的仡佬人还有此俗③。考古发现的存在拔牙风俗的遗址至少已有30个。

---

① 张碧波：《关于大汶口文化三种习俗的文化思考》，载《民俗研究》1998年第2期。

② 逄振镐：《东夷文化史》，中国社会科学出版社1995年版，第264页。

③ 华西：《仡佬族的民族来源和迁徙》，载《民族研究》1960年第6期。

表1 中国境内考古发现的存在拔牙风俗的遗址及拔牙情况

| 省市 | 遗址 | 文化类型 | 碳-14年代（公元前） | 拔牙所占百分比 | 拔牙个体最小年龄（岁） |
|---|---|---|---|---|---|
| 山东 | 滕县北辛 | 北辛文化 | 5440—4310 | | |
| | 泰安大汶口 | 大汶口文化 | 4520—3830 | 73.1 | 17—25 |
| | 泰安大汶口 | 大汶口文化 | 2500—2100 | 74.2 | 12—21 |
| | 兖州王因 | 大汶口文化 | 4060—3210 | 76.8 | 15 |
| | 曲阜西夏侯 | 大汶口文化 | | 50 | 青年 |
| | 诸诚呈子 | 大汶口文化 | 3770—3370 | 93.8 | 25 |
| | 诸诚枳沟前寨 | 大汶口文化 | 2030—1780 | 15.4 | 14—18 |
| | 胶县三里河一期 | 大汶口文化 | 2870—2690 | 10 | 30—35 |
| | 胶县三里河二期 | 龙山文化 | 2410—1810 | 21.2 | 30—35 |
| | 茌平尚庄 | 大汶口文化 | | 71.4 | 14 |
| | 邹县野店 | 大汶口文化 | 4220—2690 | 58.3 | 16—18 |
| | 莒县陵阳河 | 大汶口文化 | 1880—1560 | 60 | 20—22 |
| | 广饶五村 | 大汶口文化 | 3500—2700 | 6.3 | 30—35 |
| 江苏 | 邳县大墩子 | 青莲岗文化 | 4510 | 63.6 | 15—20 |
| | 常州圩墩 | 马家浜文化 | 4170—3270 | | 22 |
| 上海 | 青浦菘泽 | 马家浜文化 | 3900—3300 | | |
| 福建 | 闽侯昙石山 | 昙石山文化 | 1830—1250 | 11.1 | 成年 |
| 广东 | 增城金兰寺 | | 2500 | 50 | 25 |
| | 佛山河宕 | | 3660—2520 | 86.4 | 22—25 |

（续表）

| 省市 | 遗址 | 文化类型 | 碳-14 年代（公元前） | 拔牙所占百分比 | 拔牙个体最小年龄（岁） |
|---|---|---|---|---|---|
| 湖北 | 房县七里河 | 屈家岭文化 | 3150—2660 | 66.7 | 30 |
| 河南 | 淅川下王岗 | 屈家岭文化 | 4970—2710 | | |
| 安徽 | 亳县富庄 | 大汶口文化? | | 92.9 | 16—18 |
| 四川 | 珙县洛表 | 明代 | | 60 | 21—23 |
| 台湾 | 高雄恒春 | | | | |
| | 芝山岩 | 圆山文化 | | 100 | |
| | 圆山 | 圆山文化 | 2200—1500 | 100 | |
| | 垦丁 | | 2000 | 94 | |
| | 卑南 | 卑南文化 | 2700—700 | 90 | |
| | 澎湖锁港 | | 2000 | 33.3 | |
| | 鹅銮鼻 | | | 100 | |

材料来源，韩康信、中桥孝博：《中国和日本古代仪式拔牙的比较研究》，载《考古学报》1998 年第 3 期

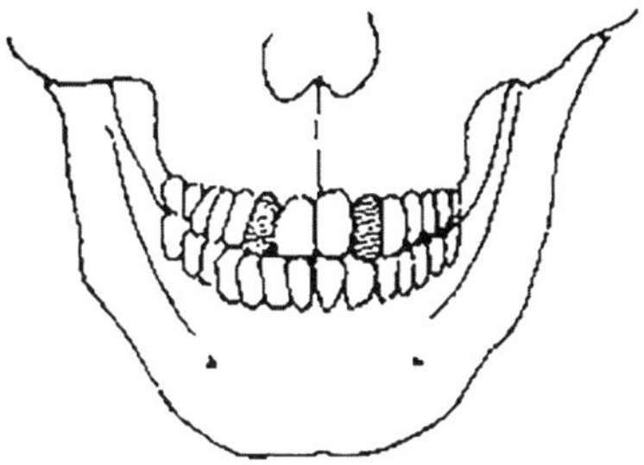

图 3　拔牙示意图

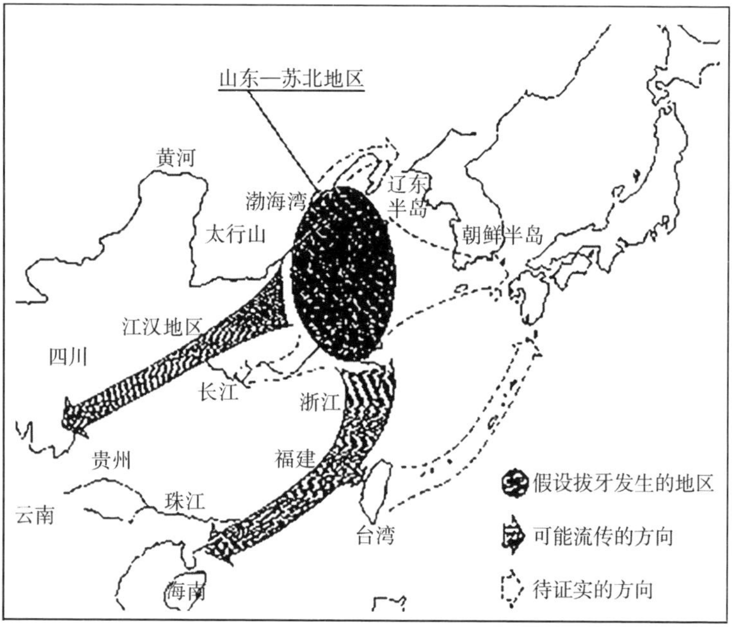


图 4　韩康信、中桥孝博考证的拔牙风俗起源与传播图

时代最早的个案，是山东滕州北辛遗址，只是北辛文化拔牙的材料尚未公布，具体情况不明。接下来盛行拔牙的，是大汶口文化。中国社会科学院考古研究所的韩康信先生十几年来始终关注着这种古老的习俗，1981 年，他在与潘其风先生合写的一篇论文中指出：今黄河下游与长江下游之间的山东——苏北大汶口文化分布区，是拔牙习俗的起源地①。17 年后，他

① 韩康信、潘其风：《我国拔牙风俗的源流及其意义》，载《考古》1981 年第 1 期。

在与日本九州大学中桥孝博先生合作的一篇文字中，再次论证了这个观点，言之凿凿[①]。大汶口文化拔牙，92.8%的人拔掉的是一对上颌侧门齿；拔除一枚上颌侧门齿，或一枚中门齿，在一对上颌侧门齿外再兼拔去一对上犬齿，等等，都是个别现象。大汶口人拔牙是用石头之类生生硬敲下去的，有的牙齿仅敲去一半，另一半因难忍疼痛而残留下来。大汶口人何以要如此折磨自己？韩康信、潘其风先生的解释是：

> 对古今拔牙风俗材料的调查表明，最早也最流行的拔牙形态是拔去一对上颌侧门齿，拔牙施术年龄在14—15岁的性成熟期，拔牙发源时期的意义推定与婚烟资格的成立有关。对氏族成员拔牙年龄的严格规定，设想在氏族成员的成婚年龄、辈分等级方面也有严格的限制。这样的推定，结合大汶口文化早期墓葬中盛行同性、同年龄等级合葬和男性迁葬风俗，我们以为拔牙初源时期的婚姻形态早已排除了同胞兄弟姐妹间的通婚关系，实行男性从女方居住形态的族外婚。因此，拔牙风俗是原始社会婚姻形态发展到男性氏族外婚制时期的产物。[②]

在与中桥孝博先生合写的那篇论文中，韩先生又重申了这

---

① 韩康信、中桥孝博：《中国和日本古代仪式拔牙的比较研究》，载《考古学报》1998年第3期。

② 韩康信、潘其风：《我国拔牙风俗的源流及其意义》，载《考古》1981年第1期。

种观点。此说得到了众人的赞同，迄今为止，凡是论及这种事象的，大都作如是观①。

笔者以为，拔牙首先与成丁有关，是一种成丁礼。在原始社会，氏族成员到了一定年龄，就要举行成丁礼②。举行成丁礼以后，他或她就是成人了，可以享受氏族成员应该享受的权利，也必须承担氏族成人应该承担的义务。入文明社会以后，原始社会的成丁礼演变为冠礼，但作为成丁的内涵未变，《礼记·冠义》：

> 已冠而字之，成人之道也。见于母，母拜之；见于兄弟，兄弟拜之，成人而与为礼也。玄冠、玄端，奠挚于君，遂以挚见于乡大夫、乡先生，以成人见也。成人之

---

① 逄振镐：《东夷文化史》，中国社会科学出版社1995年版，第261~267页；郑若葵：《中国远古暨三代习俗史》，人民出版社1994年版，第218~219页。

② 据湖北云梦睡虎地11号墓出土的秦简《仓律》，秦人不以年龄而是以身高作为成丁与否的标准，男子身高盈六尺五寸（合今1.50米）、女子身高盈六尺二寸（合今1.40米），即为成丁（见睡虎地秦墓竹简整理小组《睡虎地秦墓竹简》，文物出版社1978年版，第49页）。中原诸国，也曾采用过这种原始的“身高法”。如《周礼·地官·乡大夫》：“以岁时登其夫家之众寡，辨其可任者，国中自七尺以及六十，野自六尺以及六十有五，皆征之。”《战国策·楚策》“悉五尺至六十，三十余万，敝甲钝兵。”《说苑·权谋》：鲁国命令“丁男悉发五尺童子皆至”。秦与西戎杂处，文化较为落后，直到秦王政十七年（前230年），“初令男子书年”（《史记·秦始皇本纪》）。在此之前，男子身高盈六尺五寸，女子身高盈六尺二寸，始为成丁。这是一种原始的礼俗。在民智未开的原始社会和进入奴隶社会后的相当一段时间内，无法统计一个人的年龄，只得以身高作为成丁与否的标准。笔者推测，大汶口文化的创造者成丁的标志，也应是身高。

者，将责成人礼焉也。责成人礼焉者，将责为人子、为人弟、为人臣、为人少者之礼行焉。

拔牙习俗也是一种成丁礼。民俗学资料可以证明这一点。台湾土著民族——台湾人称之为“原住民”——当中一直流传着拔牙习俗，在讨论大汶口文化拔牙习俗时，人们往往征引台湾土著民族的习俗为例。2001 年 10 月 16 日，应台湾台南华联文教基金会等单位的邀请，中国孔子基金会组团赴台进行学术交流，笔者有幸忝列其中。到达台湾的翌日，即去屏东县玛家乡北叶村参观“原住民族文化园区”，在“原住民文物陈列馆”陈列着布农族拔牙的塑象，解说词如下：

布农族以为缺齿是美的象征，通常男、女到十五六岁时，都须将上颌两侧之门牙拔除，男人若不拔牙，则作战出征不能勇敢向前；女人如不拔牙，则不会织布做衣服。男、女缺齿后，对家庭生计就必须负起责任。

这段解说词实际上融合了古今拔牙习俗的内涵：最初，拔牙是一种成丁礼，所谓“男、女缺齿后，对家庭生计就必须负起责任”，说的是拔牙以后就是成人了，可以享受成人应该享受的权利，如结婚；也必须承担成人应该承担的义务。“男人若不拔牙，则作战出征不能勇敢向前；女人如不拔牙，则不会织布做衣服”，也含有成丁礼的意义，成丁以后，男女才承担成年男、女的征战、织布等事务。致于“布农族以为缺齿是美的象征”，则是后起之义。

成丁礼有若干种，各部族各不相同。为什么“大汶口人”采取拔牙作为成丁礼？笔者以为，大汶口文化变头与拔牙两种习俗所蕴含的，实际上是鸟夷人“被服容止皆象鸟也”的表现形式。“容止”，容貌举止也。人的容貌要作鸟状，只有人工变形、化妆。变头与拔牙，就是容貌取象于鸟的两种手段：变头是模仿鸟的头部，拔牙乃是象征鸟嘴。

如是说的证据是什么？

在神话传说中，鸟夷人往往被描绘成“鸟首”的样子。兹举数例如下：

例一，《山海经》中《中海外南经》《大荒南经》都提到有个“讙头国”，《神异经·南海经》中还有一种“讙兜人”。迄今为止，山东人仍读“头”如“兜”，把“头枕”读作“兜枕”。故此，“讙兜”即“讙头”。《说文解字》卷三言部：“讙，哗也，从言声。”讙即鹳，在《说文解字》中，鹳是一种神鸟，如鹊，短尾，射之，衔矢射人。迄今为止，在黄海沿海滩涂还活动着三种鹳鸟：一是彩鹳（Ibisleucocephalus leucocephalus），夏候鸟；二是黑鹳（Ciconia nigra），冬候鸟；三是白鹳（Ciconia Ciconiaboycicana），也是冬候鸟①。“讙头”也即鹳头，头形如鹳。《山海经》和《神异经》又说，“讙头国”和“讙兜人”都是“鸟喙”。这种鹳头人是何方人氏？《山海

① 施泽荣主编：《黄海鸟类》，江西美术出版社 1992 年版，第 66~67 页。

经》和《神异经》说他们吃海鱼，可见应在东部沿海一带。讙作为地名，见于《春秋》桓公三年："齐侯送姜氏于讙。"其地在今山东肥城南。

例二，《山海经·海内经》："盐长之国，有人焉，鸟首，名曰鸟氏。"发明煮海水为盐的夙沙氏是山东半岛上的一个古老的部族，他们的后裔后来一直在齐国做官，如齐灵公时官居少傅的夙沙卫①，即是。制盐业大多尊奉夙沙氏为祖师②。2003 年夏，山东省文物考古研究所等对山东省阳信县水落坡乡李屋村西南的李屋遗址进行考古发掘，在商代聚落遗址出土了一批盔形器。这种盔形器在渤海西南岸的沿海滩涂地带屡有发现，占遗址出土陶器总数的 70%—80%。XRF 分析结果表明，李屋遗址出土的盔形器是进行海盐生产的用具③。"盐长国"应在山东一带。

例三，《白虎通义·圣人》："皋陶鸟喙。"关于皋陶的事迹，《尚书·尧典》《礼记》《论语》《墨子》《淮南子》《史记》等多种文献有载，应实有其人，或者也代表一个部族。《帝王世纪》说："皋陶生于曲阜之偃地。"

例四，嬴秦的图腾神话与商人相同，嬴秦是鸟夷的一支，在嬴秦祖先中，有"鸟身""鸟喙""鸟言"等传说。如《史

---

① 《左传》襄公十九年。

② 李乔：《中国行业神崇拜》，中国华侨出版公司 1990 年版，第 214～216 页。

③ 燕生东、常叙政等：《山东阳信李屋发现商代生产海盐的村落遗址》，载《中国文物报》2004 年 3 月 5 日第 1 版。

记·秦本纪》说中衍“鸟身”，《史记·赵世家》说中衍“人面鸟喙”。

“鸟首”之陶器是大汶口文化与山东龙山文化的典型器物。

在大汶口文化器物中即存在鹳头的模型，这就是陶鬶。陶鬶是大汶口文化最具特色的器物之一，一般认为，这是一种鸟形器，最引人瞩目的是那个鸟喙形的流。陶鬶与后世的灌尊一脉相承。《礼记·明堂位》：“灌尊：夏后氏以鸡彝，殷以斝。”鸡彝、斝彝都是陶鬶的流变。灌的本字即“藋”或“雚”①。灌尊也即鹳形尊。由此我们知道，陶鬶的形状实即鹳形把陶鬶与当今的鹳鸟作一比较，陶鬶的长颈、鸟喙形流，与鹳鸟的颈、嘴极为相似。陶鬶的口部，就是模仿鹳头：流呈鸟喙状，口的后部扁平。尤其值得我们注意的是，大汶口文化，特别是龙山文化的陶鬶有不少是白色的，有些黄陶和红陶的陶鬶外表再加上一层白色陶衣。何以如此？从遗存至今的鹳鸟来看，栖息在海边、河岸的白鹳个头最大，举止也独具特色：

> 休息时，常以一脚站立，有时也见落在树干枝上。飞翔时颈和脚成一直线。常将头颈翻向体后方或向上方。②

---

① 王昆吾：《鸡彝和斝彝》，见《中国早期艺术与宗教》，东方出版中心 1998 年版，第 65~87 页。

② 施泽荣主编：《黄海鸟类》，江西美术出版社 1992 年版，第 66~67 页。

陶鬶的流向上伸与白鹳的头向上伸，如出一辙。据此，陶鬶模仿的实即现为珍稀鸟类的白鹳。

如前所述，甲骨文中商人奉为“高祖”的“夒”，实即简狄。“夒”字实为“鸟首”。

这些神话传说与考古发现中的“鸟首”“鸟喙”，应是鸟图腾崇拜的表现形式。而变头与拔牙，就是模仿“鸟首”“鸟喙”。变头实即模仿鸟头；拔牙仿效的是鸟喙：鸟无牙齿，人无牙齿难以进食，不能全部拔掉，故此仅拔几颗以象征之。前苏联著名人类学家 Д. Е. 海通对世界各地的图腾崇拜研究后指出：

> 成年仪式与图腾崇拜紧密地结合在一起，通过成年仪式，把图腾神话传给献身的少年，揭开与图腾崇拜有关的全部秘密。因此，可以断言：没有图腾崇拜就没有成年仪式。①

拔牙作为东夷人的成丁礼与他们的鸟图腾崇拜有着密切的关系。

## 四、以鸟名官的真象

鲁昭公十七年（前 525 年），郯国（都治今山东郯城）国

---

① 〔苏〕Д. Е. 海通著，何星亮译：《图腾崇拜》，广西师范大学出版社 2004 年版，第 70 页。

君到鲁国访问，昭公设宴款待，席间，鲁国大臣昭子问他少皞氏为什么“以鸟名官”，郯子道：“吾祖也，我知之。”接着，他一口气说出了24种鸟。《左传·昭公十七年》记曰：

> 昔者黄帝氏以云纪，故为云师而云名；炎帝氏以火纪，故为火师而火名；共工氏以水纪，故为水师而水名。大皞氏以龙纪，故为龙师而龙名。我高祖少皞挚之立也，凤鸟适至，故纪于鸟，为鸟师而鸟名。凤鸟氏，历正也；玄鸟氏，司分者也；伯赵氏，司至者也；青鸟氏，司启者也；丹鸟氏，司闭者也；祝鸠氏，司徒也；鴡鸠氏，司马也；鳲鸠氏，司空也；爽鸠氏，司寇也；鹘鸠氏，司事也；五鸠，鸠民者也。五雉为五工正，利器用、正度量，夷民者也。九扈为九农正，扈民无淫者也。由颛顼以来，不能纪远，乃纪于近，为民师而命以民事，则不能故也。

根据文献记载，少皞之墟在曲阜①。今曲阜市书院街道旧县社区东北高阜上，有少皞陵②。

少皞氏“以鸟命官”大致可以分为以下四类：一是执掌历法的“五鸟”；二是负责军政的“五鸠”；三是主管手工制作的“五雉”；四是专司农耕的“九扈”。少皞氏时代大约在

① 《史记》卷三十三《鲁周公世家》：“封周公旦于少皞之墟曲阜。”

② 山东省地方史志编纂委员会编：《山东省志·文物志》，山东人民出版社1996年版，第192页。

公元前3000年左右[1]。鲁昭公十七年去少皞氏时代已2500多年，论者对郯君此言的可信度表示怀疑。顾颉刚《五德终始说下的政治和历史》一文断定《左传·昭公十七年》这段文字乃“刘歆们”的伪造：

> 郯国在今郯城县，离曲阜二百余里。曲阜如真为少皞之虚，郯子也未尝没有为少皞子孙的可能。可是这一段话，实在不能使人相信。他说少皞立于黄炎之后，可见他确认少皞是有天下者的一代。下面又说“自颛顼以来”，可见他又以少皞置于颛顼之上，和《国语》中的“颛顼受之”有同样的意义。总之，他实定少皞为黄炎以后，颛顼以前的一代，在这段文字中已明白写出：这在刘歆之前是没有人主张过的。至于一大批“鸟官”，以掌历法的为独多，且其地位也特高，大概因为刘歆自己通明历法，且任羲和之官，借以自重吧？[2]

从《左传·昭公十七年》那段文字来看，郯君是置少皞于颛顼之前，但他并没有“确认少皞是有天下者的一代”，除黄帝、炎帝外，他还谈及共工氏与大皞氏。那一大批“鸟官”，掌历法者独多，且其地位也特高，与刘歆通明历法且任

---

① 参见王志民、张富祥：《齐鲁文化通史（远古至西周卷）》，中华书局2004年版，第96～103页；栾丰实：《大汶口文化——从原始到文明》，山东文艺出版社2004年版，第138～145页。

② 顾颉刚：《古史辨》第五册，上海古籍出版社2004年版，第576页。

羲和之官无关，而是物候崇拜所致。

关于郯君此言的真实性问题，我们还可以举出几条姓氏方面的佐证：

五鸠氏。《世本·氏姓篇》："少昊氏以五鸠为鸠民之官。其后以官为氏。"

爽鸠氏。《通志二十略·氏族略·以官为氏》："爽鸠氏，《左传》少昊氏官名，国于齐土，因氏焉。"《路史·国名纪六》："爽鸠氏，齐地……有桑氏、桑鸠氏。"

桑扈氏。《通志二十略·氏族略·以官为氏》："桑扈氏，金天氏以鸟命官，故有九扈之官。桑扈者，九扈之一也。"

自20世纪三四十年代，特别是最近二三十年来，不断有专家学者试图揭示凤的真相。袁珂先生说，凤是从燕子演化而来的[1]。更多的人说，凤的原形是鸡[2]。

实际上，凤非自然界的生物实体。《说文解字》卷四下：

> 凤，神鸟也。天老曰：凤之象也，鸿前麟后，蛇颈鱼尾，鹳颡鸳思，龙文虎背，燕颔鸡喙，五色备举。出于东方君子之国，翱翔四海之外，过昆仑，饮砥柱，濯羽弱水，莫宿风穴，见则天下大安宁。

---

① 袁珂：《中国神话传说词典》，上海辞书出版社1985年版，第92页。

② 王大有：《龙凤文化源流》，北京工艺美术出版社1988年版，第14~15页；陈勤建：《中国鸟信仰》，学苑出版社2003年版，第143~144页。

如此说来，在生物特征方面，凤鸟融合、兼顾了飞禽、走兽、水生三类十种动物。图腾崇拜物通常是当地的动物、植物或自然物，或自然现象，其中以动物居多。在澳大利亚的图腾崇拜物中，最多的是鸟，其次是鱼、爬行动物和小动物；自然物和自然现象较少见①。在少皞氏鸟图腾谱系24种鸟中，只有凤鸟是虚幻的。究其原因，当是因为凤鸟为部落图腾，是各氏族共同崇拜之对象，需要兼备其他氏族的图腾特征，只能虚幻。最初的凤应兼备五鸟、五鸠、五雉、九扈四类禽鸟的特征，许慎《说文解字》中所谓的走兽、水生两类动物的特征是后来赋予的，当此之时，五鸟、五鸠、五雉、九扈的特征中只剩下了“燕颔鸡喙”。

在中国历史上，“以鸟名官”并非少皞一族，也见于拓跋鲜卑：

> 诸曹走使谓之凫鸭，取飞之迅疾；以伺察者为候官，谓之白鹭，取其延颈远望。自余之官，义皆类此，咸有比况。②

此外，还有以其他动植物命名官职者，如夫余人就“以六畜名官”：

---

① 〔苏〕Д. E. 海通著，何星亮译：《图腾崇拜》，广西师范大学出版社2004年版，第43~47页

② 《魏书·官氏志》。

> 夫余在长城之北，去玄菟千里，南与高句丽，东与挹娄，西与鲜卑接，北有弱水，方可二千里。……国有君王，皆以六畜名官，有马加、牛加、猪加、狗加、大使、大使者、使者。①

从昭子的提问可以看出，到春秋后期人们对少皞氏为什么“以鸟名官”已不甚清楚，只有少皞氏的后裔、郯国国君还懂得。这种“以鸟名官”有两个含义：一是以鸟名为氏族名，对此，郯子已讲得很明白。这是图腾崇拜的表现形式之一。前苏联著名人类学家Д. Е. 海通在《图腾崇拜》一书中指出：

> 所有图腾都以动物、植物、自然物或自然现象命名。②
>
> 胞族和氏族（尤其是母系的）的名称是以动物、植物或无生物命名的（如果这种名称是较晚时候产生的，则不能作为证明），即使其他图腾崇拜成分都不存在，我们也认为这些名称是图腾崇拜的残余。③

后来，随着氏族向国家的嬗变，作为鸟图腾崇拜表现形式的氏族名称演变为国家机器的官职名称。

少皞氏“以鸟名官”的第二个含义，是某氏族首领执某

---

① 《三国志·魏书·东夷传》。

② 〔苏〕Д. Е. 海通著，何星亮译：《图腾崇拜》，广西师范大学出版社2004年版，第42页。

③ 〔苏〕Д. Е. 海通著，何星亮译：《图腾崇拜》，广西师范大学出版社2004年版，第78页。

鸟，以为氏族首领地位之象征。关于第二个含义，在商代仍可以见到其遗制。

在商代外廷事务官中，劝位最显赫的是尹。如伊挚被商汤任命为尹，任以国政，号曰“伊尹”。尹的权力与后世的相接近。在甲骨文中，还有“多尹”“束尹”等名目。陈梦家先生说他们是殷代的史官①。范毓周先生考证说，他们是殷代的行政长官，言之凿凿②。周时，尹仍为最高行政长官，总理政务，如昭公号曰“皇天尹”，另一位权臣明保名曰“明公尹”。

图5　甲骨文中的“亥”字

这些最高行政长官为什么叫“尹”？《说文解字》：“尹，治也，从又、丿，握事者也。”字的造形是一手握一杖，甲骨文也是这种写法。《说文解字》又提供了尹的另一种写法。这个被称为“古文尹”的写法，乃两只手捧着一只鸟。由此推测，尹与鸟有密切的关系。《山海经·大荒东经》说：“有人曰王亥，两手操鸟。”王亥的事迹，《史记》《竹书纪年》《世

① 陈梦家：《殷墟卜辞综述》，科学出版社1956年版，第517~519页。

② 范毓周：《甲骨文中的“尹”与“工”》，载《史学月刊》1995年第1期。

本》《吕氏春秋》等书皆有记载，经过王国维、丁山等人的研究，证明王亥是商人自契以后的第七位祖先。在商人祭祀的先王先公中，最重要的有契、王亥、上甲微、成汤等，王亥还是甲骨文所记载的商人的三位“高祖”之一[①]。在甲骨文中，王亥之“亥”与鸟有密切的关系。1964 年，胡厚宣先生从甲骨文中检索出 7 条卜辞，写成《甲骨文商族鸟图腾的遗迹》一文[②]，其后胡厚宣先生又发现 3 条卜辞，作《甲骨文所见商族鸟图腾的新证据》一文[③]，证明王亥之“亥”，先是在“亥”之上加一鸟；此后，“亥”上之鸟的头部又加上了手，作以手操鸟状，此即《山海经·大荒东经》“有人曰王亥，两手操鸟”之所本；再后，“亥”上之鸟的头部加上了状如山形的冠；最后，“亥”之上仅剩下了鸟。“亥”的上面加上鸟，是当时亥做国王时形象的真实写照：亥举着鸟。尹作为最重要的官员，当也如“古文尹”所示，以鸟为身份地位之标志。不过，尹之鸟与亥之鸟在种类上应有所区别。换言之，鸟也有尊卑之分。如郯子所说诸鸟，

图 6 《说文解字》中的古文“尹”

① 王国维：《殷卜辞中所见先公先王考》，见《观堂集林》，中华书局 1959 年版，第 409~436 页；丁山：《商周史料考证》，龙门联合书局 1960 年版。

② 胡厚宣：《甲骨文商族鸟图腾的遗迹》，载《历史论丛》第一辑，中华书局 1964 年版。

③ 胡厚宣：《甲骨文所见商族鸟图腾的新证据》，载《文物》1977 年第 2 期。

凤鸟显然高出其他鸟一头。

## 五、鸟崇拜的根源

鸟被认为是一种最常见的男根象征物。谓鸟象征男根，自郭沫若先生始。郭沫若在论“玄鸟生商”的传说时写道：“玄鸟旧说以为燕子”，“凤鸟就是凤凰”。“但无论是凤或燕子，我相信这传说是生殖器的象征，鸟直到现在都是生殖器的别名，卵是睾丸的别名。”① 这种说法得到了一些学者的赞同，如张光直先生说：“这种说法，也许不无道理，从弗洛伊德的著作中可以得到印证。”② 英年早逝的赵国华先生在其成名作《生殖崇拜文化论》中对此说作了进一步发挥：

> 《水浒传》中李逵口中之“鸟”，今四川人俗语中的“雀雀”，河南人俗语中的“鸭子”，甚至英人俚语中的COCK（公鸡），也都是指男根。我想，远古先民将鸟作为男根的象征，是毋庸置疑的。③

鸟的确曾被用来象征男根，不独《水浒传》和四川、河

---

① 郭沫若：《先秦天道观之进展》，见《郭沫若全集》历史编第1卷，人民出版社1982年版，第328~329页。

② 张光直：《中国青铜时代》，生活·读书·新知三联书店2013年版，第397页。

③ 赵国华：《生殖崇拜文化论》，中国社会科学出版社1990年版，第256页。

南、英国的俚语如此，在山东等地区，迄今仍有这种比喻。但是，以鸟来比喻男根，仅是元明以来的事情。最早采用这种比喻的，见于元朝人王实甫《西厢记》三本三折："赫赫，那鸟来了。"在此以前，未见有此比喻。

邢公畹先生对"鸟"字的上古音作过专门研究，著有《说"鸟"字的前上古音》一文①。邢先生推测"鸟"字在前上古本为泥母字，与"屌"同音，有男根的意思。何新先生又据此推断说：

> 在中国语言中，乌—鸟（即日神的象征）作为阳的符号，实际上从上古语言开始，即已成为男性阳具的隐语②。

实际上，邢公畹先生说鸟在上古时为男根的象征物，仅是一种推测而已。邢先生自己也承认：在中国上古典籍中，"鸟"字无男根之意，从元代以后才有之。

在很长一个时期内，先民们不知道男性在生育中的作用，认为生育系"孤雌繁殖"。例如，特罗布里恩岛上的原始部族认为新生命是死者的灵魂转世：

> 土著人已意识到月经与胎儿之间的关系，但他们的认

---

① 邢公畹：《语言论集》，中华书局1983年版，第318~323页。
② 何新：《诸神的起源》，三联书店1980年版，第55页。

识仍极端肤浅。在特罗布里恩德传统中，认为新生命是从死亡中诞生的，我现在不得不来到一个奄奄一息的人床边，追随着他灵魂的漫游，一直跟着他再次降生人世。

死者的灵魂来到了图马（Tuma）——死亡岛，在那里他过得很愉快，跟地球上的生活相似，甚至比地球更快乐。进入这个天堂世界，性在里面起着重要作用。这里我们只关心其中一个特征，即借助返老还童术永葆青春活力。不管什么时候，这个灵魂只要发现自己的皮肤长满汗毛或变得又松又皱，或头发变白时，就会很容易地蜕去外表的皮，换成乌黑的头发和光洁的皮肤，从而变得精神焕发，恢复青春（当然，这是一种无形的状态）。

但是当一个灵魂对不断的返老还童感到厌倦时，当他过完一段很长的土著人称之为“地狱”的生活后，他就想再次返回到人间来。于是他超越年龄的限制，变成一个很小的未出世的胎儿。在图马有许多巫师，黑巫术经常得到演示，而且能碰到一个灵魂，使之虚弱、生病并厌恶生活。这样，也只能这样，灵魂才能回到他生存的初始阶段，变成一个灵魂孩儿。如果想用黑巫术或灾祸去杀死一个灵魂是不可能的，因为他的死亡总意味着新生的开始。①

① ［英］马林诺夫斯基著，高鹏、金爽编译：《野蛮人的性生活》，团结出版社 2005 年版，第 96~98 页。

在特罗布里恩岛上的原始部族看来，新生命需要女性的孕育，但与男性没有任何关系：

> 土著人对怀孕有着奇妙的看法。比如孩子起源于图马，以后旅行到特罗布里恩德，开始在母体里进行一系列的变化。血液从腹部涌到头部，然后又从头部降到子宫，这已提供了一个同样独立的有关人类生命起源的理论，尽管它总不太一致。它还提供了一个关于婚姻理论的很好基础，即向人们介绍有关新生命的产生，是在灵魂世界与女性身体之间形成的。而生身之父在这里却找不到位置。
>
> 从分散的民间传说与习惯及其行为方式的某些方面，土著人获得了简单的生理事实。在下面野蛮人所作的简洁而明确的系统阐述中，我们可以看出，他们对此事实毫不怀疑。
>
> “处女不能怀孕，因为没有通道使孩子进入，让那女子怀孕”。
>
> “只有当洞孔开得很大时，灵魂才能知道，才会把孩子送来。”这叙述是由尼约瓦主动提供的。他是奥布拉库一位诚实的被采访者。这里说得非常明确，但也就是这同一情况提供人，以前却告诉过我有关灵魂是怎样把孩子放到妇女头上的。尼约瓦的这番话，从文中引述的这部分看，暗含着孩子是从阴道嵌入的意识。卡萨纳伊的一个智慧老人伊拜纳向我解释了类似的情况。事实上，正是他首先使我清楚地知道，女子呆板地过独身生活妨碍灵魂受

孕。他是用图示法解释的，当他伸出握紧的拳头时，他问道：“什么东西能进来呢？”然后，他张开手，继续说“当然，现在进入是很容易的了。因而一个大的通道容易怀孕，而一个小的或关闭的通道，比方说处女就不能怀孕。”

我得到大量类似的报告，所有观点都表明，生孩子的通道必须被打开，但不必由性交来做，这一点是很明确的。阴道必须打开，一旦由通常方式的性交做完后，以后生孩子也不需要男人跟女人在一起了。据悉这个村庄没有处女，因为女孩子很早就开始了她的性生活，我们可能会怀疑土著人是怎样知道这个绝对必要条件的。他们只机械地肯定打开阴道的必要性，因而不知道男性精液还有遗传力量。

根据土著人传说，人类起源于地下。在地下各不相同地方出现一对男女，一个哥哥，一个妹妹。据说，最早出现的只是女人。我的一些评论家们坚持这种观点：“瞧！我们地球上的人之所以太多，是因为先有许多妇女的缘故。假如先出现许多男人，我们的人口就会少些。”不论原始社会的妇女有兄弟陪伴没有，她们总想在没有丈夫或别的男合作者下生出孩子来，当然并不是说不需要用某种手段把阴道打开。在某些传说里，这一点已介绍得很清楚了。①

---

① ［英］马林诺夫斯基著，高鹏、金爽编译：《野蛮人的性生活》，团结出版社 2005 年版，第 110~112 页。

我们祖先也曾有过这么一段“蒙昧期”。“卵生”神话的传说就表明，当时人还不知男性的生育作用，因此也谈不上用鸟来象征男根了。

笔者认为，远古先民崇拜鸟决非生殖崇拜，而是一种图腾崇拜；而这种图腾崇拜，又根基于物候崇拜。

检视一下郯子说的诸鸟，我们发现：它们大多是候鸟。如：

凤鸟（凤凰），“知天时”①。

玄鸟（燕子），春分来，秋分去。

伯赵（伯劳），夏至始鸣，冬至止。

丹鸟（黄莺），立春始鸣，立夏止。

祝鸠（鹁鸪），天将雨，鸣声甚急。

鳲鸠（布谷），谷雨始鸣，夏至止。

鹘鸠（鶻鸠），春来冬去。

郯子未细讲“五雉”与“九扈”是哪些鸟，但我们可以知道，“九扈”是一群候鸟。“扈”，应读为《说文解字》的“雇”，是一种“农桑候鸟”②。

候鸟叶落南翔，冰泮北徂，人们自然把候鸟的迁徙与春秋两季温度的变化联系起来。实际上，诱发候鸟迁徙的原因是昼夜的长短。加拿大人诺万（W. Rowan）教授从 1924 年起，花费了 20 多年的时间证明了这一点。他观察了一种候鸟黄脚鹬

---

① 《左传》昭公十七年杜预注。

② 《说文解字·佳部》“雇”条。

(Totanus melanoleucus)，这种鸟每年来往于加拿大与阿根廷之间，春来秋往，长途跋涉一次要飞16000公里。根据他的长年记录，黄脚鹬春天在加拿大首次下蛋的时间总在5月26日至29日三天之内。诺万认为，如果温度是主要条件，决不会如此稳定，而在各种可能因素中，只有昼夜的长短每年是一定的。1924年的秋天，他在一种乌鸦似的候鸟（Junko hyemalis）秋天南回时，网罗了若干只，把一部分放在寻常环境里，而把另一部分用日光灯延长昼长。这时冬季将临，昼长一天短如一天，而日光灯却一点点延长照明。到了12月间，寻常环境中的乌鸦很安静，而日光灯下的乌鸦却大有春意，不但歌唱起来，而且生殖腺系统发展到春天模样。把两种环境下的鸟都放出来，方式经过日光灯照射的鸟统统向北飞去，好似到了春天一样，而这时气温在零下20多度；而那些寻常环境下的鸟，则待在原地不动①。

在远古时期，候鸟就是先民们的“气象预报员”，它们正是因此而受到先民们的崇奉。郯子曾明确地指出它们预报气象的职能。如：

凤鸟氏为“历正”，总管历法事务。

玄鸟氏为“司分”，掌管春分、秋分。

伯赵氏为“司至”，掌管夏至、冬至。

青鸟氏为“司启”，掌管立春、立夏。

① 竺可桢：《一年中生物物候推移的原动力》，见《竺可桢文集》，科学出版社1979年版，第507~513页。

丹鸟氏为“司闭”，掌管立秋，立冬。

特别是凤鸟氏，为众鸟之首，它总掌历法，表明它属下的众鸟都是分司历法的。

各种按季节来去、鸣止的候鸟构成一部“鸟历”。朱熹早就提出这种观点：“历是古时一件大事，故炎帝以鸟名官，首曰夙鸟氏，历正也。岁月日时既定，则百工之事可考其成。”①远古时期，不同地区的先民创造了不同的历法。《左传》昭公十七年：

> 黄帝氏以云纪，故为云师而云名。炎帝氏以火纪，故为火师而火名。共工氏以水纪，故为水师而水名。大皞氏以龙纪，故为龙师而龙名。

据王昆吾先生考证，这都是物候历；少皞氏的“纪于鸟”亦然②。

在这几种物候历中，从现有资料看，“鸟历”最为完备。

## 六、鸟图腾的证立与演变

张光直先生认为要证立半坡人的鱼图腾的存在，表现建立两项关系：“必须将鱼与个别的氏族的密切关系建立起来，同

① 〔宋〕黎靖德编，王星贤点校：《朱子语类》卷七十八，中华书局1986年版，第1991页。

② 王小盾：《火历质疑》，见《中国天文学史文集》第六集，科学出版社1994年版，第138~141页。

时将其他氏族与其他图腾的密切关系也建立起来。”确如张先生所说：“现有的材料中建立这两项关系似是不可能的。”但是，如果我们把目光从西北移向东方，情形就大不一样了，在东夷人的鸟图腾中，我们完全能够建立起这两项关系。

首先，我们完全可以把鸟与东夷人的个别氏族的密切关系建立起来。譬如，商人、嬴秦以玄鸟为祖先，文献有明确记载，考古发现也可以提供例证。图腾崇拜的根本特征，就是认为某种动物或植物与本氏族有着血缘的关联。“玄鸟生商”与“玄鸟生秦”，具备了图腾崇拜的根本特征。其次，我们完全可以把鸟与其他氏族的密切关系也建立起来。如郯子所讲，东夷人崇祀的鸟有 24 种，五鸟、五鸠、五雉、九扈各自构成一个胞族，这四个胞又组成一个以凤鸟为首的部落。图示如下：

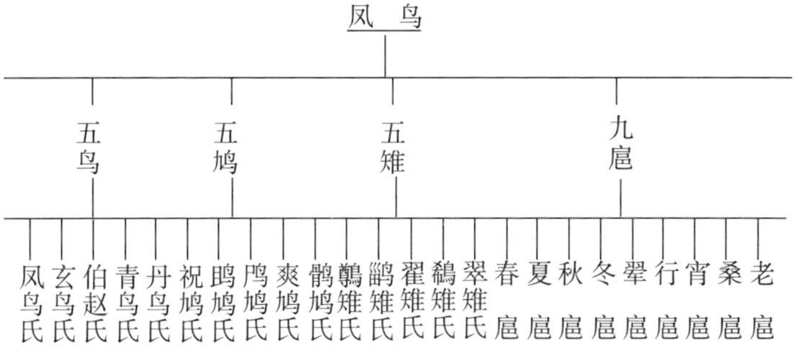


根据Д. E. 海通研究，最初的图腾是氏族图腾，然后才有胞族图腾，最后才出现部落图腾①。因此，郯国国君所说的这

① 〔苏〕Д. E. 海通著，何星亮译：《图腾崇拜》，广西师范大学出版社 2004 年版，第 4~41 页。

个凤鸟图腾部落，是逐步发展形成的。

从郯国国君的话来看，凤鸟是这个鸟部落的核心，处于众鸟之首的地位。凤鸟最初只是这个鸟部落中的一个氏族的图腾，后来成为该部落共同尊奉的图腾。究其原因，应是凤鸟氏族的势力发展最快，成为最强大的氏族，从而能号令其他氏族。

这个凤鸟部落栖息在今山东中部泰沂山地的周边地带。如泰沂山地北麓、今山东临淄一带，曾是“爽鸠氏”的地盘①。少皞氏的后裔在泰沂山地南麓、今山东郯城一带。

凤鸟部落仅是鸟夷的部落之一，此外还有一些鸟部落，如我们前面提到的鸟，也是鸟夷人的图腾之一，这个鸟人在泰沂山地的西麓、今山东肥城一带。鸟夷人分为若干鸟部落，奉祀不同的鸟。但是，他们又有基本相同的习俗。如变头与拔牙，广泛见于大汶口文化，这两项习俗不可能为一个鸟部落所有，应是若干鸟部落共同的习俗。

这个时期的鸟图腾属于图腾崇拜的第一个时期。

翻检国内外研究图腾的论著，我们就会发现：图腾的内涵是什么，众说不一。譬如，J·布朗谈论的印第安人的图腾是个人保护神。路易斯·亨利·摩尔根在他那部饮誉全球的《古代社会》中说：“在鄂吉布瓦方言中，有‘图腾’一词——实际上往往读作‘多丹’——意指一个氏族

---

① 《左传》昭公二十九年。

的标志或图徽。"[1] A·戈登卫泽认为所谓的图腾就是原始人把某种动物或其他物种当作自己的祖先，或认为自己和它们有某种联系[2]。产生歧义的原因，何星亮先生曾经做过分析：

> 其原因是因为图腾文化发生在遥远的古代，随着社会的发展，图腾文化也随之演化。一般情况下，社会经济发展水平越高的社会，所保留的图腾文化特质就越少。不过，有些部落或民族，虽然处于同一社会发展阶段，但由于与世隔绝的程度不同，距离文化中心的远近不一，被殖民化的程度有差别，被强迫改信其他人为宗教的程度不完全相同，故所保留的图腾文化也会有较大的差异。而研究者仅根据某一民族或某一地区的图腾文化现象，便为"图腾"下定义，这就不可避免地使图腾定义极不一致，甚至差别极大。[3]

不过，责任也不完全在J·布朗、路易斯·亨利·摩尔根等人，他们所谈论的往往是自己所见所闻的某个民族或部落的

---

① ［美］路易斯·亨利·摩尔根：《古代社会》，商务印书馆1983年版，第162页。

② ［美］A·戈登卫泽，严三译：《图腾主义》，见《史地丛刊》，1933年第1期。

③ 何星亮：《图腾文化与人类诸文化的起源》，中国文联出版公司1991年版，第13~14页。

图腾，而后人却把他们谈论的那些特指的图腾普遍化，用在了其他民族或部落身上。

何星亮先生认为，图腾曾经经历了三个变化，图腾的涵义也有三种：

> 从一些资料来看，原始人曾先后产生三种“图腾”涵义：图腾是血缘亲属；图腾是祖先；图腾是保护神。最初，原始人把图腾认作血缘亲属，用“父母”、“祖父母”或“兄弟姐妹”等亲属称谓称呼，把自己装扮成图腾模样，并把它作为群体的标志。后来，原始人开始寻找自己的来源，很自然地误把图腾视为群体的祖先，以为群体成员都是由图腾繁衍而来的。随着人类思维的进一步发展，原始人认识到人和兽之间有很大的差别，不再认为图腾能生人，不再相信群体起源于图腾。但图腾祖先观念在原始人的头脑中根深蒂固，于是，在图腾祖先观念基础上产生保护神观念。①

然而，仔细地拜读何先生关于“图腾亲属观念”的论述②，我们发现他的“图腾亲属观念”与他界定的图腾发展的第二个阶段“图腾祖先观念”并没有什么差异。何先生说：

---

① 何星亮：《中国图腾文化》，中国社会科学出版社1992年版，第12页。

② 何星亮：《中国图腾文化》，中国社会科学出版社1992年版，第56~63页。

图腾祖先观念和图腾亲属观念既有联系又有差别。两者的差别在于：图腾亲属观念是把自然界中的某种有生物或无生物的所有个体看作是自己的血缘亲属；而图腾祖先观念则是把古代的某种有生物或无生物的一个个体看作是自己的始祖。这实际上是个别和一般的差别。①

我们再回过头来看何先生论证"图腾亲属观念"所举的例证，却全是属于对"某种有生物或无生物的一个个体"的崇拜：

大洋州、北婆罗洲的加焦人认为虎是自己的血缘亲属，称它为"祖父"或"大哥"。②

美标安岛上的食火鸡氏族成员认为，食火鸡与他们都和亲属一般，与他们属于同一个家族。③

西非的班巴拉人称一种野牛为：祖父"或"父亲"。④

南非的贝专纳人称鳄鱼为"父亲"。⑤

---

① 何星亮：《中国图腾文化》，中国社会科学出版社 1992 年版，第 63~64 页。

② 何星亮：《中国图腾文化》，中国社会科学出版社 1992 年版，第 57 页。

③ 何星亮：《中国图腾文化》，中国社会科学出版社 1992 年版，第 57 页。

④ 何星亮：《中国图腾文化》，中国社会科学出版社 1992 年版，第 57 页。

⑤ 何星亮：《中国图腾文化》，中国社会科学出版社 1992 年版，第 57 页。

> 鄂伦春族以为人与熊同源，彼此有血缘关系。他们过去称公熊为“雅亚”（祖父）或“阿玛哈”（伯父）；称母熊为“太帖”（祖母）。①
>
> 海南保亭毛道黎视猫为亲属，他们称雄猫为“祖父”，称雌猫为“祖母”。②
>
> 珞巴族虎氏族把虎看作是男性，称之为“阿邦”、“阿巴”或“阿洛”，即叔叔、伯伯和爷爷之意。③
>
> 蛙（蟾蜍）是普米族的图腾之一。他们称蛙为“波底阿扣”，普米族语“波底”为蛙，“阿口”为舅，“波底阿口”意即“蛙舅”。④
>
> 龙狗是侗族古代“仡坦”部落的图腾，侗族古歌《侗族从哪里来》说，龙狗与侗族男始祖宋恩是一窝蛋里孵出来的，是其始祖的兄弟。⑤

何先生枚举的这些事例，与其说是“图腾血缘观念”倒不如说是“图腾祖先观念”更为合适。

---

① 何星亮：《中国图腾文化》，中国社会科学出版社 1992 年版，第 57 页。

② 何星亮：《中国图腾文化》，中国社会科学出版社 1992 年版，第 58 页。

③ 何星亮：《中国图腾文化》，中国社会科学出版社 1992 年版，第 58 页。

④ 何星亮：《中国图腾文化》，中国社会科学出版社 1992 年版，第 58 页。

⑤ 何星亮：《中国图腾文化》，中国社会科学出版社 1992 年版，第 58 页。

我们认为，图腾的演变分为两个阶段。在第一个阶段，人们把某种动物或植物当作祖先进行崇拜、祭祀，即“图腾祖先崇拜”。这是母系氏族向父系氏族转变时期的文化事象。从母系氏族向父系氏族转变，是人类经历的最急进的社会革命之一。这场社会革命的核心是确立父系在社会上的核心地位。最初的图腾崇拜就产生于母系氏族向父系氏族过渡时期。“玄鸟生商”神话讲的是商人的女祖先简狄吃燕卵而生契，契是商人第一可考的男性祖先；“玄鸟生秦”说的是秦人的女祖先女修吃燕卵而生大业，大业是秦人第一个可考的男性祖先；还有姜原神话：“姜原出野，见巨人迹，心忻然说，欲践之。践之而身动如孕者，居期而生子。”① 这个孩子就是周人可考的第一个男性祖先弃。这些神话的实质是母系氏族向父系氏族转变时期，欲确立父系的社会变革。此时，人们在社会生活的各个方面都模仿自己的图腾。当人们已经完全确立了父系关系以后，图腾变成了该氏族或家族的标志，这个标志就成为这个氏族或家族的徽号，出现在一些特殊的器物上。

大汶口文化含球习俗印证的文献中“玄鸟生商”的记载，表明大汶口文化时期图腾崇拜处于“图腾祖先崇拜”阶段。入龙山文化以后，情况发生了明显的变化。从考古发现来看，在龙山文化遗址中没有发现含球习俗，这项习俗已经消失。

含球习俗的消失，表明人们对“卵生”的信仰习俗趋于衰落。究其原因，是此时的社会已是父系氏族，父系已经完全

---

① 《史记·周本纪》。

确立，“图腾祖先崇拜”随之衰落。与此同时，在一些特殊的器物上，却出现了一些特殊的徽号。例如，山东日照两城镇遗址出土的属于龙山文化的两件玉圭上，刻划有两个动物图案。类似的图案更多地见于良渚文化玉器。对这些图案的考释不一。我们认为，这是一些变形的鸟形图，是鸟氏族或鸟部落的徽号。

# 简论《韩非子》对虞舜事迹的记述与评论

孟祥才

（山东大学文史哲研究院）

孟子最早认定虞舜为“东夷之人”。作为东夷之族的领袖人物，虞舜是东夷族群中在远古时期称帝的佼佼者，在中国历史上从野蛮走向文明进程中做出了重大贡献。然而，由于此期的历史没有留下任何文献资料，有关记载基本都是后出的传说，加之歧义纷呈，就使后世对这一时代的研究分歧多于共识。先秦诸子几乎都有虞舜事迹的记载和评论，在一定意义上，他们是将虞舜作为文化符号使用的，所以他们笔下的虞舜就呈现不同的面貌，是他们按照自己的思想塑造的虞舜。这里简述《韩非子》一书对虞舜的记述和评论，看看他是如何按照法家的意愿改铸虞舜的。

韩非（？—前233年）①，战国时韩国贵族后裔，先秦法家

① 韩非的生年众说纷纭，有公元前281年、前294年、前296年等多说。

的集大成者。他“为人口吃，不能道说，而善著书”①。他曾与李斯一起师事荀子，学问超过李斯。他目睹韩国政治腐败，改革不力，在强秦进攻面前一再割地受辱，忧心如焚，多次上书韩王，提出修明法度、任人唯贤、赏罚分明等富国强兵的建议，但不为韩王采纳。韩非忿激之余，写了《孤愤》《五蠹》《内外储》《说林》《说难》等10余万言，完成了封建法制思想的系统化工作。秦王嬴政读到这些文章后，为其深邃的思想拍案叫绝。为了得到韩非，他不惜发兵向韩国施压，硬是将韩非抢到自己身边。然而，韩非入秦后，却因受到秦王的赏识而遭李斯和姚贾妒忌。在他们的谗言攻势下，韩非死于非命。尽管如此，韩非的学说却成了秦王统一六国和建立专制主义中央集权行政体制的理论基础。

韩非的著作后人编为《韩非子》，共55篇，其中除掺入数篇法家后学和纵横家的文章外，绝大部分都是出自韩非之手。

韩非作为法家的集大成者，将商鞅的法，申不害的术与慎到的势熔于一炉，建立了完备的封建的法制理论。他在著作中多次提到舜，虽然也有基本史实的叙述，但更多情况下是将舜作为一个文化符号使用的。涉及史实的部分，大体来自对《尚书·尧典》的引述，如：

“历山之农者侵畔，舜往耕焉，期年，甽亩正。河滨之渔者争坻，舜往渔焉，期年而让长。东夷之陶者器苦窳，舜往陶

① 〔汉〕司马迁：《史记·老子韩非列传》，中华书局1982年版，第2146页。

焉，期年而器牢。仲尼叹曰：‘耕、渔与陶，非舜官也，而舜往为之者，所以救败也。舜其信仁乎！乃躬藉处苦而民从之，故曰：‘圣人之德化乎。’”①

“当舜之时，有苗不服，禹将伐之，舜曰：“不可。上德不厚而行武，非道也。”乃修教三年，执干戚舞，有苗乃服。”②

“宓子贱治单父，有若见之曰：‘子何臞也？’宓子曰：‘君不知不齐不肖，使治单父，官事急，心忧之，故臞也。’有若曰：‘昔者舜鼓五弦，歌《南风》之诗而天下治。’今以单父之细也，治之而忧，治天下将奈何乎？故有术而御之，身坐于庙堂之上，有处女子之色，无害于治；无术而御之，身虽瘁臞，犹未有益。”③ 在这些篇章中，舜的功绩、德行、治术都是被充分肯定的。在不少篇章中，舜与其他五帝及禹、汤、文、武等是作为圣帝名王被颂扬的，“明主之道忠法，其法忠心，故临之而法，去之而思。尧无胶漆之约于当世而道行，舜无置锥之地于后世而德结。能立道于往古而垂德于万世者之谓明主。”④ 这里尧、舜一起被韩非颂扬为“立道于往古而垂德于万世”的明主。

“尧欲传天下于舜，鲧谏曰：‘不祥哉！孰以天下而传之于匹夫乎？’尧不听，举兵而诛杀鲧于羽山之郊。共工又谏曰：‘孰以天下而传之于匹夫乎？’尧不听，又举兵而流共工于幽

---

① 〔清〕王先慎：《韩非子集解·难一》，中华书局 1998 年版，第 349 页。

② 〔清〕王先慎：《韩非子集解·五蠹》，中华书局 1998 年版，第 445 页。

③ 〔清〕王先慎：《韩非子集解·外储说左上》，中华书局 1998 年版，第 265~266 页。

④ 〔清〕王先慎《韩非子集解·安危》，中华书局 1998 年版，第 201 页。

州之都。于是天下莫敢言无传天下于舜。仲尼闻之曰：‘尧之知舜之贤，非其难者也。夫至乎诛谏者，必传之舜，乃其难也。’一曰：‘不以其所疑败其所察则难也。’”① 这里赞扬了尧的知人之明和禅让帝位于舜的坚定态度以及舜之贤明睿智。

“圣人德若尧舜，行若伯夷，而位不载于世，则功不立名不遂。故古之能致功名者，众人助之以力，近者结之以成，远者誉之以名，尊者载之以势。如此，故太山之功长立于国家，而日月之明久著于天地。此尧之所以南面而守名，舜之所以北面而效功也。”② 这里韩非虽然尊尧、舜为德行盖世的圣人，但将他们成功的原因更多归之于众人之助力和时势条件的铸造。

在有些篇章中，韩非将舜作为历史的一个发展阶段，彰显他历史进化论的正确，“奚谓耽于女乐？昔者，戎王使由余聘于秦，穆公问之曰：‘寡人尝闻道而未得目见之也，愿闻古之明主得国失国何常以？’由余对曰：‘臣尝得闻之矣，常以俭得之，以奢失之。’穆公曰：‘寡人不辱而问道于子，子以俭对寡人何也？’由余对曰：‘臣闻昔者尧有天下，饭于土簋，饮于土铏。其地南至交趾、北至幽都，东西至日月之所出入者，莫不宾服。尧禅天下，虞舜受之。作为食器，斩山木而财之，削锯修其迹，流漆墨其上，输之于宫，以为食器，诸侯以为益侈，国之不服者十三。舜禅天下而传之于禹，禹作为祭

---

① 〔清〕王先慎《韩非子集解·外储说右上》，中华书局 1998 年版，第 324 页。

② 〔清〕王先慎《韩非子集解·功名》，中华书局 1998 年版，第 209 页。

器，墨漆其外而朱画其内，缦帛为茵，蒋席颇缘，觞酌有采而樽俎有饰。此弥侈矣，而国之不服者三十三。夏后氏没，殷人受之，作为大路而建九旒，食器雕琢，觞酌刻镂，四壁垩墀，茵席雕文，此弥侈矣，而国之不服者五十三。’”① 这里借由余与秦穆公的对话，说明国“以俭得之，以奢失之”的道理。由余说，从前尧治理天下的时候，吃饭用土碗，喝水用土罐。但是他的领土南面到交趾，北面到幽都，东、西两面分别到太阳、月亮升起、落下的地方，没有诸侯不归服他的。尧禅让天下，虞舜接受了以后，就制作食器，砍伐山上的木材，用刀、锯砍削锯割成器以后，还把那砍削锯割的痕迹修光，刷上漆和墨，然后送到宫中作为饮食的器皿。诸侯各国都以为他奢侈起来了，不服从的国家就有了十几个。舜禅让天下传给了禹，禹把这些食器作为祭祀用的器皿，用墨染黑它们的外面，里面用红色的朱砂描画，以没有花纹的织布作车垫子，用菰草来装饰边缘，觞、酌等酒杯酒勺上还画有彩色的花纹，而樽杯俎盘等酒具食器上也都有装饰。这就更加奢侈了，因此不服从的国家就有三十几个。夏王朝灭亡后，殷商人接受了天下以后，便制造了天子乘坐的高级大车，树起了有九条飘带的大旗，食用器皿都经过精雕细琢，觞杯酒盏也都经过镂刻墙壁地板也用白垩土刷白，车垫子也雕饰了花纹。这就更加奢侈了，因此不服从的国家达到五十多个。韩非讲的这个故事显然是出于杜撰，目

① 〔清〕王先慎：《韩非子集解 · 十过》，中华书局 1998 年版，第 70~71 页。

的是说明国家兴由勤俭败由奢的道理。而这里的舜，就成了历史上帝王由俭入奢的开端。

“上古之世，人民少而禽兽众，人民不胜禽兽虫蛇；有圣人作，构木为巢，以避群害，而民悦之，使王天下，号之曰有巢氏。民食果蓏蜯蛤，腥臊恶臭而伤害腹胃，民多疾病；有圣人作，钻燧取火，以化腥臊，而民说之，使王天下，号之曰燧人氏。中古之世，天下大水，而鲧、禹决渎。近古之世，桀、纣暴乱，而汤、武征伐。今有构木钻燧于夏后氏之世者，必为鲧、禹笑矣；有决渎于殷、周之世者，必为汤、武笑矣。然则今有美尧、舜、汤、武、禹之道于当今之世者，必为新圣笑矣。”① 韩非这里集中论证他的历史进化论，目的是说明每一个时代都有需要解决的主要问题。尧、舜、汤、武、禹之道尽管在他们的时代是正确的，但拿到今日就不一定适用。所以“圣人不期修古，不法常可，论世之事，因为之备”的随时代变化而不断变法就是不可怀疑的真理。同时，韩非还隐约意识到，历史真实的唯一性和文献记载的多样性是矛盾的，所以真实的尧、舜与文献记载的尧、舜是有距离的。“孔子、墨子俱道尧、舜，而取舍不同，皆自谓真尧、舜；尧、舜不复生，将谁使定儒、墨之诚乎？殷、周七百余岁，虞、夏二千余岁，而不能定儒、墨之真，今乃欲审尧、舜之道于三千岁之前，意者其不可必乎！无参验而必之者，愚也；弗能必而据之者，诬

---

① 〔清〕王先慎：《韩非子集解·难一》，中华书局1998年版，第442页。

也。故明据先王，必定尧、舜者，非愚则诬也。愚诬之学，杂反之行，明主弗受也。”① 这段活的意思是，孔子、墨子都称道尧、舜，但他们所采取和舍弃的主张却不相同，而他们又都说自己的主张是真正尧、舜的思想。尧、舜不可能复生，那将由谁来确定儒、墨哪一家的说法是真的呢？儒家推崇的殷商和周朝到现在七百多年了，墨家向往的虞、夏之际到现在两千多年了，尚且不能断定儒家宣扬的周道、墨家赞颂的夏道在当时的真相；如今要想弄清三千年前的尧、舜之道，恐怕是难以确定的吧？不用事实加以验证就对事物作出决断，是一种愚蠢的行为；不确定事物的真假就把它作为依据，是一种欺骗的行为。所以，那种宣扬并依据先王之道肯定尧、舜事迹的行为，不是愚蠢的就是骗人的。愚蠢骗人的学说，杂乱矛盾的行为，英明的君主是不会接受的。这里，发现矛盾律并不断运用矛盾律批判别人的韩非，自己也陷于矛盾之中。他一会儿推崇尧、舜是圣帝名王，一会儿贬斥他们非圣非贤，一会儿又断言禅让就是篡弑，最后又认定真实的尧、舜难以认识，走向了虚无主义。其实，由于历史运动的单向性和不可重复性，百分之百恢复历史的本来面目是不可能的，但无限接近地恢复历史的本来面目却是完全可能的，而这，正是历史学的任务之一。

在更多的篇章里，韩非对舜或褒或贬，其核心不离对法、术、势理论正确性的论证。

---

① 〔清〕王先慎：《韩非子集解·显学》，中华书局 1998 年版，第 457 页。

韩非认为人的本性都是自私的，所以历史上的君王更替根本不可能有“禅让”这种形式。大概到战国时期，尧、舜、禹的依次禅让的传说已经广为流传，韩非却从“人性唯私”的理念出发，大作翻案文章，“‘古之所谓圣君明王者，非长幼弱也及以次序也。以其构党与，聚巷族，逼上弑君而求其利也。’彼曰：‘何知其然也？’因曰：‘舜逼尧，禹逼舜，汤放桀，武王伐纣，此四王者，人臣弑其君者也，而天下誉之。察四王之情，贪得人之意也；度其行，暴乱之兵也。然四王自广措也，而天下称大焉；自显名也，而天下称明焉。则威足以临天下，利足以盖世，天下从之。’”① 在韩非眼里，所有圣君明王都是“逼上弑君而求其利”的唯利是图之辈，所谓尧、舜、禹的禅让的真相就是“舜逼尧，禹逼舜”的逼宫夺位，与“汤放桀，武王伐纣”没有丝毫区别，实质就是“人臣弑其君”的“暴乱之兵”。他们之所以被誉为“圣君明王”，一是因为他们的“自广措”“自显名”，即力度超常的自我宣传，二是“威足以临天下，利足以盖世”的威势迫使“天下从之”。

为了论证法治优于人治，韩非在《难一》中讲了舜纠正“历山之农者侵畔”“河滨之渔者争坻”“东夷之陶者器苦窳”之后，激烈批判孔子对舜“圣人之德化”的赞誉：或问儒者曰：“方此时也，尧安在？”其人曰：“尧为天子。然则仲尼之圣尧奈何？圣人明察在上位，将使天下无奸也。今耕渔不争，

① 〔清〕王先慎：《韩非子集解·说疑》，中华书局 1998 年版，第 406~407 页。

陶器不窳，舜又何德而化？舜之救败也，则是尧有失也。贤舜则去尧之明察，圣尧则去舜之德化，不可两得也。楚人有鬻楯与矛者，誉之曰：‘吾楯之坚，物莫能陷也。’又誉其矛曰：‘吾矛之利，于物无不陷也。’或曰：‘以子之矛陷子之楯，何如？’其人弗能应也。夫不可陷之楯与无不陷之矛，不可同世而立。今尧、舜之不可两誉，矛楯之说也。且舜救败，期年已一过，三年已三过。舜有尽，寿有尽，天下过无已者，以有尽逐无已，所止者寡矣。赏罚使天下必行之，令曰：‘中程者赏，弗中程者诛。’令朝至暮变，暮至朝变，十日而海内毕矣，奚待期年？舜犹不以此说尧令从己，乃躬亲，不亦无术乎！且夫以身为苦而后化民者，尧、舜之所难也；处势而骄下者，庸主之所易也。将治天下，释庸主之所易，道尧、舜之所难，未可与为政也。”在韩非设计的这段儒者与法家的对话中，他运用矛盾律充分论证了在国家治理上“圣人之德化”不可恃，而只有厉行法制才是长治久安之计。他认为，尧为天子，“明察在上位”，就应该“将使天下无奸”，做到“耕渔不争，陶器不窳”，这样又何须舜的德化？如果需要舜去“救败”，就说明尧的行政有失。这样，“贤舜”和“圣尧”就“不可两得”了。在讲了“以子之矛陷子之楯”的故事之后，指出“尧、舜之不可两誉”，进而指出，依靠舜的德化，需要一至三年才能“救败”，而且舜的寿限是一定的，他去世之后怎么办？如果建立法制，有明确的赏罚规则，十日之内存在的问题就解决了，何必等一年？所以韩非最后的结论是，以法治理天下，是“庸主之所易”，因而应该以法治取代所谓“圣人之德化”。这里，尧、舜厉行德治的“圣君明王”形象就被彻底颠覆了。

在《难三》中，他借批判孔子的“政在悦近而来远”“政在选贤”和“政在节财”，又以“舜一从而咸包”论证法家“有术以禁下”和厉行赏罚的重要性：叶公子高问政于仲尼，仲尼曰：“政在悦近而来远。”哀公问政于仲尼，仲尼曰：“政在选贤。”齐景公问政于仲尼，仲尼曰：“政在节财。”三公出，子贡问曰：“三公问夫子政一也。夫子对之不同，何也？”仲尼曰：“叶都大而国小，民有背心，故曰：‘政在悦近而来远。’鲁哀公有大臣三人，外障距诸侯四邻之士，内比周而以愚其君，使宗庙不扫除，社稷不血食者，必是三臣也。故曰：‘政在选贤。’齐景公筑雍门，为路寝，一朝而以三百乘之家赐者三，故曰：‘政在节财。’”或曰：仲尼之对，亡国之言也。叶民有倍心，而说之“悦近而来远”，则是教民怀惠。惠之为政，无功者受赏，则有罪者免，此法之所以败也。法败而政乱，以乱政治败民，未见其可也。且民有倍心者，君上之明有所不及也。不绍叶公之明，而使之悦近而来远，是舍吾势之所能禁而使与不行惠以争民，非能恃势者也。夫尧之贤，六王之冠也，舜一从而咸包，而尧无天下矣。有人无术以禁下，恃为舜而不失其民，不亦无术乎！明君见小奸于微，故民无大谋；行小诛于细，故民无大乱。此谓“图难于其所易”也，“为大者于其所细也”。今有功者必赏，赏者不得君，力之所致也；有罪者必诛，诛者不怨上，罪之所生也。民知诛罚之皆起于身也，故疾功利于业，而不受赐于君。“太上，下智有之。”此言太上之下民无说也，安取怀惠之民？上君之民无利害，说“以悦近来远”，亦可舍已！在这段论证势与术足可恃而惠民、节财、选贤靠不住的文字中，韩非将舜安排为一个得到尧的信任却夺取尧的天下的篡政者的角色。在他看来，尽管“尧之贤六王之冠”，可是由于“无术以禁下，恃为舜而不失其民”的错失，他只能眼睁睁地看着舜从他手里取得天下而束手无策。

在《外储说右下》篇中，他又借百姓为秦襄王祷一事，说明“势”的重要：秦襄王病，百姓为之祷；病愈，杀牛塞祷。郎中阎遏、公孙衍出见之，曰：“非社腊之时也，奚自杀牛而祠社？”怪而问之。百姓曰：“人主病，为之祷；今病愈，杀牛塞祷。”阎遏、公孙衍说，见王拜贺曰：“过尧、舜矣。”王惊曰：“何谓也？”对曰：“尧、舜其民未至为之祷也，今王病而民以牛祷，病愈杀牛塞祷，故臣窃以王为过尧、舜也。”王因使人问之，何里为之，訾其里正与伍老屯二甲。阎遏、公孙衍愧不敢言。居数月，王饮酒酣乐，阎遏、公孙衍谓王曰：“前时臣窃以王为过尧、舜，非直敢谀也，尧、舜病，且其民未至为之祷也。今王病而民以牛祷，病愈杀牛塞祷，今乃訾其里正与伍老屯二甲，臣窃怪之。”王曰：“子何故不知于此？彼民之所以为我用者，非以吾爱之为我用者也，以吾势之为我用者也。吾释势与民相收，若是，吾适不爱而民因不为我用也，故遂绝爱道也。”

这个故事说，秦襄王病了，百姓都为他祈祷。不久病好了，百姓又杀牛祭祀社神，兑现祈祷时的承诺。郎中阎遏、公孙衍见了，就问百姓：“现在不是社稷祭日和腊日祭日，你们为什么杀牛祭社？”百姓回答：“人主病了，我们为他祈祷。现在病好了，我们杀牛祭社，是兑现祈祷时的承诺。”两人听了很高兴，见到秦襄王，就向他拜贺说："您的德行超过尧、舜了！"襄王大惊："这是从何说起？"两人回答："尧、舜在世时，百姓并没有为他的健康祈祷。今日大王生病，百姓就许诺以牛为王祈祷，您病好了，百姓真的杀牛还愿，所以臣以为王的德行超过尧、舜了！"襄王于是使人调查那个里的百姓办的这个事，处罚该里里正与伍屯老二甲。阎遏、公孙衍很惭愧没有站出来为里正与伍老讲情。数月之后，在一次宴会上，襄王饮酒，显得十分快乐。阎遏、公孙衍乘机问王："前些日子臣称颂王的德行超过尧、舜，并不是故意拍马屁。尧、舜病，他的百姓也没有为之祈祷。今王病，百姓许以杀牛祈祷，您病愈后，百姓真的杀牛祭社。但您却为此事处罚该里里正与伍屯老二甲，臣实在感到奇怪不解。"王回答说："先生怎么好不明白？百姓们之所以为我所用，不是因为爱我，而是因为畏惧我的权势。如果我失去权势而示爱百姓，他们也不会为我所用。所以我决心弃绝'爱道'。"这里韩非通过秦襄王再次宣扬，君王和百姓间根本无爱可言，百姓对君王貌似爱的表现只能是面对威势的一种自我保护的策略。在这个故事里，尧、舜只是韩非利用的一个文化符号，已经失去其原本的历史内容。

在《难势》篇中，韩非虽然承认尧、舜是特定时代的贤明君王，但却认为治理国家不能寄托于贤明君王的出现，而只能靠稳定的法、术、势的运用。因为贤明君王不会一代接一代地出现，而国和社会的治理却一刻也不能停：夫良马固车，使臧护御之则为人笑，王良御之而日取千里；车马非异也，或至乎千里，或为人笑，则巧拙相去远矣。今以国位为车，以势为马，以号令为辔，以刑罚为鞭筴，使尧、舜御之，则天下治，使桀、纣御之则天下乱，则贤不肖相去远矣。夫欲追速致远不知任王良，欲进利除害不知任贤能，此则不知类之患也。夫尧、舜亦治民之王良也。复应之曰：其人以势为足恃以治官。客曰“必待贤乃治”，则不然矣。夫势者，名一而变无数者也。势必于自然，则无为言于势矣；吾所为言势者，言人之所设也。今曰“尧、舜得势而治，桀、纣得势而乱”，吾非以尧、舜为不然也。虽然，非一人之所得设也。夫尧、舜生而在上位，虽有十桀、纣不能乱者，则势治也；桀、纣亦生而在上位，虽有十尧、舜而亦不能治者，则势乱也。故曰：“势治者则不可乱，而势乱者则不可治也。”此自然之势也，非人之所得设也。若吾所言，谓人之所得势也而已矣。贤何事焉！何以明其然也？客曰：人有鬻矛与楯者，誉其楯之坚：‘物莫能陷也。’俄而又誉其矛曰：‘吾矛之利，物无不陷也。’人应之曰：‘以子之矛，陷子之楯，何如？’其人弗能应也。”以为不可陷之楯与无不陷之矛，为名不可两立也。夫贤之为势不可禁，而势之为道也无不禁，以不可禁之势，此矛楯之说也。夫贤势之不相容亦明矣。且夫尧、舜、桀、纣千世而一出，是比肩随踵而生也；世之治者不绝于中，吾所以为言势者中也。中者，上不及尧、舜而下亦不为桀、纣。抱法处势则治，背法去势则乱。今废势背法而待尧、舜，尧、舜至乃治，是千世乱而一治也；抱法处势而待桀、纣，桀、纣至乃乱，是千世治而一乱也。且夫治千而乱一，与治一而乱千也，是犹乘骥駬而分驰也，相去亦远矣。夫弃隐栝之法，去度量之数，使奚仲为车，不能成一轮；无庆赏之劝，刑罚之威，释势委法，尧、舜户说而人辩之，不能治三家。夫势之足用亦明矣，而曰“必待贤”，则亦不然矣。且夫百日不食以待粱肉，饿者不活；今待尧、舜之贤乃治当世之民，是犹待粱肉而救饿之说也。夫曰“良马固车，臧获御之则为人笑，王良御之则日取乎千里”，吾不以为然。夫待越人之善海游者以救中国之溺人，越人善游矣，而溺者不济矣。夫待古之王良以驭今之马，亦犹越人救溺之说也，不可亦明矣。夫良马固车，五十里而一置，使中手御之，追速致远，可以及也，而千里可日致也，何必待古之王良乎！且御非使王良也，则必使臧获败之；治非使尧、舜也，则必使桀、纣乱之。此味非饴蜜也，必苦菜亭历也。此则积辩累辞、离理失术，两末之议也，奚可以难夫道理之言乎哉！客议未及此论也。

这则颇长的故事说，有人认为，一辆良马匹配的坚固的车子，使拙劣的驭手臧获驾驭就使人讪笑，使优秀的驭手王良驾御则日行千里。车马没变，或日行千里，或为人讪笑，这就是巧拙的巨大差距。今日将国比喻为车，将势比喻为马，将号令比喻为辔，将刑罚比喻为鞭策，使尧、舜驾御就天下大治，使桀、纣驾御就天下大乱。这说明贤与不肖的巨大差距。人们想迅速赶到远方，却不知道任用王良；想进利除害，却不知道任用贤能，这就是不知类的弊端了。尧、舜就是治理百姓的王良呀。又有人反驳说，这个人认为权势可以依靠来治国。而有的论客却说一定要等待有了贤能的人才能把国家治理好，这就不对了。“权势”这个东西，名称虽然只有一个，但它的变化却是无数的。如果认为权势一定属于客观自然的，那就不必讨论了。我所要讨论的权势是人为设定的权势。尧、舜生来处于上位，虽有十个桀、纣所以不能生乱，是因为时代处于“势治”的条件下；桀、纣生来处于上位，虽有十尧、舜也不能治理好的原因，是因为时代处于“势乱”的条件下。所以说“势治”的时候不可能乱，“势乱”的时候不可能治，但这种势是客观存在的自然之势，不是人随意所能设定的。我所说的势，是指人们能够建立起来的威势。贤人在这里有什么用呢？怎么来说明其中的原因呢？论客说过，有一个卖矛和盾的人，称赞他盾的坚固说，“没有什么东西能刺穿它”。又称赞他矛的锋利说，“没有什么东西刺不穿”。有人责难他说，“用先生的矛刺先生的盾，又怎么样呢？”那人就不能回答了。论客认为不可能被刺穿的盾与没有什么东西不能刺穿的矛在逻辑概念上是不可以同时并存的。贤人是势不可以禁止的，而威势作为一种治国的手段，是没有什么东西不能禁止的；论客将不可以禁止的贤人与有什么不能禁止的威势相提并论，这实在是上述那种关于矛和盾的说法呀。所以贤能与权势的不相容也就很清楚了。况且尧、舜、桀、纣这样的人一千世才出一个，就已经算是肩膀挨着肩膀、脚跟接着脚跟似的密集降生了。而世上的统治者是接连不断地产生于中等人才之中。我之所以要讨论权势问题，就是为了这些资质中等的君主。这些资质中等的君主，与上等的相比还不及尧、舜，与下等的相比也不是桀、纣那样的人。他们如果坚守法度、掌握了权势，就可以把国家治理好，如果违背了法度，丢掉了权势，就会使国家陷于混乱。现在如果抛弃了权势，违背了法度而去等待尧、舜，等待尧、舜来了才能使天下太平，这就是要在一千年的混乱以后才有一世太平。现在如果坚守法度、掌握了权势而去等待桀、纣，到桀、纣来了才能使天下混乱。这太平了一千年才混乱一世和太平了一世而混乱一千年，就像是骑了千里马而背道而驰一样，相差得也实在太远了。如果抛弃了矫正木材的办法，丢掉了测量技术，就是让善于造车的奚仲来制造车子，也做不成一个轮子。如果没有表扬奖赏的勉励、用刑处罚的威慑，抛开了权势，放弃了法治，让尧、舜挨家挨户地去劝说，逐个地去给人们辨析事理，那就连三家人也管不好。所以权势的值得利用也就很明白了。论客认为一定要等待贤人来治理国家，那当然也就不对了。再譬如说，如果一个人一百天不吃东西而去等上等的好米鲜肉，那么这个人也就活不成了；现在如果要等尧、舜那样的贤人来了才能治理今天的民众，这不就如同等待一百天后的上等饭菜来解救饥饿吗！韩非这里将国家和社会的有效治理建立在稳定的法治基础上的思想无疑具有积极意义，但他绝对排斥贤人政治的理念显然是有偏颇的。贤人辈出自然不可能，但选贤的理念和机制却不可或缺。因为选贤与法治并不矛盾而是相得益彰。

韩非有时将尧、舜作为名主赞颂，是因为他们能够“明法”：圣王明君则不然，内举不避亲，外举不避仇。是在焉从而举之，非在焉从而罚之。是以贤良遂进而奸邪并退，故一举而能服诸侯。其在记曰：“尧有丹朱，而舜有商均，启有五观，商有太甲，武王有管、蔡。”五王之所诛者，皆父子兄弟之亲也，而所杀亡其身残破其家者何也？以其害国伤民败法类也。

观其所举，或在山林薮泽岩穴之间，或在囹圄缧绁缠索之中，或在割烹刍牧饭牛之事。然明主不羞其卑贱也，以其能，为可以明法，便国利民，从而举之，身安名尊。①

韩非更多的时候是将尧、舜之道作为法治的对立面批判，是因为在他看来尧、舜的行为违背了法治的准则：天下皆以孝悌忠顺之道为是也，而莫知察孝悌忠顺之道而审行之，是以天下乱。皆以尧、舜之道为是而法之，是以有弑君，有曲父。尧、舜、汤、武，或反君臣之义，乱后世之教者也。尧为人君而君其臣，舜为人臣而臣其君，汤、武为人臣而弑其主、刑其尸，而天下誉之，此天下所以至今不治者也。夫所谓明君者，能畜其臣者也；所谓贤臣者，能明法辟、治官职，以戴其君者也。今尧自以为明而不能以畜舜，舜自以为贤而不能以戴尧，汤、武自以为义而弑其君长，此明君且常与而贤臣且常取也。故至今为人子者有取其父之家，为人臣者有取其君之国者矣。父而让子，君而让臣，此非所以定位一教之道也。臣之所闻曰："臣事君，子事父，妻事夫，三者顺则天下治，三者逆则天下乱。此天下之常道也，明王贤臣而弗易也。"则人主虽不肖，臣不敢侵也。今夫上贤任智无常，逆道也；而天下常以为治，是故田氏夺吕氏于齐，戴氏夺子氏于宋。此皆贤且智也，岂愚且不肖乎？是废常、上贤则乱，舍法、任智则危。故曰："上法而不上贤。"记曰："舜见瞽瞍，其容造焉。"孔子曰："当是时也，危哉！天下岌岌，有道者，父固不得而子，君固不得而臣也。"

① 〔清〕王先慎：《韩非子集解·说疑》，中华书局 1998 年版，第 405 页。

臣曰：孔子本未知孝悌忠顺之道也。然则有道者进不得为臣主，退不得为父子耶？父之所以欲有贤子者，家贫则富之，父苦则乐之；君之所以欲有贤臣者，国乱则治之，主卑则尊之。今有贤子而不为父，则父之处家也苦；有贤臣而不为君，则君之处位也危。然则父有贤子，君有贤臣，适足以为害耳，岂得利焉哉！所谓忠臣不危其君，孝子不非其亲，今舜以贤取君之国，而汤、武以义放弑其君，此皆以贤而危主者也，而天下贤之。古之烈士，进不臣君，退不为家，是进则非其君，退则非其亲者也。且夫进不臣君，退不为家，乱世绝嗣之道也。是故贤尧、舜、汤、武而是烈士，天下之乱术也。瞽瞍为舜父而舜放之，象为舜弟而杀之。放父杀弟，不可谓仁；妻帝二女而取天下，不可谓义。仁义无有，不可谓明。《诗》云："普天之下，莫非王土；率土之滨，莫非王臣。"信若《诗》之言也，是舜出则臣其君，入则臣其父，妾其母，妻其主女也。故烈士内不为家，乱世绝嗣；而外矫于君，朽骨烂肉，施于土地，流于川谷，不避蹈水火，使天下从而效之，是天下遍死而愿夭也，此皆释世而不治是也。世之所为烈士者，虽众独行，取异于人，为恬淡之学，而理恍惚之言。臣以为恬淡，无用之教也；恍惚，无法之言也。言出于无法，教出于无用者，天下谓之察。臣以为人生必事君养亲，事君养亲不可以恬淡；之人必以言论忠信法术，言论忠信法术不可以恍惚。恍惚之言，恬淡之学，天下之惑术也。孝子之事父也，非竞取父之家也；忠臣之事君也，非竞取君之国也。夫为人子而常誉他人之亲曰："某子之亲，夜寝早起，强力生财，以养子孙臣妾。"是诽谤其亲者也。为人臣常誉先王之德厚而愿之，是诽谤其君者也。非其亲者，知谓其不孝；而非其君者，天下贤之。此所以乱也。故人臣毋称尧、舜之贤，毋誉汤、武之伐，毋言烈士之高，尽力守法，专心于事主者为忠臣。古者黔首悗密蠢愚，故可以虚名取也。今民儇诇智慧，欲自用，不听上。上必且劝之以赏，然后可进；又且畏之以罚，然后不敢退。而世皆曰："许由让天下，赏不足以劝；盗跖犯刑赴难，罚不足以禁。"臣曰：未有天下而无以天下为者，许由是也；已有天下而无以天下为者，尧、舜是也。毁廉求财，犯刑趋利，忘身之死者，盗跖是也。此二者，殆物也。治国用民之道也，不以此二者为量。治也者，治常者也；道也者，道常者也。殆物妙言，治之害也。天下太平之士，不可以赏劝也；天下太平之士，不可以刑禁也。然为太上士不设赏，为太下士不设刑，则治国用民之道失矣。①

这一长段的意思是，天下的人都认为孝顺父母、敬爱兄长、忠于君主、服从丈夫的道德准则是正确的，但却没有人去进一步对孝悌忠顺之道加以认真考察，然后再去慎重实行，因此天下就混乱了。天下的人都认为尧、舜之道正确而加以效法，因此才发生了杀死君主、背叛父亲的事情。尧、舜、汤、武或许正是违反君臣之间的道德准则、扰乱后世教令的罪魁祸首。尧本来是君主，却把自己的臣子舜尊奉为君主；舜本来是臣子，却把自己的君主尧贬为臣子；商汤、周武王作为臣子却

① 〔清〕王先慎：《韩非子集解·忠孝》，中华书局 1998 年版，第 465~469 页。

杀死了自己的君主，还宰割了他们的尸体。对此，天下的人却都加以称赞，这就是天下直到现在都不能得到治理的原因所在。所谓英明的君主，应该是能够控制自己臣子的人；所谓贤能的臣子，应该是能够彰明法律、忠实地履行自己的职守来拥戴君主的人。现在的情形则是，尧资以为明智，却不能对舜加以控制；舜自以为贤能，却不能对尧忠心拥戴；商汤、周武王自以为有道义，却杀了自己的君主。这就是一方面自称为明君的却常常失位，而自称为贤臣的却常常夺取权力的情形。所以直到现在还有做儿子的夺取父亲的家业、做臣子的夺取君主权力的事情发生。照此看来，父亲把家业传给儿子，君主把政权传给臣下，绝不是什么确定名位、统一教令的正确途径。我听说，臣子侍奉君主，儿子侍奉父亲，妻子侍奉丈夫。这三种秩序理顺以后，天下就能得到治理；如果违背了这三种秩序，天下就会混乱。这是治理天下的永恒法则，就是英明的君主、贤能的臣子也不能加以改变的。如果遵循了这种法则，那么即使君主不够贤明，臣子也不敢侵犯。现在尊尚贤人、任用智者而不遵循这种永恒的政治法则，实在是悖逆之道，而天下的君主却常常将此作为治国的方法。正因为如此，在齐国田氏得以夺取了吕氏的政权，在宋国戴氏得以夺取了子氏的政权。这些人都是有才能又有智慧的人，哪里是既愚蠢又不贤的人呢？由此看来，应废弃这种永恒的法则。而舍弃永恒法则，国家就会发生混乱；舍弃了法制而任用智者，君主就会有危险。所以说，要尊尚法制而不能尊尚贤人。古代的民众勤勉努力而又蠢笨愚昧，因此能够用虚幻的空洞名词来欺骗他们。现在的民众机敏奸猾而又聪慧伶俐，总想自己有所作为，不肯听从君主的命令。所以，君主一定要用奖赏的办法劝勉他们，促使他们进取；同时又要用刑罚来威慑他们，使他们不敢后退。但世上的人却都说："许由毫不可惜地推掉统治天下的权力，可见奖赏不足以鼓励人；盗跖不避危难触犯法律，可见刑罚不足以制约人。"我认为，没有掌握天下的统治权而又不为天下的统治权去做事的，是许由这号人；已经掌握天下的统治权而又不为天下的统治权去做事的，是尧、舜这号人；败坏纯洁的道德准则去谋取财富，触犯刑律去追求私利、且不顾个人死活的，是盗跖这号人。这些都是极端危险的行为。治理国家、统治人民的方式是不能把这些极端行为作为标准的。所谓统治措施针对一般情况而言，所谓政治方式是根据通常情况而言。危险极端的行为和玄妙莫测的言论，都是治理国家和社会的大害。天下那些极端廉直的人士，是难以用奖赏劝勉的；天下那些极端凶恶的人，是不能用刑罚禁止的。然而，如果因为有了极端廉直的人存在就不设立奖赏，因为有了极端凶恶的人存在就不设立刑罚，那也就把治理国家和使用民众的方法丢掉了。

总起来看，《韩非子》中也基本没有增加有关舜的新的历史资料。由于韩非同商鞅、庄子一样将舜作为文化符号使用，所以出现在《韩非子》中的舜的形象就是矛盾的，有时是德行卓异、功绩巍然的圣帝名王，有时又是扰乱国家和社会秩序的罪魁祸首，但所有这一切，都围绕着一个中心，即论证他的法、术、势相结合的法家理论是治理国家和社会的唯一正确的学说。

# 岳石文化与东夷文明

王简政　吴显烨　范玉杰　尹西武　丁建英

（王简政，齐鲁师范学院；吴显烨，青岛市园林和林业局；范玉杰，山东省广播电视局大泽山转播台；尹西武，山东省广播电视局大泽山转播台；丁建英，山东广播电视台）

岳石文化，主要由东夷族人创建。因地理位置分布于海岱地区，也可称为海岱文化。是继山东后李文化、北辛文化、大汶口文化、龙山文化后，又一考古学文化。绝对年代为公元前1900—前1600年。岳石文化是山东龙山文化的传承和延续；是夏朝时期的东夷文化；是东夷文明不可或缺的重要环节。

## 一、岳石文化研究的价值和意义

岳石文化研究的价值和意义越来越被认识：

1. 岳石文化以平度的东岳石村命名，说明这里在距今3600年前就有过平度先民聚落在这里繁衍发展；这是平度暨青岛地区悠久发展历史的实证。对岳石文化的深入研究给平度及胶东半岛一带的古历史文化打开广阔之门。

平度及胶东地区是东夷族人活动生息之地。上古史籍《尚书·禹贡》记载:“海、岱惟青州,嵎夷既略,潍、淄其道,莱夷作牧,厥篚檿丝。”后世学者认为,“嵎夷”属今淄潍流域,“莱夷”属今胶东半岛。意思是在潍水、淄水流域,莱夷人初始过着游牧生活,后来随生产力发展,而定居下来从事农业,并以养蚕出名。说明在夏代以前,胶莱地区就形成了一个东夷氏族部落。

从位置上看,东岳石村位于大泽山西麓,是胶东的门户。大泽山脉连绵向东,中经锯齿牙山,与胶东腹地的昆仑山脉相连,形成了胶东的脊梁。向北 15 公里就是渤海,依山傍海。刚刚经历了在距今 4000 多年前的大洪水,东夷族人就在这丘岭坡地聚拢,生产生活。同一时期,在牟平的照格庄等也有一聚落创始生活。这应该就是创造胶东文化的先民。

2. 岳石文化研究对破除华夏文明起源“中心说”,建立中华文明“多元一体”的大格局,提供了重要的证据。现存中国早期的一些古文化典籍,如《庄子》《尚书》《诗经》《左传》等,记述远古史迹多是以黄河中游的晋、陕、豫一带的“黄帝时期”为中心,而对其他所记甚少。这便是长期形成的中华文明的“中原中心说”,在史学界占统治地位。1921 年,仰韶文化的发现,形成了中华文明起源于黄河中游和“中国文明西来说”。到 20 世纪 30 年代,因山东龙山文化的出现,否定了“中华文明西来说”;又形成了“仰韶、龙山二元并立说”。

在20世纪30年代发现的辽河流域“红山文化”和2007年浙江余杭“良渚文化”，已经为中华文明多元论提供了可靠的证据。随着考古事业的推进，除了中原地在郑州东南郊发现“二里岗文化”（1952年）和在偃师县发现“二里头文化”（1959年）等属于夏商时代的中原文化外；更有在甘青地区有齐家文化，长江下游的马家浜文化（1959年），长江中游地区有石家河文化，四川广元三星堆文化，山东宁阳“大汶口文化”（1959年），山东平度“岳石文化”（1960年），这些文化系统各有其根源，都创造出了灿烂的文化。这就动摇了中华文明“中心说”的根基。中国考古学奠基人之一的夏鼐先生曾说：“从前一般的看法，多倾向于我国新石器文化起源于黄河中游的中原地区，然后向四周传播”，但由于长江流域和东南沿海一带也发现了年代更早的与黄河流域文化类型不同的部落遗址，“表明它们有不同的来源与发展过程，是与当地的地理环境适应而产生和发展的一种或一些文化。”① 对于海岱地区，到20世纪80年代中期夏鼐先生更具体地指出：从北辛文化到大汶口文化，到龙山文化，再到岳石文化，山东地区史前文化的发展，自有其演化的序列，与中原地区的和长江下游地区的各不相同。徐旭生先生在他1985年定稿的《中国古史传说》中，则得出了“华夏、东夷、苗蛮三个集团是秦汉间所称的中国人的三个主要来源”的结论。可以说，包括岳石文化在内的一系列重大的考古发现

---

① 夏鼐：《碳-14测定年代和中国史前考古学》，载《考古》1977年第4期。

已经证实，中华文明有5000多年的历史。并非中原地区“中心说”，而应是中华文明“多元一体”的大格局。

3. 深入研究岳石文化暨东夷文化是夏商断代工程和中华文明探源工程应有之意。早在20世纪30年代初，中国史学界即有人重视东夷历史的研究。如傅斯年先生所著《夷夏东西说》、蒙文通先生所著《古史甄微》、梁思永先生“东西二元对立说”、王震中先生提出“夷夏互化融合说”等，都把东夷提到了与华夏等同的高度。考古学的发现，已经证明山东的古文化系列，都属于东夷文化的系统。上承龙山文化的岳石文化，实则是夏代的东夷文化。而随着对岳石文化研究的深入，东夷人所创造的古代文化的特征及在当时人类历史上的领先成分（如历法早成、农具的先进、早期的青铜冶炼等），已越来越多地为人们所认识。这应该是中华文明探源之内容。

世界历史进入近代，欧洲人建立起他们的“世界文化欧洲中心说”。有意无意地轻视或无视包括古老的中华文明在内的东方文化。直到20世纪六七十年代，外国史学界仍是根据“小屯文化”，主要是对甲骨文的无可争辩的事实，来确定中华文明始于殷商，而无视中国古籍对夏代的记叙，将夏代放在“史前时期”。这就是为什么中国要集中以考古学界为主的多方面的学术力量来完成夏商周断代工程研究。从中华文化探源工程的起因层面来说，岳石文化的深入研究，就有极其重要的现实意义。

4. 为研究龙山文化的去向和夏、商历史提供了重要的依据。

岳石文化是龙山文化的传承和发展。1990年，山东省文物考古研究所对章丘城子崖遗址进行了进一步勘探和发掘，发现城子崖遗址是由龙山文化城址、岳石文化城址和周代城址三层叠加而成。澄清了60年来有关城子崖遗址时代的争论。其中龙山文化城址面积达22万平方米，为这一时期古城址之最；岳石文化城址是迄今发现的唯一一座夏代城址，面积达17万平方米。岳石文化的城址直接叠压在龙山文化城址之上，城垣夯层规整，夯土坚实。上层为周代文化层，中层为岳石文化层，下层为龙山文化层。这一布局在其他类似遗址也有发现。这一发现对研究中国古代城市发展和中国文明起源等问题具有十分重要的意义。并由此也揭示了龙山文化与岳石文化的传接关系。

岳石文化的分布范围与龙山文化大体相当：以泰沂山为中心，北起鲁北冀中，向南越过淮河，西自山东最西部，河南省的兰考、杞县、淮阳一线，东至黄海之滨。这就更加说明岳石文化是承接了龙山文化而发展的古文化。

古籍里有关夏商王朝与东夷关系的零星记载。《竹书纪年》曰：“后发即位元年，诸夷宾于王门，诸夷入舞”。《左传·襄公四年》记载晋国的魏绛叙述夏与东夷事较多：“昔有夏之方衰也，后羿自鉏迁于穷石，因夏民以代夏政。”夷族首领后羿曾因夏民对夏王太康怨恨，而伐夏，攻取夏都。但是“（羿）恃其射也不修民事”，而专任寒浞，以致寒浞杀羿而代之。“（寒浞）恃其馋慝诈伪而不德于民”，使其子浇攻灭斟灌，封浇于过；又封其子豷于戈。后来，太康之子少康借有鬲氏之助，攻灭寒浞，夏得复国。这段记载大体上反映了夏代中期，夏与东夷势力相互消长的复杂关系。据晋代杜预注释，

“寒”在今潍坊寒亭，“过”在今莱州过西，“斟”在今寿光，“戈”在今河南东部，“鬲”在今鲁西北平原县。可知夏与东夷这段历史中夷族主要人物主要居住在今淄潍地区和莱州、平度一带。

夏、商朝的历史，是东夷文化与中原文化逐渐融化的进程。夷、商结盟而灭夏。到商代晚期，中原的商文化已渗入到东夷文化的腹地，青州苏埠屯商代大墓的出土可为明证；但是“胶东半岛的文化面貌基本还是东夷的，很少见到商文化的因素”。“在商代，整个胶东都还是东夷天下”。有学者认为在胶东，岳石文化的下限当及于商代的中期。而古史记载半岛的莱夷人和他们所建立的莱国（包括棠邑），则是在经历了西周王朝，直到春秋中期，才最后被齐国所兼并的。值得注意的是，在莱夷融入齐国以后，齐国的国力迅速增强起来，即齐国的经济繁荣、军事强盛、文化发达，都与东夷文化的融入密不可分。所以对于半岛地区的岳石文化的深入研究，将会进一步地揭示夏、商以至周代，半岛地区的历史面貌，并进而具体地厘清半岛先民对中华文明所做出的贡献。

## 二、关于岳石文化

1928年清华大学吴金鼎先生和1930年中国考古学家李济（吴的导师）先生等，对山东章丘龙山城子崖遗址进行过两次考察发掘，就已经发现了典型的岳石文化遗物和夯土城墙；但由于当时发掘技术尚不成熟而又缺乏可供对比的资料，故未将其与龙山文化区别开来。

1959年在平度东岳石村修淄阳水库时，在岸边发现该遗址。1960年中科院考古所发掘出土了大量石器、陶器、骨器和蚌器。出土的遗物有独特的造型和风格。1962年岳石遗址发掘报告的公布，引起了考古学界的重视。20世纪70年代和80年代初，在山东各地陆续发现并发掘了和岳石遗址属于同一类型的许多遗址。尤其在牟平照格庄、青州郝家庄、泗水尹家城的前后发掘，出土文物极为丰富。后又发现长岛北庄、桓台史家、菏泽安邱堌堆、江苏赣榆下庙墩、河南夏邑清凉山、鹿邑栾台、杞县鹿台岗，江苏沭阳万北、高邮周邶墩等遗址。1979年，黎家芳、高广仁先生首次提出“东岳石类型”的问题，认为该类遗存在陶器造型和风格方面均有自己的特点。1981年，严文明先生首次提出“岳石文化”的命名。① 明确指出它是继典型龙山文化之后的另一种考古学文化。至此，“岳石文化”被考古界公认。考古发掘资料表明，山东省境内发现的岳石文化遗址已超过300处，连同省外的几处遗址，经过发掘的已有330余处。

岳石文化的陶器独具特色，以夹砂褐陶和泥质灰陶为主，次为泥质黑陶，另有少量红陶和黄陶。陶器的火候较低，颜色斑驳不纯。装饰方法，素面为大宗，占一半以上，纹饰主要有凸棱、附加堆纹、划纹、弦纹、压印纹等。器形多子母口、平底、三足或圈足器，少见圜底器。器类以袋足甗、夹砂中口罐、子母口尊形器、子母口罐等最具特色。比对中原地区夏商文化系统，岳石文化应是夏商时期的东夷地区的古文化。

---

① 严文明：《龙山文化和龙山时代》，载《文物》1981年第6期。

古朴精制、厚重实用是岳石文化陶器的主要风格。几种典型陶器的演化：甗，岳石文化的主要炊器，数量甚多；子母口罐，此类器型与龙山文化同类器的传承关系较为清楚；平底尊，是岳石文化指征性器类之一。蘑菇纽器盖，又是岳石文化的指征性器类之一。还出现了子母口三足簋，舟形器和黑陶尊等，这些是在龙山文化中见不到的新型陶器而恰与海岱地区相关。此外，器身的纹饰，以及陶器的形制，都有十分明显的区别。(见图 1)

三足簋　平底尊　黑陶尊

蘑菇纽器盖　舟形器

图 1　岳石文化陶器

岳石文化的石器形态的变化，主要是由先前的圆形钻孔发展为或单或双的方形凿孔的石器农具的出现。这种新的石器农具，标志着农业生产工具的进步和生产能力的提高。代表性器

物是半月形双孔石刀、方孔石器（铲）、带亚腰或竖向浅凹槽石斧等。(见图2)

双孔石刀　方孔石器　蒂亚腰石斧

图2　岳石文化石器

岳石文化还发现有少量青铜器，主要是铜锥、镞和铜残块(照格庄和尹家城都有发现)。还有种类较多的铜质小工具，尤其是合范冶铸的青铜镞和新出现的一些东夷式青铜礼器如鼎、鬲、甗、戈等。有论者认为已跨入早期青铜时代。这是石器农具得以发生突破性进步（用青铜器凿孔代替了以前的以石钻孔）的重要原因。而且也可以解释为什么岳石文化里没有了龙山文化中那种技艺高超但纯属装饰和祭祀用的而非日常用具的“蛋壳陶”。因为在新石器时代，制陶业既是基本的又是尖端的社会生产部门。人们的注意力集中在陶器制造上，礼器及一切显示权贵身份的高级器皿，多仗制陶业提供。而冶铜业一旦出现，制陶业日益屈居次要地位。所以，岳石文化泥质陶的轮制技术及烧制火候并不比龙山文化低，但其造型及装饰却较龙山文化逊色。以青铜器为代表的新生产力的出现，预示着新的生产关系正在酝酿之中。

岳石文化农业生产的发展，主要表现在农具的改进创新和农具在全部工具中比例的上升两方面。从遗存来看，生产工具中主要是用石、骨、角、蚌制作的农具。在梁山青堌堆的岳石文化遗存中，发现了石制的斧、刀、铲、锤等。骨器有镞、凿、锥、针。角器有镞、锥和带倒刺的鱼镖。蚌器有镞与镰。还有一些陶制纺轮和网坠。还出土了不少淡水厚壳蚌和一些鹿角。从这些生产工具和动物遗骸，可以看出采集与渔猎在氏族的经济生活中已占有一定地位，这都与海岱地区相关联。

这一时期的建筑技术也有了较大的提高。体现在城邑建设方面，龙山文化城墙是堆筑。岳石文化城墙采用了先进的版筑法，并使用了先进的集束棍夯筑技术。很明显，岳石文化时期经济社会技术比龙山文化时期进一步发展了。

新的生产力正在形成与发展的历史时期。同时期在河南二里头文化遗址，出土的器具显示：你中有我，我中有你。这些信息说明，不同的夷、夏文化的交流与融合，十分有利于农业和手工业生产技术的交流与推广，极大地促进了各地经济的发展。这一时期的社会形态仍然是龙山文化时期社会形态的延续，即属于城邦国家的发展时期。以家族所有制为主体的生产关系日益巩固，建立在家族基础之上的分散王权得到普遍加强和发展。

## 三、岳石文化与龙山文化

1928 年和 1930 年曾在济南章丘龙山城子崖进行过两次发掘。已揭示出以精美的磨光黑陶为显著特征的龙山文化，最初称之为“黑陶文化”。后来，遗址命名为“龙山文化”。现在专称“山东龙山文化”。

再经进一步勘探和发掘，发现城子崖遗址是由龙山文化城址、岳石文化城址和周代城址叠压而成。这也是发现最早的岳石文化城址。城子崖及其周围的（西河文化、焦家、平陵城）古代遗址，形成了一个从新石器时代到两汉时期基本完整的古代文化区。城址具有早期城市的雏形。说明当时它已经成为一个权力中心、经济中心、文化中心。城子崖岳石文化城址的发现，填补了我国城市考古的空白。

城子崖遗址内涵丰富。延续时间长，堆积层分为三层，出土了大批各时代的文化遗物。下层的龙山文化城址，占地面积约22万平方米。城址内文化层堆积丰富，有房基、水井、窑穴等遗址。陶器以黑陶、灰黑陶为主。石器多为磨制。还有骨器。岳石文化的城址直接叠压在龙山文化城址之上，面积约为17万平方米，是迄今发现的较大的一座夏代城址。城垣板筑夯层，围墙规整，夯土坚实，是当时的城墙基址。这一发现对研究中国古代城市发展和中国文明起源等问题提供了重要佐证。最积叠压的层次关系也反映出两种文化的先后层次关系。

岳石文化与龙山文化的分布范围基本相当，多在海岱地区。龙山文化和岳石文化最早都在山东济南章丘龙山城子崖遗址的发掘中发现。这已经揭示了龙山文化的去向，及龙山文化与岳石文化的承接关系。

山东龙山文化时期发掘发现了很多薄、亮、硬、黑的陶器，尤其是蛋壳黑陶最有特色。章丘城子崖出土的蛋壳黑陶最为著名。蛋壳黑陶一般器壁厚不到5mm，口沿最薄处0.3mm，是中国制陶史上的颠峰之作。黑陶以快轮拉坯和磨光技术制成，器物规整，匀称光亮。黑陶所用细泥经反复沉淀淘洗，原料细腻，制成坯料。烧制工艺要求高，火候达到900~1000℃；采用封闭陶窑，用水熄灭炉火，产生大量浓烟起到渗炭的作用；表面呈现出深黑色光泽，然后表面磨光，纹饰仅有少数弦纹、划纹或镂孔。其中有一种闻名遐迩的蛋壳陶高柄杯，代表着这一类型陶器的杰出成就。(见图3现存中国国家博物馆)

图3　黑陶高柄杯

龙山文化陶器以黑陶为主，还有灰陶、红陶和白陶盆。在诸多的陶器中尤以鸟头陶最典型，3个袋足好似3个丰满的乳房，形成一个挺胸昂首，举止傲慢的大鸟的形象的鬶和鼎等。(见图4)。陶器是社会文化的标志。龙山时期精美的陶器已经不是通常生活用具，很可能是一种礼器了。

图4　鸟头陶鬶

龙山文化玉器。所用玉材多属透闪石类，有白玉、青玉、青绿色玉、黄玉、墨玉、玉髓、绿松石。玉器造型以几何形和人物动物形为主。璇玑为环状，外缘多出三齿形，人首形饰，分正平视与侧平视两种。前者为戴冠，后者形象简约。玉圭均为平首式，其上多有人面纹、兽面纹或鸟纹。玉戈造型特点是长援方内而无中脊，形制较原始。牙璋分平首式与歧首式，造型似戈而内部两侧出栏如牙齿状。玉器以片雕为主，镂雕为辅。镶嵌工艺的实例，见于山东五莲丹土遗址所出玉钺。其中上部的孔内嵌有绿松石，此为仅见。

通过对城子崖遗址的动物遗存进行研究，确认瓣鳃纲有7种丽蚌；哺乳纲有兔、狗、马、猪、獐、麋鹿、鹿、黄牛和绵羊共9种，狗和猪为家养动物。开展过植物考古的遗址，如淄博市房家遗址属龙山文化类型。发现的农作物遗存有粟、黍、稻和大豆。该遗址以旱作农业为主，以种植小米最多，其次为黍、大豆，有少量的水稻。在山东龙山文化时期胶州赵家庄遗址，发现这里有在中国境内较早的小麦，其距今4500~4270年。

聚落形态上。山东地区从大汶口文化晚期到龙山文化时期人口增长迅速。目前发现的大汶口文化遗址547个，到龙山文化时达1492个。见诸报道的有20多个城址，一些城址延续到岳石文化时期。区域中心城址有城墙环绕，距离分布有一定的规律：间隔30~50公里。以城子崖遗址为例，保留有龙山文化、岳石文化和周代三个时期的城墙遗存。城墙说明这几个区域中心为控制自然资源生产和贸易，必然有冲突。这些聚落的形态反映出不断增加的战争和暴力现象，显示区域政体之间存在竞争关系。

这期间分别在山东、河南、陕西等地发现了这一时期的文化遗存。因其文化面貌不尽相同；所以命名为河南龙山文化，陕西龙山文化，湖北石家河文化，山西陶寺类型龙山文化。分布广泛，各有特点，其共同特征是城址的发现。

鲁东南地区龙山文化时期有山东莒县陵阳河遗址、日照东港区两城镇和尧王城几个大聚落的区域中心。莒县陵阳河遗址出现了三个层次或等级社会结构。出现了贫富悬殊的大型墓葬。出土了令人震惊的大汶口图像文字。出土了代表军事领袖的陶质牛角形号角和旄柄旌旗类器物。山东大学历史文化学院栾丰实教授将其称作“陵阳河古国”。日照两城镇遗址更是为面积达256万平方米的“方国”。出现了大型宗教礼仪中心。出现了城池的“三道环壕”。出土了精美的蛋壳陶和玉器。在出土的大口尊陶片上刻画有释为“皇”字的羽冠类图像文字。出土了铜器炼渣。出现了台基式房、土坯房屋。出土了水稻作物等。牛津大学《世界史便览》中称：“公元前3500年—前2000年的两城镇为亚洲最早的城市”。经过大汶口、龙山文化发展，海岱地区已经进入古国发展繁荣时期。

岳石文化与龙山文化在生活方式和生产方式上都存有许多共同点，显示出传承和延续。如对鸟的崇拜，卜骨的出现，都说明承接关系。山东地区的龙山文化在约公元前2000年前，可能因气候原因开始衰落；人口下降，聚落数量骤减，多处区域中心消失。如鲁东南地区的两城镇和尧王城。但仍然在区域中心有岳石文化延续存在，如鲁北地区的城子崖。这已充分说明岳石文化是龙山文化的承接和发展。

## 四、岳石文化与东夷文明

夷的名称应产生于夏代之前，与华、夏并称。夷字在商代甲骨文中时有出现。《礼记·王制》篇说“东方曰夷”。夏称之为“九夷”。商称之为“夷”或“夷方”。加拿大多伦多皇家安大略博物馆所藏中国殷墟出土甲骨，记下“东夷”之名（《安明》1123 反）。[①] 居于黄河流域下游的太昊伏羲氏后裔风夷、畎夷、阳夷和少昊后裔鸟夷、白夷等部族、方国称为夷。这里的族群被称为东夷族。所创建的文化称东夷文化。其源头就在以今山东泰山为中心的海岱地区。

东夷文化是中华文化的重要源头之一。距今 50 万年（旧石器时期），山东省沂源县出土的“沂源猿人”化石，说明最早的先民就栖息在鲁山脚下的溶洞中，以采集和渔猎为生，以母为氏，过着原始生活。在距今 10 万年前的旧石器时代晚期，随着族群的扩大，他们为了寻找更好的越冬场所和生活环境，沿沂河沭河而下，追逐太阳而居，来到临沂地区的沂沭河大平原上，由氏族大迁徙，谱写了传说中“夸父追日”的壮举。距今 1 万年前（新石器时代），远古先民在沂沭河流域建立了密集的聚落群，在这里定居下来，开始驯养家畜，驯化农作物，开始了最初的原始农业活动。学术界称为人类最早的农耕文明。东夷祖先用他们的聪明智慧使沂沭河流域成为我国原始农业的发源地之一。

距今 8500—7500 年前的山东后李文化，因淄博市临淄区

---

① 中国先秦史学会会长宋镇豪在中国（莱芜）第二届嬴秦文化与远古文明工作会议、中国先秦史学会莱芜工作会议开幕式上的致辞，2017 年 10 月 21 日。

齐陵镇后李官庄遗址而得名。在山东后李的小荆山遗址，出土了15万平方米的聚落，有30平方米以上的半地穴式的方形或长方形房屋。拥有了淘洗技术和指甲、戳印、压印、刻画纹饰的红褐陶器，工艺原始，种类单调，造型简单。还有农业生产工具石斧、石凿。水稻的种植。大量的骨饰、蚌饰和牙饰等，后李文化时期东夷族群开始形成。从发现的大量陶器、石器等生产、生活用具，宽大住址和集中墓地看，后李文化已进入原始的农耕定居生活时代，系母系氏族社会的繁盛时期。

距今7300年到6100年前，北辛文化生成于地处平原与丘陵交接地带的地势平坦、土地肥沃的古滕州。1964年，中国科学院考古研究所在北辛文化三足釜所在地山东滕县（今滕州）官桥镇薛河故道北辛村，发现了古代氏族部落的聚居地遗址。这是我国在黄淮地区发现最早的新石器时代遗址。主要分布于泰沂山系南、北两侧一带，包括了除胶东半岛以外的山东大汶口文化大部分地区。考古发现碳化粟粒，大量磨制的工具，手制的夹砂黄褐陶和泥质红陶，该时期蓄牧养殖开始。北辛文化开启农耕生活的发展，男子社会地位逐步提高。社会形态处于由母系社会向父系社会的过渡阶段。大约应是东夷先人太昊时期。

距今6300到4500年前，大汶口文化因首先发现于泰山南麓的大汶口而得名。大汶口时期社会大发展，族群分化，已进入了文明社会的初期阶段。墓葬随葬品的悬殊，标志着私有制、阶层、阶级初现。墓葬中肢体残缺标示着战争的发生。陶器上刻画图文彰显着图像文字的原形。铜质的污染标志着金属冶炼业的出现。考古发掘证实，尧王城遗址是大汶口晚期遗址，总面积超过300万平方米；发现“四个等级聚落”和“三个等级行政聚落”的“金字塔”形的社会结构，已出现国家组织；出土的大口尊陶片上刻画有图像文字等。这是逐渐走向文明的时期。应是少昊集团形成时期。

公元前2500年—前2000年期间的山东龙山文化，泛指黄河中下游地区新石器时代晚期的一类文化遗存，因首次发现于山东章丘龙山镇而得名。在山东的寿光、章丘、邹平、临淄、阳谷、五莲、日照、平度等地也都有遗址发现。龙山文化不仅有发达的农业，而且手工业也达到了同时期世界文明的顶峰。其出土的大量造型优美的黑陶器令人叹为观止，尤其是“黑如漆、明如镜、薄如纸、声如磬、硬如瓷”的蛋壳黑陶和发达的轮制陶艺技术，说明龙山文化时代山东先民的生产技术已经达到了相当高的水平。岳石城墙密集的夯窝，及平陵城区内的冶炼区。龙山文化时期已是阶级和国家形成的文明时代了，也是东夷文化的繁荣时期。

公元前1900年—前1600年，岳石文化应该是山东新石器文化的余波，相当于夏朝与商初的数百年时期，是与夏、商文化并存而又具有独立体系的东夷文化。岳石文化遗存集中分布于胶东半岛地区及汶、泗河流域，沂、沭河流域，同时也散落分布在江苏北部、河南东部、河北东部及辽东半岛。岳石文化遗存的重要文化特征：一是出现了青铜器物；二是出现了新型石制工具；三是陶器自成系统；四是发现了卜骨和卜甲。其已进入夏朝中晚期。更能说明岳石文化是夏商时期的东夷文化。

夏初，后启与后益争夺共主地位的斗争以及从仲康失国到少康复国，中经后羿、寒浞“代夏政”，直到后杼灭有穷氏，前后经历半个世纪的斗争，是少昊集团中那些与黄炎集团结成部落联盟的各部落在部落联盟向国家过渡过程中的斗争。这些部落已从东夷中分化出来，加入了华夏行列，成为华夏起源时期东系的来源。在夏代，还有一支从东夷中分化出来加入了华夏的，就是商部落。他们从燕山地区南下，兴起于河济之间，终于造成了代夏而建立中国第二个王朝的基础。在泰山与古济水流域，形成了以奄与薄姑为中心的各方国。西周初，奄与薄姑仍是东夷中的大国，他们是东夷中社会发展水平最接近夏、商的方国；而泰山以东至海，以南至淮的各部落与方国，即夏、商时期的九夷或夷方。

山东是东夷文化的中心区，是人文始祖、东夷族人领袖太昊伏羲氏、少昊、蚩尤和舜帝等的生息活动区域。在这些人文始祖的故乡发现了反映先民们活动的蛛丝马迹的骨刻文，对于研究大汶口文化向龙山文化过渡的历史，对于研究文字发展史以及探索古文字书法艺术的源流提供了难得的真迹资料。这些氏族领袖的记载和传说对东夷文化的研究有极大的帮助。①

唐代司马贞给《史记》补写的《三皇本纪》记：“太皞庖牺氏，风姓，代燧人氏继天而王。母曰华胥，履大人迹于雷泽，而生庖牺于成纪。蛇身人首，有圣德。仰则观象于天，俯

① 丁再献、丁蕾：《东夷文化与山东·骨刻文释读》，中国文史出版社2012年版，第662页。

则观法于地，旁观鸟兽之文与地之宜，近取诸身，远取诸物，始画八卦，以通神明之德，以类万物之情，造书契以代结绳之政。于是始制嫁娶，以俪皮为礼。结网罟以教佃渔，故曰伏牺氏；养牺牲以庖厨，故曰庖牺。有龙瑞，以龙纪官，号曰龙师。作三十五弦之瑟。”《太史公自序》：“余闻之先人曰：‘伏羲至纯厚，作《易》八卦……’”《汉书·律历志》引刘歆《世经》言：“庖牺继天而王，为百王先。首德始于木，故为帝太昊。”晋代皇甫谧所著《帝王世纪》中言太昊功业“继天而王”“作八卦”“造书契”“作瑟三十六弦”“制嫁娶之礼”“取牺牲以供庖厨”等。山东大汶口文化是史学界公认的昊族文化。曾出土了类似“昊”字的符号，也旁证了太昊伏羲族的历史存在。

图 5　太昊伏羲氏

太昊伏羲氏（见图 5），风姓。相传有圣德，像日月之明，故称太昊。据传是伏羲氏四世，又称太昊伏羲氏。生于雷泽之成纪（雷泽又名雷夏泽，应在泰山附近，今济宁、菏泽一带），华胥氏（今济宁泗水县华胥山一带）之子。定都山东汶上，后迁都于宛丘（今河南省周口市淮阳区）。相传是东夷族最早的领袖，也是东夷族和华夏族的人文始祖。太昊伏羲氏，初造王业，既是三皇之首，也是百王之先。以龙为图腾，中国人的龙图腾，最初就源自伏羲龙崇拜。周代以后，其后裔属地渐次东移，也就是说太昊的后人封地都在今山东鲁南地区，所以可以推定，太昊部落的活动区域在豫东鲁南一带，且有一种沿着古济水由西向东发展的趋向。著名考古学家王献唐在《炎黄氏族文化考》中考证，伏羲氏是东夷部族首领，出生在今泗水县泉林、华村一带，生活在距今7000多年前。[①] 太昊执政时期，其活动区域主要在太行山以东和山东半岛的山地。

据史书记载，太昊伏羲氏创建了阴阳八卦（是今二进制数字技术的源头）、中华易学。传说伏羲于公元前7709年获白龟，观河洛交汇悟太极原理，作太极图。视龟甲中五环八，背甲十三、腹甲九，裙边甲二十四，背园腹方，四足撑天地，遂明大道，推衍出八卦。[②] 创立天文历法，指导生产生活。发明了五十弦的瑟等乐器，制礼作乐。设官分职，管理部族事物。发明了畎田沟洫之制，既可灌溉，又可排涝。发明渔猎工具，提高生产能力。并改木制天表柱为石质名石晷。发明了草编蓑衣，适应多雨天气。制定嫁娶之礼，推动社会进步。改结绳记事而创造书契文字等等。太昊伏羲氏时期创新发明倍出，重行明德，文明初现，古部落逐渐走向统一，成为王天下。

---

① 王献唐：《炎黄氏族文化考》，齐鲁书社1985年版。

② 刘尧汉：《中国文明源头新探——道家与彝族虎宇宙观》，云南人民出版社1985年版。

少昊，《帝王世纪》曰：少昊帝名挚，字青阳，姬姓也，生于穷桑，都在曲阜。范文澜论证少昊姓已，或说姓嬴。① 是东夷族人的另一位领袖人物。（见图6）亦被视为继太昊族之后兴起的东夷族的又一支部族。因修太昊之法，故称少昊。足迹遍及山东各地。少昊是太阳神崇拜，开始以玄鸟（燕子）为图腾，后就位部落联盟首领后，又以凤鸟（即凤凰）为图腾，是中华凤文化的创始人。在族源上与太昊有相承的关系。《左传》昭公十七年记郯子话："太皞氏以龙纪，故为龙师而龙名。我高祖少皞挚之立也，凤鸟适至，故纪于鸟，为鸟师而鸟名。"太昊与少昊是中华龙凤文化的源头。少昊部族内有20多个以鸟为名的部落，如凤鸟氏、玄鸟氏、伯赵氏、青鸟氏、丹鸟氏、爽鸠氏等等，形成一个庞大的以凤鸟为图腾的完整的氏族部落社会。少昊凤鸟立制，其中有凤族8个，凤族在少昊集团中地位最为尊贵，掌管天文历法，指导部落农桑。少皞氏其子不才，毁信废忠。及少皞衰，其侄颛顼受之。

图6 少昊

少昊氏发明了金星历。少昊时期农业、手工业水平已相当高。发展繁荣兴旺，活动范围也不断扩大。后来仅在山东一带

① 范文澜：《中国通史简编》，河北教育出版社2000年版，第13页。

便建立了近百个小方国。少昊族的后人封地如费、莒、郯，在今费县、莒县、郯城一带。鲁南是少昊族的主要活动区域。但其后代却分布在全国许多地方。少昊后裔有两个重要人物，即皋陶和伯益。皋陶是少昊的曾孙，也是东夷族的首领，当今第一大姓李姓及廖姓，都是其后裔。伯益是皋陶之子，是舜时东夷部落的首领。他是古代嬴姓各族的共同祖先。

山东大学东方考古研究中心王青教授在《从大汶口到龙山：少昊氏迁移与发展的考古学探索》一文中说："少昊氏是史前东夷人的重要支系，考古发现的陶文和大墓证明，少昊氏不仅存在于大汶口文化时期，而且还延续到龙山文化时期，期间经历了不断迁移和发展的过程。其中大汶口晚期以莒县陵阳河一带为中心，到大汶口末期迁到五莲丹土一带，龙山早中期又迁到日照尧王城、两城等地，在滨海地带形成超大规模的中心，龙山中期之末迁到了临朐西朱封一带，到龙山晚期又迁到曲阜一带"。"少昊氏的迁移过程是不断发展壮大和文明化水平不断提高的过程，经历了从古国到方国的社会转变。到龙山文化末期，少昊氏走向衰亡，被东夷新崛起的皋陶、伯益等政权实体取代。"

蚩尤（见图 7），姜姓，是东夷人方阳夷、风夷中的黑蛇支。为东夷族的首领。蚩尤同时又是女娲黑虎族的苗裔，苗族的先祖。如南宋罗泌《路史・后纪四》："蚩尤姜姓，炎帝之裔也。"（清华简证，蚩尤为黄帝之子）钱谦益《初学记》引《归藏・启筮》说："蚩尤出自羊水。"羊水即羌水，亦即姜水。蚩，甲骨文指的是蛇，尤，特别之意。属于以猛兽、龙为图腾的氏族。他有九个部落，每部落有九个姓氏，共有八十一个兄弟氏族，是勇悍善战的强大氏族部落。东汉学者应劭说：“蚩尤，古天子。”《逸周书·尝麦》篇说：“命蚩尤于宇少昊，以临四方。”所谓“于宇少昊”，应为“宇于少昊”，亦即居于“少昊之墟”曲阜。蚩尤部落生活在泰山一带，东临大海，是当时物质文明发达的部落联盟。

图7 蚩尤

蚩尤时期，冶铜技术空前提高，制铜工具大量涌现。蚩尤用铜制作了大量的刀、戟、大弩等兵器，增强了兵器的杀伤力。据传说蚩尤英勇善战，威震天下，一举而兼九国，再举而并国十二。蚩尤西进把炎帝驱逐到涿鹿（今河北西北桑干河流域）。炎帝向黄帝求援。炎、黄联合，在涿鹿大战。蚩尤请风伯雨师来兴风作雨，生成大雾使黄帝的士兵迷失方向。黄帝利用制造的“指南车”辨别方向。经过激战，蚩尤遭到惨败被杀，死后葬在东平。黄帝尊其为“兵主”（即战争之神）。蚩尤既是战神又是兵器之神。蚩尤还整治部族，创制刑法。信鬼好巫，发明宗教。使用甲历（沿用了少昊的历法）种植水稻。《从大汶口文化的陶器文字看我国最早文化的年代》作者唐兰认为蚩尤属少昊族，“少昊的英雄是蚩尤”。

舜（见图8），古籍称作虞舜，姚姓。《墨子·尚贤》篇说：“古者舜耕历山，陶河濒，渔雷泽，尧得之服泽之阳，举以为天子，与接天下之政，治天下之民。”历山在今山东济南，河濒在山东定陶，雷泽在山东菏泽，都在现在的山东境内。《孟子·离娄》说：“舜生于诸冯，迁于负夏，卒于鸣条，东夷之人也。”诸冯，就是今山东诸城。

图8 帝舜

舜在治水、耕稼和牧畜方面发挥了极大的作用。据传，舜亲率东夷人大力发展农业、畜牧业、渔业和制陶业。由于舜品德高尚，治理有方，东夷人口激增，社会发展，文化繁荣，建起了城邑，创造了早期的城市文明。而且完善了原始的天文历法，创造了以《大韶》为代表的音乐文化。

舜文化是舜帝亲自创建。舜生活在“父顽、母嚣、象傲”的家庭环境里。作为人子和人兄，尽管受到父亲、后母、弟弟三番五次的虐待和陷害，却丝毫没有改变他对父母的孝敬和对弟弟的友爱。舜帝以德报怨去感化，使他们不致于作奸犯科，维护了家庭的团结和气。舜履帝位后，还命契为司徒，“敬敷五教”，在天下推行父义、母慈、兄友、弟恭、子教的五常教育。在社会生活中，舜努力示范，耕于历山，则把肥沃的土地让给他人，致使历山之人皆让畔。渔雷泽，雷泽之人都能以他为榜样，把丰盛的渔场让给别人。陶河滨以及作器于寿丘，他恪守道德。经商于负夏，则是以诚相待，不以获利为唯一目的。管理国家，他以“德”治理，“无为而治”。在对待用人上，“举八恺”“用八元”，“流四凶族”，举贤任能，唯才是用。在对待问题决策上，“辟四门，明四目，达四聪”“命十二牧论帝德，行厚德，远安人”。明辨是非，广开言路。在对待民族问题上，《吕氏春秋·上德》载：“三苗不服，禹请攻之。舜曰：‘以德可也。’行德三年，而三苗服。”以道德和高尚的音乐艺术去感化、教化三苗民族。在对待后继者，以“利天下，而不利一人”的政治道德，慎重选定被自己诛杀的鲧的儿子禹，心怀天下，赏罚分明。正是因为舜的清明政治，才使天下十二州，实现了“九族亲睦”、“合和万帮”、社会安定、民族团结。天下皆服舜。《史记·五帝本纪》言“天下明德皆自虞帝始”。又说舜“南巡狩，崩于苍梧之野，葬于江南九疑”。至今还流传着舜帝南巡教民制茶、治水患、稼穑、办学堂、演韶乐的故事。

舜死后，把君位禅让给禹，因而舜也便成了后世儒家所歌颂的上古圣君。禹在任部落联盟首领时，既对治理洪水有很大功劳，又在对“三苗”的作战中取得了胜利。在禹的个人声望上升过程中，部落联盟首领那种凌驾于部落成员之上的权势也跟着上升。禹的晚年，东夷部落的代表皋陶被推选为禹的继承人，但这个有威望的皋陶却先禹而死了。东夷代表伯益又被推举为代替皋陶作禹的继承人。遗憾的是，禹死后本应由伯益出任联盟首领，但这时原始民主制的社会基础已不复存在，私有制给予夏部落首领以强大的实力，使他们凭借禹的余威，让禹的儿子启登上了王位。当时虽有较强实力的东夷人不甘称臣，开始了与夏王朝的新战争，经过长期斗争，最终推翻了夏王朝，建立了与东夷人有血缘关系的商王朝。夏、夷两大文化体系在这段时间里得到充分的交流和发展。之后，商王朝又被以周族为主的力量推翻，建立了周王朝。这就是东夷文化与中原文化共同发展和融合的过程，也是整个中华民族从多部落发展到统一的过程。

东夷文化既是华夏上古“三皇五帝”时期的重要源头之一，在尧舜和夏商时期也是华夏文化的重要组成部分。在上古时期东夷人就创造了灿烂的文化。

东夷族人创造了文字。黄帝之史仓颉，山东寿光人。被誉为汉字的创始人。在山东地区，除在城子崖龙山文化遗址出土了有刻画符号的龙山文化陶片外，其后又在邹平县丁公遗址发现了一块刻有 11 个文字的龙山文化陶片，它们独立成字，笔划比较流畅，排列比较规则，刻写有一定章法，结体极似后来甲骨文、金文的构造。与大汶口单个图形文字相比较，这 11 个文字组成了一个短句，记述了一个特定内容，具有了记载的功能，表明至此已形成了比较成熟的文字。再到山东桓台、寿光、章丘、淄博、青州和诸城等地发现的岳石文化骨刻文字，一脉相承，源远流长，成为商周殷墟甲骨文的直接源头之一。山东大学刘凤君教授根据他发现雕刻图文符号的兽骨研究认为：这是距今 4600—3300 年前的中国早期文字。这应当是龙山文化和岳石文化时期产生和流行的文字，而在其晚期与甲骨文形成的早期是交叉使用的。因此，定名为“骨刻文”。比安阳甲骨文早了1000年。[①] 自2010年底开始，东夷文化研究者丁再献，致力于系统破译骨刻文，从文字的起源和构造等方面论证其与甲骨文及现代汉字的传承关系。据丁再献介绍，目前已经破译骨刻文800多字[②]。

发达的农业。北辛文化时期，原始农耕已有所发展，磨制石器日趋精细。而村落和半地穴式圆形房屋的建筑表明，这时东夷人早已走向定居生活。发现了小麦、水稻的遗存。与此相应的是多种类型的泥条盘筑陶器的大量出土，可用以印证东夷人熟食技术的进步和饮食结构的改善。这对促进人体的进化和文化创造具有划时代的意义。

先进的制造业。弓箭的发明是一项重要的创造，使人类在征服自然的过程中有了质的进步。“夷”字为“一人负弓”之形，印证了弓箭由东夷人发明的传说。从考古发现看，从后李文化、北辛文化遗址中，都发现了骨质和蚌质的箭镞，从实物资料上说明了传说的可信度。至于龙山文化时期精美的黑陶艺术，岳石文化时期的石器制作及炼铜技术，都是实证。

精美陶器制造。在北辛文化时期，东夷人已开始制作陶器。到龙山文化时期已全面、准确地掌握了陶土的选择、成

---

① 刘英：《守望东夷——记东夷文化研究者丁再献》，载《大众日报》2011年2月22日。

② 丁再献、丁蕾：《东夷文化与山东·骨刻文释读》，中国文史出版社2012年版。

型、烧制等一系列极为复杂的过程，制作出多种极具艺术美感的陶器。特别是这一时期出现的蛋壳陶，制作之精美，技术之高超，在整个中华文化中处于领先的地位。除利用天然粘土外，东夷人还使用了高岭土作原料，曾烧制了少量表里很白净的陶器，为原始瓷的出现做了最初的尝试。

冶炼和铜器制造。龙山文化时期已发现出土真正铜器的遗址，分别分布在胶县（今胶州市）、临沂、日照、诸城、平度等七处。铜器有：铜钻（铜锥形器）、残铜条、残铜片、铜器残片、铜渣等。这明确表明龙山文化时期东夷人已有了自己的炼铜和制铜手工业。

酿酒业和捕捞渔业。大汶口文化早期，原始农业及陶器制造业的发展为酿酒业的产生提供了条件和可能。北辛文化时期出现的高柄杯，可能就是一种酒器。据此推断，中国酿酒业的产生有可能始于比大汶口文化更早的北辛文化时期。龙山文化时期酿酒业进一步发展，先民已采用稻米、蜂蜜和水果等原料制成一种混合型酒。在已发现的遗址中不仅发现了成套的酿酒器具，而且还发现了大量的随葬的高柄杯一类饮酒器。东夷酒文化源远流长。岳石文化时期，就发现捕捞的工具和活动。

东夷地区有着高超的建筑技术。龙山文化时期，地面房屋建筑成为主流，并出现了夯筑高台基的房屋，开创了中国古代台基式建筑的先河。在尧王城等遗址还发现了用土坯错缝垒砌的墙，用石灰抹地面和墙壁的工艺，这与解放前后的民居建筑已没有多大区别。

完备的礼乐文化。古代中国往往被称为“礼乐之邦”。而大汶口—龙山文化正是形成这一礼乐文化的重要来源之一。礼制是一种体现社会尊卑等级的制度形式。东夷地区是中国传统的礼乐制度最早形成的地方。“国之大事，在祀与戎”。可见，中国历史上的两大礼仪系统基本上都来自东方；并由此奠定了几千年的中国人的礼乐文化。

东夷族原始礼制的主要表现：一是宫室制度。从山东章丘的城子崖、寿光的边线王、邹平的丁公和临淄的田旺等龙山文化时期古城址的发掘看，已具有宫室制度的一些迹象。二是埋葬制度。在墓葬中，已表现出社会的不平等关系。如大汶口文化早期遗址已出现了墓室面积8平方米以上的大墓。到了大汶口文化晚期遗址，墓葬的分级制日趋成型。三是礼器。礼器是主要用于重要礼仪社交活动的器具，是人们社会等级名分的象征与标志。随着礼制的不断发展，礼器的种类不断增多，在大汶口文化的中后期，已有玉钺、石钺、骨牙雕筒、大口尊、鬶、觚、高柄杯等。至龙山文化时期礼器趋于专门化，主要礼器有玉钺、玉版、玉冠饰、蛋壳陶杯、黑陶罍等。其中最有代表性的器物是作为祭器使用的鸟造型三足器黑陶，被誉为是东方文化的“标准化石”。1979年在山东莒县陵阳河大汶口文化墓葬里出土了名叫笛柄杯的乐器，能够吹奏出4个不同的乐音，音响清脆悦耳动听，与近代横吹竹笛不贴膜时发出的音响相似。这是迄今已发现的我国最早的陶制横吹管乐器。

文明社会的先导。城市的出现是社会走向阶级分化的反映，是人类文明发展的一个重要标志。城子崖遗址是龙山、岳石、西周三个阶段的二十二万平方米的古城遗址。另外，又先后在邹平丁公遗址发现了一个十二万平方米的龙山文化城址。在淄博市临淄区桐林遗址发现了一个十五万平方米的龙山文化城址。在寿光边线王遗址发现了五万平方米的城址等，一系列龙山文化时期的城址。在山东五莲县丹土遗址发现了大汶口文化晚期，龙山文化早、中期三个连续扩展的城址。其中大汶口文化晚期的城址距今 4800 年以上。龙山文化中期城邑还具有蓄水池、排水沟和出水口等设施。这不仅将山东地区城市的出现提前到大汶口文化晚期，而且进一步证明了龙山文化时期城市功能的齐全和筑城水平的高超，说明东夷人约在大汶口文化中、晚期即已进入了父权制社会，并且出现了私有制和贫富分化。到龙山文化时期，古老的氏族制度已接近它的终点，文明社会的曙光已灿然可见。

东夷人最初只是分布在鲁中南山地丘陵区和东部半岛丘陵区，大约从新石器时代晚期开始，华夏族和东夷族开始有了交流。东夷人在蚩尤的领导下来到了坦荡的鲁西北平原，与东进的炎黄部落开始接触，由此拉开了夷夏大融合过程。东夷人的活动范围也从东部海岱地区扩展到中原地区。经过夷夏“涿鹿之战”，东夷集团在炎、黄集团的联合抗击下节节败退，又被逼回原地。随后炎黄之间也展开了“阪泉之战”；结果，炎帝部落失去了在中原地区的立足之地，其大部分不得不东迁至“东夷之域”，与东夷人杂居共处。当炎帝部落逐步融入东夷之际，黄帝部落也向东推进至豫东及鲁西北平原之地，与东夷人联合建立了一个强大的部落联盟，共同创建了最初的华夏文明。唐尧、虞舜之际，东夷族与炎黄族和平共处，他们的领袖轮流担任。随着生产力的发展，逐渐出现了剩余产品，私有观念也逐渐形成。夏禹利用自己的地位与权力，开始为自己的宗族谋利益，暗地培植其儿子启的势力，以图传位于自己的儿子。夏禹死后，启公然破坏了夷夏同盟，自己夺取了权力，开启了世袭制度的先例。夏后启杀伯益建立夏朝后，东夷族与炎黄族的同盟宣告破裂。从此开始了新的一轮的夷夏之争。后来，在夷夏合作治水的过程中，夷夏两大集团同心协力，并肩作战，最终取得了胜利。经过长期的合作，夷夏之间彼此的差异越来越少，共同点越来越多；夷夏部落联盟变成了一个具有文明民族特征的华夏族。可以说，东夷人应是汉族的前身华夏族的主要来源成分之一。

东夷文化在产生、形成、发展的历史过程中，与周围地区的古文化有着相互影响和交流的关系。通过对东夷文化墓葬风俗和典型器物（尤其是陶器）等传播路线的考察，可知东夷文化曾伴随部族迁徙而大面积地渗入并对各地文化产生着极其生动、具体、广泛而深刻的渗透和影响。据《后汉书·东夷列传》记载，在夏商时期，东夷人就“分迁淮、岱，渐居中土”，开始了大迁徙。他们不但进入中原，到达江淮和陕、晋，而且还沿着海岸线北上、南下，遍布于中华及海外。春秋战国时代，西进的东夷人已与内地人混合同化，彼此难分。根据秦国为嬴姓，且有清华简为证，秦为居今济南莱芜东夷人西迁一族。赵国的图腾与东夷人同为鸟，可知赵人系东夷部族的一支。东夷人的足迹北至辽东半岛；东至朝鲜、日本；南至吴、越、楚。几千年来东夷族与其他民族的交流融合，形成了中华民族的大一统格局。

我们认为，海岱地区是华夏最为先进的文明地区，东夷族人创造了灿烂的文化，发明了炼铜技术和弓箭等先进科技；烧造出了巧夺天工的蛋壳陶；制造了原始历法和最古老的文字；创造了发达的玉器文化和青铜文化；在原始农业的基础上，兴起了家禽饲养业和酿酒业。早在大汶口文化晚期龙山文化早期，东夷人就已经进入阶级社会。建起了城邑，出现了国家，标志着文明社会的开始。他们崇拜太阳和东方，多以鸟、凤、龙、蛇为图腾。人丁十分兴旺，部落众多，大致分为以太昊伏羲氏-女娲部落（风姓）、少昊金天氏部落（嬴姓）、以及后期炎帝部落（姜姓）、蚩尤部落（姜姓）、虞舜部落（姚姓）、还有伯益部落（嬴姓）等。其中，黄帝部落和炎帝部落后期陆续西迁，进入山东西部、河南东部、古代黄河南部、淮河北部的中原地区；也即现在的黄淮海大平原，或称华北平原。开创了中原文明时代。其后，来自关中的戎羌系文明占领并中断了中原地区的发展，将北方的文明中心带进黄河上游的关中，使西部地区在随后的很长一段时间成为中国的政治和文化中心。而中原文明也很自然地从东部地区扩展到西部地区，成为整个北方黄河流域文明的代称。

最后一个东夷部落建立的商王朝，被来自关中文明的西周所灭。不仅用武力占领并洗劫了中原的人口和财富，并且胁迫东夷部落与之联盟；并灭掉了两个当时东夷最大的古国薄姑和奄，在此基础上分别建立了两个周王室在东方最主要的封国——齐国和鲁国。齐国的第一任国君是“兴周800年”的姜尚。鲁国的第一任国君是“周公吐哺，天下归心”和制作周礼的周公旦。可以说对与东夷的关系当成了当时的头等大事。这两个国君，姜尚是炎帝后代，东海之人，是东夷没落贵族，而周公旦是西岐贵族。两人同时辅佐周王。齐、鲁与周围的东夷小国的关系貌合神离，有时甚至是敌对关系。随着春秋战国时代的来临，兼并战争不断。齐国精兵简政，果断抛弃繁琐的西周礼仪，改为大力推行当地的东夷习俗，并陆续兼并周边东夷小国，迅速崛起为春秋首霸和战国七雄。鲁国却严格地坚守西周的礼乐文化，国力始终弱于齐国，再加上与周边的东夷国家的战争频繁，国力日渐衰微，在战国末期被楚国所灭。齐鲁两国在春秋战国800年的恩恩怨怨，却为新的齐鲁文化的形成奠定了坚实的基础。当时齐国有天下发达的官办教育体系，代表是“稷下学宫”。鲁国则是保留周礼彻底的国家。孔子及其后的孟子等不断在鲁国和齐国之间游学、讲学和游说，为新的文化形态的出现奠定了基础。最终，以孔子儒家学派的诞生为标志，东夷文明已经彻底完成了飞跃；成为了更加发达的齐鲁文明。这一文明不仅继承了东夷文明的实用、自然、宽容的精髓；也融合了强调阶级、秩序、尊卑的思想。前者是齐文化的精髓，孔子从中提炼出了“仁”的思想；后者则是鲁文化的精髓，孔子从中发展出“礼”的学说。由于齐文化根植于当地的东夷文化，而鲁文化的精髓是周礼，而周礼的精髓是商文化损益的结果，而商文化又是东夷文化的一个巅峰。这一融合也就成为了整个中华文明的内核。而东夷之民，除了分别成为齐国和鲁国的国民；另一部分作为统一组织的集团活跃在淮河流域，称为淮夷。随着秦朝统一全国的步伐，分封制被郡县制替代，淮夷之民的社会结构被打破，成为了秦国的编户齐民，而秦人属汉语族群。

大量的考古发现和古代文献资料表明，山东是中华文明重要源头之一。岳石文化是夏代中后期东夷文明不可或缺的一环。东夷文化与中原文化在部落战争及联盟过程中得到了交流及融合；并在其后的夏、商、周王朝的建立、覆灭过程中相互融为一体，形成了“多元一体”的中华文明。东夷文明是中华文明的重要来源之一和重要组成部分。今天，东夷文化得到了越来越多的关注，并对中华文明的探源研究起到了非常重要的推动作用。

# “大汶口遗址”乃古“穷桑”考

柳明瑞

（济南市嬴秦文化研究院）

晋皇甫谧《帝王世纪·五帝》：少昊“降居江水，有圣德，邑于穷桑，以登帝位，都曲阜，故或谓之穷桑帝。”① 宋李昉等人《太平御览》同。这是少昊活动轨迹的最完整表述。

曲阜，即今山东曲阜市，是春秋时期孔子生活的地方。之前，少昊“都曲阜”，建都于曲阜。史载，曲阜为“少昊之虚”。② 虚同墟，“少昊之虚”即少昊之墟，也就是说，曲阜是历史上少昊曾经的都城，后来被废弃，变成了废墟。宋代在曲阜建造的纪念建筑物“少昊陵”，至今仍完美存在，素享“东方金字塔”之美誉。

---

① 〔晋〕皇甫谧撰，陆吉点校：《二十五别史·帝王世纪》，齐鲁书社2000年版，第10页。

② 〔汉〕司马迁：《史记》，中华书局1979年版，第1515页。

那么，少昊“邑于穷桑”即建邑的“穷桑”到底在哪里呢？

愚以为，古“穷桑”即今“大汶口遗址”。

依据有五：

## 一、方位相符

少昊降生之地“江水”，只能在古代东夷聚地即主要在今山东范围内寻找。《史记·殷本纪》在追述大禹当年治理“四渎”时是这样写的：

“东为江，北为济，西为河，南为淮，四渎已修，万民乃有居。”① 这里“东为江”之“江”即少昊降生之“江水”。

专家学者研究，此“江水”乃泛指流经大汶口的汶水，而具体实指汶水三大支流之一嬴水，今称嬴汶河。嬴滨古有嬴邑，治所在今山东省济南市莱芜区羊里镇城子县村全国重点文物保护单位“嬴城遗址”。在春秋战国以前的遥远年代，至迟在甲骨文时代，全国以“嬴”作地名者，仅此一例，别无二家。少昊因降生和居住在嬴滨，而获得嬴姓。正如宋郑樵《通志·氏族略·氏族序》所指出的：“居于姚墟者赐以姚（帝舜），居于嬴滨者赐以嬴（少昊）。姬之得赐，居于姬水故也（黄帝）；姜之得赐，居于姜水故也（炎帝）。故曰因生以赐姓。”②

---

① 〔汉〕司马迁：《史记》，中华书局 1987 年版，第 97 页。

② 〔宋〕郑樵撰，王树民点校：《通志二十略》，中华书局 1995 年版，第 4 页。

少昊为我国上古八大姓（姬、姜、姒、妫、妘、姞、嬴、姚）之一嬴姓的得姓始祖，史有明载。东汉许慎《说文解字·女部》：“嬴，少昊氏之姓。”[①] 蜀汉谯周在《古史考》中亦说：“少昊氏，嬴姓也。”《史记·秦本纪》：“秦之先为嬴姓。”唐司马贞《史记索隐》云：“《左传》郯国，少昊之后，而嬴姓盖其族也，则秦、赵宜祖少昊氏。”通过嬴姓少昊之后也追溯到少昊为嬴姓始祖。

少昊早年生活在嬴滨，这里土地平坦，水草丰美，他带领族人以捕捞鱼虾，采摘野果，种植粟麦，驯养家禽家畜为生。

为寻求更大的生存空间，少昊率部分族人沿嬴水顺流而下百里，到达今大汶口。这里水面较嬴水宽阔，取水方便，汶水冲击形成的大片高台平地，适宜建造半地穴式房屋，也适宜种植农作物，细腻的沙质土壤和大量木柴为烧制陶器提供了丰富的原材料和燃料。少昊“有圣德”，有美好的道德素养和杰出的领导能力，便带领族人在这里建起原始的小城镇定居下来，用石器、蚌器、骨器、弓矢等作为生产生活工具，从事采摘、渔猎，开发原始农牧业，创新制作出鸟型陶鬶等大批陶器，用作实用器和礼器、明器，经济、军事实力远远大于东夷各族落部族。其影响力日益扩大，逐渐形成部落联盟，大家共推他为联盟酋长，相当于最初的帝王，为便于后世人理解和记忆，所以史书借邑名称其为“穷桑帝”。

---

① 〔东汉〕许慎：《说文解字·女部》，天津古籍出版社 1991 年版，第 258 页。

历史上的“穷桑”在什么方位呢?《左传·昭公二十九年》:少皞氏“世不失职,遂济穷桑。”杜预注曰:“地在鲁北。”[1] 大汶口遗址”这个地方,正在“鲁北”,且处于嬴滨与曲阜的中间位置。“穷桑”在这里适得其所。少昊在“穷桑”称“帝”后,再南下百里,到地势稍高的曲阜去建“都”,自是顺理成章的事情。

现在有人认为,“穷桑”即曲阜,曲阜即“穷桑”。我原来也同意这种观点。现在看这与文献记载明显不符。“穷桑”是少昊建“邑”和得“穷桑帝”位之所,而曲阜则是少昊建立“都”城之地。“都”是大于“邑”的。“邑”“都”是两个地方,而非一地,甚明。则“穷桑”当另有所在,而“大汶口遗址”恰在“鲁北”,其方位完全符合古籍记载。

## 二、风物相符

从少皞氏“世不失职,遂济穷桑”可以看出,少昊氏接济赈济的“是穷桑邑的百姓,可能也包括救治桑树。因为少昊氏有四叔,“实能金、木及水”[2],其中就有管理树木的官员。这透露出一条很重要的信息:可供人食用果实和用来养蚕的桑树可能出现了某种危机,导致桑树大量减少或死亡,一度成为少桑之地,“穷桑”之名便由此而来。后来桑树又恢

① 杨伯峻:《春秋左传注》(修订本),中华书局 1990 年版,第 1503 页。

② 杨伯峻:《春秋左传注》(修订本),中华书局 1990 年版,第 1503 页。

复发展起来，但“穷桑”老地名被保留下来，代代相传。

另一种解释可能更靠谱一些，即“穷桑”与“空桑”同义，穷、空音近可通。《诗经·小雅·白驹》：“皎皎白驹，在彼空谷。”毛亨传曰：“空，大也。”故历史上“穷桑”又作“空桑”。而“空桑”即“大桑”之意。说明这个地方因生长着很多大桑树而闻名。

追记大禹治水的《尚书·禹贡》在写到“岱畎”—泰山脚下一带5种贡品时就有“丝”。[①] 直到新中国建国初期植桑养蚕依然是泰山农民的一项重要经济来源。大汶口距泰山只有三十里，当然是盛产蚕丝的“岱畎”的组成部分。说“大汶口遗址”是古“穷桑”所在地，在风物上也是对得上号的。

泰安还有一个间接证据：

《春秋·成公二年》：“公会楚公子婴齐于蜀。”清顾祖禹引杜预注曰：“博县（今泰安市岱岳区邱家店镇旧县村）西北有蜀亭。”而“蜀”即蚕。甲骨文“蜀”字为全体象蚕形，“上象其头，蜷曲其身。后为区别重复加虫作蜀、蠋。”[②] 《说文解字·虫部》篆书同。[③] 以蚕命名的泰安“蜀亭”，与大汶口近在咫尺，或多或少反映出它与古“穷桑”的某种联系。

---

① 《尚书·禹贡》，见《十三经注疏》，浙江古籍出版社1998年版，第148页。

② 王凤阳：《汉字学》，吉林文史出版社1989年版，第910页。

③ 〔东汉〕许慎：《说文解字·虫部》，天津古籍出版社1991年版，第279页。

## 三、时代相符

“大汶口遗址”位于今山东省泰安市岱岳区大汶口镇大汶河北岸，1959 年在重修津浦铁路时首次在对岸宁阳县堡头村发现，相继于 1959 年、1960 年、1962 年进行了三次抢救性考古发掘，发现了距今 6500 年至 4500 年的新石器时代文化遗存，被考古界命名为“大汶口遗址”。同一类型的考古文化被命名为“大汶口文化”，它上承山东滕县“北辛文化”、下启章丘“龙山文化”广泛分布于山东全境及豫西、苏北、皖北、旅大等地。

当代著名古文字学家、历史学家唐兰提出，“大汶口文化是少昊文化。”[①] 经笔者详加考证，认为大汶口文化早期实为太昊文化，中、晚期才是少昊文化。[②] 证据是出土文物切合古籍记载的少昊氏三大特点：

第一个特点，以鸟为图腾。

《左传·昭公十七年》记载：“少皞挚之立也，凤鸟适至，故纪于鸟，为鸟师而鸟名。”即少皞氏以鸟为师，以鸟命名各个氏族。衣着打扮，陶器图案，均离不开鸟的元素。造型独特的陶鬶是其图腾的一种表现形式，也是识别少昊

---

① 唐兰：《从大汶口文化的陶器文字看我国最早文字的年代》，见《光明日报》1977 年 7 月 14 日。

② 柳明瑞：《试论东夷少昊嬴姓部族生存轨迹及其杰出贡献》，见宋镇豪主编《嬴秦文化与远古文明》，中国文史出版社 2018 年版，第 209 ~ 243 页。

氏族和大汶口—龙山文化的一种典型器物。

第二个特点，男性个子特别高大。

春秋郯子称嬴姓始祖少皞挚为“高祖”。此“高祖”绝非昭穆制度中之“高祖”，因为两者相距上千年，其上何止父、祖、曾、高四代？此“高”实为高大之意，“高祖”实为身材高大伟岸的祖先。《史记·五帝本纪》在写到帝舜所辖“四海”时东方为“东长、鸟夷”。《索隐》云：“‘长’下少一‘夷’字。长夷、鸟夷也，长是夷号。”汉刘向《说苑·修文》在写帝舜所辖“四海”时亦提到“东至长夷、鸟夷”。笔者认为，“高祖”之“高”、“长夷”之“长”，均表大个子之意。大汶口遗址晚期一中等墓，墓主人架高大，长约1.9米。2017年济南章丘龙山街道焦家遗址发掘中，发现墓葬男主人身长最高的竟然达到一米九，超过一米八的也为数不少。① 考古学家测定遗址年代在距今5000年前，正处在大汶口文化中期，地点又在少昊氏的势力范围内。

与国内外其他考古遗址进行横向比较，东夷人特别是大汶口文化时期的嬴姓族人高大魁伟的特点表现得更加突出，见下表：

① 转引自凤凰网2017年7月4日转发新华社稿：《济南焦家遗址考古：山东大汉一米九》。

**中国新石器时代部分地区男性身高统计表**

| 遗址 | 文化类型 | 身高（单位：厘米） |
| --- | --- | --- |
| 浙江余姚河姆渡 | 河姆渡文化 | 159. 59 |
| 陕西宝鸡北首岭 | 仰韶文化 | 167. 69 |
| 陕西西安半坡 | 仰韶文化 | 167. 78 |
| 河南渑池仰韶 | 仰韶文化 | 171. 10 |
| 山东泰安大汶口 | 大汶口文化 | 171. 68 |

（资料来源：《走进齐鲁文化学习指导书》，山东教育出版社 2003 年版，第 5 页）

第三个特点，人的寿命相对较长。

在大汶口遗址第二次、第三次发掘时，专家们对拔除上侧门齿的 46 座墓 45 具人骨作过鉴定，"10 例成年男性中，年龄最小者 17—25 岁，最大者 50—60 岁；12 例女性中年龄最小的 18—22 岁，最大的 50 岁左右。"①

当时的成年人能活到 50—60 岁，差不多相当于今天的百岁老人。之所以如此长寿，是因为"夷俗仁，仁者寿，有君子不死之国。"② 在寿命不长甚至很短的部族来看，东夷就是"君子不死之国"。

① 山东省文物考古研究所编：《大汶口续集》，科学出版社 1997 年版，第 141 页。

② 〔汉〕许慎：《说文解字》，中华书局 2020 年版，第 120 页。

## 四、出土文物与文献记载相符

关于少皞挚（鸷），《左传·昭公十七年》有一段很长很详细的记载：

“我高祖少皞挚之立也，凤鸟适至，故纪于鸟，为鸟师而鸟名。凤鸟氏历正也，玄鸟氏司分者也，伯赵氏司至者也，青鸟氏司启者也，丹鸟氏司闭者也。祝鸠氏司徒也，雎鸠氏司马也，鸤鸠氏司空也，爽鸠氏司寇也，鹘鸠氏司事也。五鸠，鸠民者也。五雉为五工正，利器用，正度量，夷民者也。九扈为九农正，扈民无淫者也。”①

这段史料十分重要，它对于我们研究早期国家、社会分工和管理，具有重大意义。

当时的社会分工是这样的：由“五雉”之凤鸟氏为历法首领，玄鸟氏、伯赵（劳）氏、青鸟氏、丹鸟氏四个氏族酋长分别负责春分、秋分，夏至、冬至，春季启动和冬季收藏的节令测报。祝鸠氏、雎鸠氏、鸤鸠氏、爽鸠氏、鹘鸠氏五个氏族酋长分别执掌土地人口、军政军赋、水利土建、刑狱纠察、人事安排，总的是“鸠民者也”，就是通过各种管理，将民众聚集起来，形成一股合力。“五雉”还兼任“五工正”，即分管手工业的五个部门负责人，他们的职能是“利器用，正度量”，其作用在于“夷民”，即坚持公正、公道，安抚庶民情绪，维持社会安

---

① 杨伯峻：《春秋左传注》（修订本），中华书局 1990 年版，第 1387～1388 页。

定。而“九扈”则为“九农正”，即分管农业的九个部门负责人，他们的使命是“扈民无淫者也”，即禁止农民的放纵松懈行为，督促他们专心致志地从事农业生产劳动。

从上面的梳理可以看出，当时的“少昊之国”已有了19个部门的社会分工：其中有农业和手工业的分工，管理者（工正、农正）和被管理者（“民”）的分工，经济基础部门（工正、农正）与上层建筑部门（司徒、司马等五“司”）的分工。

这种社会分工和社会管理尽管是极其初步的，但较之以前则是巨大的进步。从所设这些部门可以看出，在母系氏族社会赖以生存的渔猎和采摘，已降居次要地位，说明“少昊之国”已进入更高层次的父系氏族社会。

地下考古发现，少昊氏所处的大汶口文化中、晚期，确实出现了早期国家的某些证据，直接或间接地证实了早期国家的诞生和存在。

泰安大汶口遗址第一次发掘报告称：“各墓随葬品的数量和质量极不平衡，多寡悬殊，质料优劣差别，相当突出。从总的数量来考察，少的只有一两件简陋的器物……一般的墓为一、二十件；随葬品多的五、六十件，甚至多达一百八十余件，而且品种复杂，制作精致，往往采用贵重质料……以上随葬品多寡好坏不均的情况和品种的差异，似乎表明当时社会成员内部，已开始贫富分化……”①

---

① 山东省文物管理处等编：《大汶口》，文物出版社1974年版，第8~9页。

从大汶口文化墓地的发掘来看，尽管贫富差别如此之大，但仍井然有序地进行埋葬，尤其没有发现人殉，说明社会冲突还“保持在‘秩序’范围以内”，符合“夷俗仁，仁者寿，有君子不死之国”的文献记载。

而在“少昊之虚曲阜”故城内连像样的“大汶口文化”遗址也未发现，遑论“穷桑”在曲阜。即使近年发现的果庄大汶口文化遗址，其方位在今曲阜城西南，与位于“鲁北”的“穷桑”南辕北辙，非“穷桑”是显而易见的。

## 五、“大汶口遗址”规模符合大汶口文化时代建邑要求

经过三次抢救性考古发掘，“大汶口遗址”的基本轮廓已经揭示出来：“遗址范围东南达汶河南岸的堡头村，西北靠近大汶河北岸的卫驾庄，西南部被汶河淹没，东北部靠近大汶口镇，汶河自东向西把遗址分为两部分。遗址总面积 825000 平方米……”① 面积之大在新石器时代考古遗址中实属少见，大约相当于曲阜果庄遗址的 40 倍。后两次发掘发现大汶口文化遗存非常丰富：“发现为数不少的柱洞、柱洞坑等残存建筑痕迹和 3 处房屋残基。其中，有两座保存稍好，尚可复原……在各发掘区的 4 层、4B 层下的一批灰坑中，多数填满大块红烧土草拌泥块堆积。这些红烧土块应与当时的一些大型建筑有关……推测此类烧土块非陶窑等倒塌物，而只可能是房屋的颓

① 泰安市泰山区、郊区地方史志编纂委员会编：《泰安市志》，齐鲁书社 1996 年版，第 661 页。

垣断壁的建筑残留……以上诸多迹象表明，在大汶口文化早期阶段确实存在过规模相当可观的居住址。”①《大汶口续集》进一步指出，在大汶口文化早期，“大汶口氏族便进入父系家族阶段。此与近邻的王因墓地、野店第1—3期墓地以及刘林墓地等年代相当于大汶口文化早期遗址相比，便显示出大汶口遗址70年代两次发掘的大汶口早期阶段，其经济实力更为强盛，特列从大汶口文化A组墓地经济状况来看，都比其周围的其他遗址的同期文化遗存所代表的社会生产力水平更高一些，已处于经济领先地位。大汶口遗址是大汶口文化的重要中心区域。”② 这样发达的地方，只有“穷桑帝”少昊族人才能建得起，住得起，也葬得起。

总而言之，说“大汶口遗址”乃古之“穷桑”，是言之有据，经得住推敲和时间检验的。

① 山东省文物考古研究所编：《大汶口续集》，科学出版社1997年版，第141页。

② 山东省文物考古研究所编：《大汶口续集》，科学出版社1997年版，第201页。

# 《大荒经》东夷三事稽考

张国安

《中国引进报》社

乍一看到《大荒经》之名，许多学者可能会有些茫然，它是传世本《山海经》的一部分。之所以要把《大荒经》从《山海经》中拿出来单独研究，是因为它们是不同时代、各有渊源的两部书。笔者用历史学眼光，结合原始宗教、人类学及考古学等角度，对其进行了一个长时段的审视和多方位考订后，考索出大量只能存在于殷商的内容。其他虽尚有一些现在无法准确断代的内容，但从人类学角度看，它们与初民阶段更吻合，再考虑西周初年大分封后就不存在该书描述的内外环境与历史条件，故判定只有将其总体内容置于殷商的时空框架内才能得到合理而完满的解释。《山海经》则是西周晚期或春秋早期的典籍。两晋之际，郭璞误认《大荒经》是《山海经》的逸篇而将二者合并并加以注释。这奠定了《山海经》传世本的面貌，虽使《大荒经》幸存，但也导致其本相迷失，更使本就奇诡难解的《山海经》与之纠结不清，学术界在郭本框架内对《大荒经》[1] 的研究自然难以产生有真正价值的结论。现今要想探源解迷，就必须重新将二者区分开来、分别研究。[2]《大荒经》属于“记东方的帝系较多”（傅斯年语），其中蕴涵了一些被视为最荒诞无稽的，而实际上关乎东夷古史秘密的材料。

## 一、帝俊是东夷始祖神

在该书茫昧无稽的古帝群神中最让人困惑的，也最受人瞩目的问题就是帝俊的身份问题，他是传世文献中仅见此书的大神，此书属上古唯一记载他的文献。近年据考与商同祖的楚之帛书又得一见，可谓“怪诞”之极，对此如何理解，众说纷纭，古今的考据家们对其做出了多姿多彩的解释，却从来没有出现过一种让人信服的观点，堪称千古之谜。笔者试作努力以解释。

帝俊身份问题之重要，不仅在于它本身，更在于它可以合

---

① 本文未有注明皆以《古逸丛书》影印南宋《山海经传》池阳郡斋刻本为准。

② 详参张国安：《〈大荒经〉文荒诞难解新释》，载《周秦汉唐文化研究》第五辑，三秦出版社 2007 年；《郭璞与〈大荒经〉〈山海经〉之合并考——兼析〈大荒经〉之使用系统》，载《周秦汉唐文化研究》第六辑，三秦出版社 2008 年；《〈大荒经〉与〈山海经〉关系新论》，载《河南师范大学学报》（哲学社会科学版）2007 年第 5 期；《〈大荒经图〉与〈大荒经〉之渊源考——兼论〈大荒经〉与〈山海经〉之关系》，载《周秦汉唐文化研究》第八辑，三秦出版社 2012 年；《〈大荒经〉内容商代说》，载《文史哲》2013 年第 3 期；《〈大荒经〉源于商代大社壁画考》，载《北大史学》第 18 辑，北京大学出版社 2013 年。

理说明华夏古史体系的形成，可以进一步对中国古史传说时代的结构进行梳理，以及更加全面理解这一时代的相关史实。学界常常解释帝俊等同于其他帝，郭璞在“帝俊生后稷”下注称“俊宜为喾，喾第二妃生后稷也”①，另在多处将其完全等同于帝舜②，自此以后，帝俊与帝喾、帝舜开始混淆，三者的关系就成为一个重要问题。吴任臣猜测说：“帝俊，或为帝喾，或为黄帝，或为帝舜。”③ 郝懿行既疑又惑，游移不定，称过他是帝喾、帝舜、少典、黄帝（见《山海经笺疏》相关条目），足见问题的复杂。其他胡乱猜测之学者甚多，却皆不达其要，而以将帝俊等同于帝喾占主流。到王国维时，他发现了可将甲骨文字初释为夒，后改为夋，认为就是帝喾，也就是《大荒经》中的帝俊。以王氏之学术地位及受甲骨文是最可靠的史料观的双重影响，该说影响极大，应者影从，郭沫若支持得最用力，几成定论。④ 甲骨文虽然是迄今我们能够见到的最早文献，但存在释读问题，这个字究竟应该隶定成或释读为何字，各大师众说纷纭，徐中舒、容庚、唐兰等先生释为卨或契，⑤ 孙海波指出：“王氏释‘夒’之说信矣，而独谓‘夒’

---

① 郭璞：《山海经》卷十六。

② 《山海经》卷十四：“帝俊生中容”下注称“俊亦舜字假借音也”，“帝俊下友”条下注称“言山下有舜二壇”。卷十五：“俊坛”下注称“因名舜壇也。”卷十七：“帝俊竹林”下注称“言舜林中”云云。

③ 吴任臣：《山海经广注》卷十四，清乾隆五十一年（1786）刻本。

④ 王宇信、杨升南主编：《甲骨学一百年》，社会科学文献出版社 1999 年版，第 438 页。

⑤ 陈梦家：《殷墟卜辞综述》，中华书局 1988 年版，第 338 页。

即帝喾，则未确。”[①] 唐兰说：“高祖非始祖，‘夒’之非喾明矣。”[②] 王襄认为它是“契”的古体字[③]。吴其昌释为夒。[④] 丁山认为它是简狄之名，是商的图腾。[⑤] 陈梦家认为它应隶定为“夏”，是殷之高祖之名[⑥]。杨树达虽同意其释字，但不认为是帝喾。[⑦] 各家解释不同，但帝俊与甲骨文有对应可以肯定，另外还有《大荒西经》帝俊之妻日神羲和、月神常羲可与甲骨文的东母西母的对应，[⑧] 这进一步巩固了帝喾说。但这是靠不住的。

---

① 《甲骨文录》364。

② 《古史新证·唐序》，来薰阁据手稿影印本，1935 年。

③ 《簠室殷契类纂》正编十四。徐仲舒也同意此说，见周传儒《甲骨文字与殷商制度》引，上海开明书店 1934 年版。

④ 吴其昌：《卜辞所见殷先公先王三续考》，载《燕京学报》第 14 期，1933 年。

⑤ 丁山：《商周史料考证》，龙门联合书店 1960 年版。

⑥ 陈梦家：《殷虚卜辞综述》，科学出版社 1956 年版，第 338 页。

⑦ 杨树达：《积微居甲文说》，上海古籍出版社 1986 年版，第 50 页。

⑧ 陈梦家《殷墟卜辞综述》指出卜辞有东母西母，祭东母较多，也有同时被祭祀者，大约指日月之神，且引《礼记·祭义》“祭日于东祭月于西”及祭东母品多用年等证之；丁山《中国古代宗教与神话考》（上海文艺出版社 1988 年第 72 页）指出：“卜辞中所祭的‘东母’是日神的别名”，学者多从之。常玉芝《商代日神（东、西方神，东、西母）崇拜》（《晋阳学刊》2010 年第 6 期）有新说。“东母西母”至今仍是甲骨学研究难题。宋镇豪《甲骨文“出日”“入日”考》（《出土文献研究》，文物出版社 1985 年版，第 33~40 页）认为甲骨文中‘出日’‘入日’的祭礼是殷代的太阳祭礼。赵诚：“从卜辞来看，日神似乎没有什么权威，既不见他可以灾害庄稼，也不见他灾害商王。”（《甲骨文与商代文化》，辽宁人民出版社 2000 年版，第 52 页）甲骨文有祭祀“出入日”和同时祭祀出日与入日者，很可能出日、入日、出入日是商代关于祭日的一种特殊礼仪，有着特定性的宗教内容而与后世有所不同。《大荒经》中的日神也无甚神威，与研究卜辞发现的现象一致。西母非西王母，《荒》同。

在帝俊问题上，杨宽曾指出帝俊是东夷明神，[①] 惜未加论证，应者识者稀少。徐旭生先生在《中国古史的传说时代》中对他有最专门、最全面的研究，眼光敏锐，提出了许多很好的问题，分析、论证大都精当，可惜的是由于视野的欠缺以致于结论不对，认为他仍然出自华夏。他的理由是与帝俊有关系的四个姓姜、姬、姚、销，其中姜、姬、姚属华夏，前二者为炎黄的宗姓，而“销姓出于帝鸿，帝鸿实在就是帝江，又见于《山经》中《西次三经》，那也当属于西北方的华夏族。所以帝俊的传说出于华夏集团，可以说没有疑义。”（73 页）徐先生存在的思维盲点一，沿袭传统，仍以《山海经》与《大荒经》为一书；盲点二，没有注意到不同集团可能有同字的姓氏，而姜、姬之姓并不必然是华夏（下文有论）。将帝鸿等同于帝江，是误于当时的音韵学知识，因为帝鸿在《大荒东经》中而帝江在《西山经》，方位完全相反，二者等同当然不妥，帝鸿应属东夷，帝俊被归入华夏甚为不妥。徐先生针对王国维的五条理由进行反驳，指出：“王氏采用史料也毫无辨别：像《帝王世纪》一类仅足供参考的史料居然毫无解说和辩驳地替代了有头等价值的《国语》等书内的史料，这样的办法是很难得到正确的结论的。他说：‘《大荒经》自有帝舜，不应前后互异’，果然不错，可是《大荒南经》中明明载著：‘帝尧、帝喾、帝舜葬于岳山’，也是前后互异，他却没有注意到，或

① 杨宽：《中国上古史导论》，见吕思勉、童书业编著《古史辨》第七册，上海古籍出版社 1982 年版。

不愿意注意到了。”[①] 《大荒经》中帝俊、帝喾和帝舜皆有，“我总可以确凿地说：在写《大荒经》和《海内经》的人的脑子里面，帝俊、帝喾、帝舜的确是三个人，我们又没有充分的理由可以驳斥《山海经》作者的错误，所以还是不要牵强附会才较好一点。”“从前以及有些现代的学者总要在从前所传的圣帝名王大系统里面找出来帝俊的化身，主要的原因是因为他们觉得这样煊赫的人物不可能不出现在大系统里面，所以一定想找出他。我们对于这一点也不免有点感觉诧异……”[②] 常金仓先生也用三条理由对王国维加以驳斥，并指出“今人根据这篇名论不知做了多少文章，而图腾论者也因他打通了舜、俊、喾的关系皆谓其族奉了鸟图腾，实在是失之毫厘谬以千里了。”[③] 笔者相信在远古字体转换问题上，当时一个普通的读书人胜过今天的诸多大教授，加之甲骨文反映的范围存在着相当程度的局限性，因此说明古史体系存在巨大的先天不足。各种音韵通假之类的说法实际上只是要解释这么一个古帝为什么在各种文献中销声匿迹的问题，所以“疑古派”有所谓“原因是由于故事传说分化和字文讹变所致。”[④]

在《大荒经》中，帝俊十六见，帝舜六见，帝喾一见，三者都有，字形难说相近，音韵之说难言可靠，从实务上讲，上

---

① 徐旭生：《中国古史的传说时代》，文物出版社1985年版，第71页。

② 徐旭生：《中国古史的传说时代》，文物出版社1985年版，第72页。

③ 常金仓：《二十世纪古史研究反思录》，中国社会科学出版社2005年版，第103~104页。

④ 刘起釪：《古史续辨》，中国社会科学出版社1991年版，第19页。

述诸帝并见《大荒经》，亦非偶见一二可以笔误解释，如果把很多的帝俊误写成一二次帝喾或其他帝尚有可能，而把帝喾、帝舜全部误写为帝俊，那这种可能是微乎其微的。之所以认帝喾为多，最重要的理由应该是“帝俊生后稷”与其他文献帝喾生后稷说相同，其他大概尚有“帝俊有子八人盖八元，为益信”[1] 的原因。稍早于郭璞的皇甫谧却似乎接触过《大荒经》。古代经典皆载帝喾“自言其名”却未言其详，只有《帝王世纪》中称其自言“夋”[2]，为传世古书首见，这似出于皇甫谧对《大荒经》的误读。夋，俊也，古字通。皇甫见到的本子或与郭璞所见有异所致。无论如何，在《大荒经》中，帝俊自是帝俊，帝喾自是帝喾，帝舜依旧是帝舜，这些是谁也绕不过的强证，无论怎么比附他帝，总是难以自圆其说，用改字、通假还是用抄错、流传致误来解释都不能让人信服。笔者赞成徐旭生先生十分审慎的态度：“没有确实的证据，专用比附的方法，一定要闹得错误百出。如果真正注意到古代社会的错综变化，就不难看出帝俊、帝喾、高辛、帝舜四个名词很可以代表四个不同的人或氏族。我们如果没有其他较好的方法，还是相信较古的材料，比较难错误一点。[3]”这才是科学史学应有的态度。

---

① 吴任臣：《山海经广注》卷十六，清乾隆五十一年（1786）刻本。

② 司马贞《史记索隐》引“皇甫谧云：‘帝喾名夋也。’”《初学记》卷九引“自言其名曰夋”；而张守节《史记正义》引《帝王纪》称“自言其名曰岌”；《太平御览》卷八十引“自言其名曰逡”，《五行大义》亦同，当以“夋”为是。

③ 徐旭生：《中国古史的传说时代》，文物出版社1985年版，第72页。

这难道会成为不可解的千古之谜吗？现在的史学水平就没有办法了吗？实际上，近现代史学家已经为我们打下了相当有利的基础，只是从西方飘泊而来的分科治学不足以解释这个问题，治理传说时代的出路只能是在于“无科治学”。所谓无科治学，就是要尽量掌握所有相关的学科知识，尤其是原始宗教学、人类学以及神话学等科目的知识更为重要，可用以化解传统学科的局限性。

经中帝俊十六见，颛顼十六见，两处重复，一为事，一当为注文混入正文，实际十四例。黄帝十一见，一事叙述中凡四见，实为八见。炎帝三见。帝喾一见。尧帝一见，舜六见，帝鸿一事两见。帝鸿与甲骨文似也有对应[①]。徐旭生、刘起釪对其种群分布、诸帝支脉已有解析，说明其与现知五帝一系不同。《大荒经》中像帝俊、颛顼后裔居天下四方而非炎黄子孙如此分布令人印象深刻，其中夹杂黄帝、炎帝、帝舜、鲧、禹等后人所建国家可谓比比皆是，既不能称其是不可理解的远国，更不能说是“非我族类，其心必异”之异人。

从原始宗教学和其中内含的政治结构看，其中虽没有发现至上神统属的严密的神灵系统，但由其粗线条的职能分析却足

① 郭沫若《卜辞通纂》考释云“帝鸿，当是人名或神名”，“疑即《山海经》帝俊生帝鸿之帝鸿。”（《郭沫若全集·考古编》第二卷，科学出版社2002年版）丁山《中国古代宗教与神话考》（上海文艺出版社1988年版，第191页）认同郭说，“甲骨文所见‘帝鸿’可能也是季候之神；而七月祭帝鸿，正是‘季秋，鸿雁来宾’的蓝本。”

可说已构成一个相对完整的神网构架，与商王朝的时空框架相对应（见《〈大荒经〉内容商代说》），而诸帝众神大体能够辨别出华夏元素与东夷元素，但这仍是松散的系统，可算是有两个连缀成的主要谱系，只是让人略感意外的是其中并存了两个明显的神灵体系：黄帝为主神的昆仑系，属华夏族群；帝俊为主神的蓬莱系，属东夷族群。[①] 有这两尊主神大体算是学界共识。其中古帝的华夷两分是十分清楚的，最煊赫的古帝是帝俊、颛顼和黄帝，帝俊、颛顼、帝舜、后羿都是东夷神明；而黄帝、帝喾、帝尧、大禹、夏后启则属西系华夏，在这个原始宇宙之中也占有相当之地位。明显的两系中，东系完整，西系零散，东重（少昊、颛顼、舜之事多而显，其中还有少昊国，孺帝，子，少昊系倍伐、般；大（太）皞，太皞系）而西轻（帝喾、尧之事少而微）。颛顼的两属性在这部体裁极为特殊的书中体现得至为明显，但让人吃惊的是黄帝系在《海内经》中有优势，而帝俊系在四荒中占优势，深层原因值得深思。怎么解释这一现象呢？

我们从宗教学角度要进一步追问：帝喾何神？周人所自出之帝，《国语·鲁语上》《礼记·祭法》皆载“周人禘喾”，先秦典籍除《大荒经》外并无异词，足以说明其为周代共识。

---

① 昆仑、蓬莱是借用顾颉刚先生《〈庄子〉和〈楚辞〉中昆仑和蓬莱两个神话系统的融合》（《中华文史论丛》，1979 年第 2 期）一文的术语。两系之分另请参傅斯年（《夷夏东西说》）、杨宽（《中国上古史导论》）。具体的谱系内容请参刘起釪《古史续辨》（中国社会科学出版社 1991 年版，第 20~21 页），本文不再赘列。

帝俊何神？他的神格是什么？谢选骏、王孝廉先后独自提出帝俊是东夷始祖神。[①] 这确实是超凡之见，帝俊地位极高，实际上相当于华夏的始祖神伏羲。这一点，只有具有人类学（民族学）、宗教学、神话学的视野才可以产生这种意识，才有可能进一步去论证。否则，一切都无从谈起。而始祖神的特点具有唯一性，与其他众神不同，具体到男女又有不同。父系社会中帝王一般可有多个妻子，而同一族群的男性始祖神则只能存在一个，而此中没有华夏系始祖神伏羲就是因为不兼容的道理。这就是《大荒经》中华夏女性始祖神女娲仍在而男性始祖神伏羲则隐没不彰，独留帝俊凸显之故。姬周为华（或可称为羌）是无疑的，之所以有帝俊生后稷说，当是姬周在商代为了拉近、讨好出自东夷的商王室的距离，改称自己的祖宗源自帝俊，以东夷始祖为己祖，[②] 以增商援手提携可能，其婚商、任西伯均可佐证。《史记·周本纪》称文王"阴行善"，一个"阴"字生动归纳了周的成功谋略。周原甲骨记载周人祭祀成汤，那么其改喾祀俊岂非顺理成章？又有何异焉！周称己为帝俊之后只能在灭商前，灭商后，出于荣耀己祖的心理，当弃俊复禘喾，自然讳言此段历史，该说当传于东夷族系，出土的楚

① 谢选骏：《神话与民族精神——几个文化圈的比较》，山东文艺出版社 1986 年版；《中国神话》，浙江教育出版社 1995 年版。王孝廉：《岭云关雪——民族神话学论集》，学苑出版社 2002 年版。

② 袁珂说：后稷本西方民族所奉祀之农神，而又附会于东方民族神话中，故言"帝俊生"也。（《山海经校注》，第 450 页）此说甚有见地，惜未以此区分年代。古人改编世系不在少数，像春秋时越称己为夏禹之后、吴称己为太伯之后，都是改善"国际形象"的举措，是一种政治谋略。

系文献有俊生日月即为此种情势之反映。后稷为帝俊之后及后代文献全改为帝喾这种转变的原因与商周巨变相关，王国维《殷周制度论》主张，商朝诸侯皆为异姓，商王地位相当于诸侯之长；于省吾、林沄提出商王是联盟之主说。① 因此，各族系信奉之神当然组成了一个相对自然的松散结构。其他华夏族群即使仍奉伏羲为始祖神，但不见容于殷商主流文化之祀典，此所以《大荒经》无伏羲之故。而灭商之后帝俊之消失，也因华夏之周立国后，又改回本来的帝喾，伏羲重新凸显并随夷夏合流得以确立，慢慢成为融合后整个华夏的唯一始祖神，且周王是诸侯之君，周人统治的核心政策开始实行以血缘关系为基础的宗法制，那么其神的谱系随这个变化而重构就是以血缘关系为基础的构拟，使谱系走向古帝一系成为必然。这样，不同体系的始祖神只能存在一个。而东夷始祖神帝俊在失去最高政权支持后，因与伏羲不兼容，故渐渐失去存在的合理性，他也只能渐行渐远而湮没在历史的地平线下。帝俊帝喾之别之变，明此可无混淆。此一事实众所不知，此经虽载而千古惑之，以致历史湮灭，其因盖在于此。

帝俊是东夷始祖神的完整论述，是一个最为合理的解释，笔者相信，它可以完美地解释帝俊之所以消失以及不见于周代典籍之因缘，传统考据学对帝俊这样的问题是无能为力的。笔

① 于省吾：《从甲骨文看商代社会性质》，载《东北人民大学人文科学学报》1957 年第 2—3 期；林沄：《甲骨文中的商代方国联盟》，载《古文字研究》1981 年第 6 辑。

者在此不惮重复，再一次强调，历史是一个解读、解密和解释的问题。在上古史的研究中，从古到今都存在着一种倾向，学者们往往把散见的、无从追寻的古帝向所知稍多的圣王比附，看似增加了历史的“可理解性”，可使历史显得更有条理。但实际上只是治丝益棼，无助于历史真相的探寻。历史学家依赖于证据，应该保持自律，永远也不应该走得比证据所允许的限度更远，这也是历史知识的局限所在。因此，我们如果没有充足的理由，就不要轻率否定其中的任何一个并将这些古帝加以合户。实际上，帝俊的材料能够成为破除传统古史黄帝一元观的最佳材料。

## 二、姜姓北齐考

经中还有只能存在于商代时空的姜姓“北齐”国之事实。《大荒北经》：“有北齐之国，姜姓，使虎、豹、熊、罴。”《海内经》：“炎帝之孙伯陵”。其中蕴含信息颇为丰富，并可与诸多传世文献参照比证。

关于北齐，先谈齐，《尔雅·释言》：“殷、齐，中也。”王引之说“齐为物之中央也。”吕思勉等也以之为中，说法可从。[①] 殷与齐皆出自夷，正可注意。甲骨文无疑有“齐”字，只是地在何处则有争论。商末征人方提到齐，董作宾以“齐”

---

① 《经义述闻》卷二十七《尔雅中·齐中也》。吕思勉谓“吾国古代……以嵩高为中，乃吾族西迁后事，其初实以泰岱为中。”（《先秦史》，上海古籍出版社1982年版，第31页）以岱为中乃东夷观念，傅斯年有夷夏东西交争说。此乃观念混杂使然，与西迁并不相关。

即临淄,[1] 李零认为"亚醜"即商代齐国族徽。[2] 齐得名诸说,李衡眉《齐国得名原因再探》列之甚详,[3] 不再赘引。

缘何称北就是个十分关键大问题。此条前标示方位的词距北海之内最近,当在此系统北方。在东夷区域,齐居北无疑,春秋战国时北海常与齐联系,楚王谓齐桓"君处北海寡人处南海,唯是风马牛不相及也"之典尽人皆知。古天学中有一脉以齐为北而不为东的传统。这些都证明存在此类的系统观念。

炎帝姜姓人所共知,炎帝起源及支裔分布非常复杂,学界常引《说文》称"姜,神农居姜水以为姓","羌,西戎牧羊人"和傅斯年关于"姜""羌"为一词之二形、姜必羌说的思维惯性有问题,认为所有的姜都是迁徙使然更是个误区,[4] 徐旭生谓"炎帝氏族姜姓在相当早的时候已经在山东居住。爽鸠氏以后,还有一个季萴,可见逢伯陵的建国未必很早……这一带姜姓国家见于《左传》的,还有纪,有向,有州。《世本》

---

① 董作宾:《殷历谱的自我检讨》,见刘梦溪主编《中国现代学术经典·董作宾卷》,河北教育出版社1996年版,第391~418页。

② 李零:《苏埠屯的"亚齐"铜器》,载《文物天地》1992年第6期。

③ 李衡眉:《齐国得名原因再探》,载《管子学刊》1991年第1期。

④ 一般认可《国语·晋语四》称炎帝故地在关中说。但综合各种材料看,王献唐论炎帝本属东夷区也颇有理据(《炎黄氏族文化考》,青岛出版社2006年版)。同样,所有的姬姓也并不都是出自一脉,传统一直被视作姬姓的召公,经日本学者白川静对青铜器铭文的研究发现,他与周王室不是一族,而是非周非商的一个古族,在商晚期与周王室结盟灭商。(《甲骨金文学论集》,朋友书店1979年版,第171~185页)

也说：‘许、州、向、申，姜姓也。’《汉书·地理志·沛郡下》‘向县’，班固自注说：‘故姜姓国，炎帝后。’说它是炎帝后，指明它不出于齐，并且非周朝的建国。”① 李学勤也敏锐感到这点，“在太公封齐之前，齐地早已是姜姓的地域……周武王把太公封到齐国，正是因为这里是姜姓的老根据地。”② 史上无疑当有羌姜、夷姜之别。那么，此北齐姜是羌姜还是夷姜？考虑此下接“使虎豹熊羆”与图腾相关，该书另有多处“使四鸟虎豹熊羆”“使四鸟”，其他与鸟相关（鸟身、鸟面、鸟足、鸟喙等）者也颇多，从人类学看更为原始，判断其只能更早而不能更晚。此种文化氛围与西周春秋之姜齐迥异，更未遑战国以后；从历史学角度看，一个王朝之内几无龙的传人而遍布鸟的元素和传人，那舍殷商还有第二个吗？姬姓始祖的姜原之姜与太王之太姜是否一族，史迹渺茫，难以确言。商末周初的姬姜联盟，太姜出自伯陵一族，史有明迹；且武王之妻，据杜正胜研究是太公之女。③ 傅斯年早年认为：“齐周夹攻殷，殷乃不支，及殷被堪定，周莫奈齐何，但能忙于加大名，而周公自命其子卜邻焉……遂以伯禽营少昊之墟。”④ 太公以灭商

---

① 徐旭生：《中国古史的传说时代》，广西师范大学出版社 2003 年版，第 53 页。

② 李学勤：《中国古代文明研究》，华东师范大学出版社 2005 年版，第 380 页。

③ 杜正胜在《王姜时代的推测》中说王姜“地位之崇高，权力之重大……非武王后妃不足以当之……也就是……太公望之女邑姜”。

④ 傅斯年：《民族与古代中国史》，上海人民出版社 2014 年版，第 110 页。某种程度上可谓捕捉到真实的史影，惜其后来在《姜原》文中改变这个观点。

首功获显赫封赏于齐，虽为大国却未如诸姬子弟等分有殷遗诸宗，差别明显，至有单身行旅之说,[①]《汉书·地理志》称其“有分土，亡（无）分民”表明姜姓太公一族必在原地大有势力，以是方能只身赴任。否则就只能判定周武王、周公想借刀杀人，而此推测极不合理。

最关键证据在“伯陵”的年代上，学者一般对《左传·昭公二十年》齐君臣对话“昔爽鸠氏始居此地，季萴因之，有逢伯陵因之，蒲姑氏因之，而后大公因之”所称历代踞齐地的皆称之为氏而未言是否称齐，他们是各以其氏为号还是以齐为号？爽鸠、季萴过于久远，资料少，可不论。逢伯陵、蒲姑与齐是何关系？杜预注称“逢伯陵，殷诸侯，姜姓。浦姑氏，殷周之间代逄公者。”《汉书·地理志》明言汤时有逢公伯陵，

---

① 姜太公传奇的出身与经历（屠户、赘婿，流落商都）未必没有史影蕴含其中，恐与伯陵蒲姑变动有关。《孟子》以其为齐人，《吕氏春秋》称其东夷，而《史记·齐太公世家》称其“东海上人……姓姜氏，从其封姓，故曰吕尚……或曰吕尚处士，隐海滨。”武王“封师尚父于齐营丘。东就国，道宿行迟。逆旅之人曰：‘吾闻时难得而易失。客寝甚安，殆非就国者也。’太公闻之，夜衣而行，黎明至国。莱侯来伐，与之争营丘。”王晖《古文字与商周史新证》（中华书局2003年版）将齐礼、夷礼与周礼并列，足见姜齐在周初的特殊。到西周中太公数世尚不同周俗而用殷法为名，可见齐与周文化关系的疏稀，自另成一系统。《礼记·檀弓》谓：“太公封于营丘，比及五世，皆返葬于周。”傅斯年谓太公五世返葬于周为无稽之谈也。如果真有这回事，更是以死骨为质的把戏。（《民族与中国古代史》）晋卫等始封君皆葬封地，北京琉璃河燕国墓地M1193被学界认为是周初燕侯墓，山西曲村晋侯墓一般认为包括除第一代晋侯叔虞外的西周各代晋侯墓。这说明西周的封侯一般是不返葬的。所以，姜太公本人返葬是可能的，但齐初若真是五世返葬的话，就值得认真思考。

殷末有蒲姑氏。《国语·周语下》韦昭注“伯陵，大姜之祖有逄伯陵也。逄公，伯陵之后，大姜之侄，殷之诸侯，封于齐地。”颇疑当时伯陵之国即以齐为号，只是传统文献失载。而伯陵、薄姑间相对年代清楚，绝对年代都在商的范围内。

《海内经》的伯陵既为炎帝之孙，当为姜姓，当即文献所指逢（逄）伯陵。《大荒北经》的北齐国是姜姓，系据齐地，此国即当指伯陵之国。《大荒经》中炎帝子孙伯陵与姜姓北齐国内外对应关系明显，姓氏祖裔呼应，方位也合，《大荒北经》《海内经》分述如同《大荒西经》《海内经》的西周与后稷，均与《大荒经》书的性质有关。汤有伯陵还可与汤始祀后稷呼应，皆王朝与属国在神灵层面的联系。

《大荒经》载姜姓北齐国虽尚有疑点，但唯有将其置于晚商才能得到合理解释，伯陵的上下限清晰无疑，其下限在薄姑之前的商末，只不过尚不清楚伯陵、薄姑二者交替的准确年份。

## 三、戏考

戏：《大荒东经》有“帝舜生戏，戏生摇民”语，郭璞解释关键的“生”，说“诸言生者，多谓其苗裔，未必是亲所产。”徐旭生对常人感到困惑难解的诸多专有名词提出十分合理的看法，解释更周全、细致：“每氏族皆有一个英雄为代表……有时候可以指某一个人，有时候就代表它所属的氏族，所以这个名字可以绵延几百年。以后这个氏族又有了分支，在分支中所记忆到的总是原氏族中英雄的名字。距离或远或近，但最近的也不会是此英雄的儿子或孙子。也许虽远却还真有一些血统上的关系，也许毫无此关系。古人对于这些大约并不很注意。”① 那么戏与摇民，既可为人名，亦可为部族名、国名，此处以理解成部族名更宜，舜既“生戏”，戏则当“禘”之。依《国语·鲁语上》之说商人亦“禘舜”，② 则戏与商当属同源关系。随着殷商的发展、壮大，此一部族极可能就随其布局而移动、发展，成为一国应属情理中事。虽然就商人商都的相对位置而言，戏处《大荒东经》中有些异样，似有窒碍，但《大荒经》的意识构成分两层：底层属东夷早期，戏的祖源地或在东方，表层殷商。如此置放，非仅一两例，属于原始的真实。凡此另论。

被公认可靠性较高的西周早期作品《逸周书·世俘》称武王牧野战后第六天即命“吕他伐越戏方”，黄怀信依庄校删越字，称顾颉刚引罗泌《路史·国名记》也以戏方为一国，③以之在今河南巩县东南，并谓戏“纣畿内诸侯”，④《左传·襄公九年》《路史·国名记己·商世侯伯》均以为就是春秋时郑

① 徐旭生：《中国古史的传说时代》，广西师范大学出版社 2003 年版，第 237 页。

② 徐旭生曾论《礼记·祭法》“禘喾”的说法是后改的，甚有理据。（《中国古史的传说时代》，第 106 页）另外，《荒》文此处叙述在著名的有易王亥故事中，“有易杀王亥，取仆牛。河念有易，有易潜出，为国于兽，方食之，名曰摇民。帝舜生戏，戏生摇民。”既然有易分支为摇民，却又称戏生之，是戏与有易的关系尚不明，存疑待考。

③ 黄怀信等：《逸周书汇校集注》，上海古籍出版社 2007 年版，第 419 页。后来西周幽王灭于戏为另一戏，与此无关。

④ 黄怀信：《逸周书校补注译》，三秦出版社 2006 年版，第 196 页。

国之戏，此说甚善，可从。此戏方应即《大荒经》中之戏演化而来。戏方既能扼守此战略要冲，足见其在商代地位的重要及其与商的亲密关系，周武“立政”即命伐之而无有招抚之意，而后又把尊贵显赫的次弟鲜封于管，镇守此地监武庚，托以控扼东方的大任，显见此地重要。管一般认为即今郑州管城，此戏即离管城不远，是否成为管叔封地？史无明文，不便妄言。周公平叛即营建成周，戏离洛阳更近，肘腋之下另有封国的可能更小，西周春秋史上无戏国、戏族，这也从另外的方面印证此点，此地若真有封国而不见史料较为丰富的春秋史册更是不太可能，故此戏国存在的最下限应在周武灭商之时。

以上三事可补东夷史之阙，同时可证《大荒经》在研究东夷历史时具有很高的价值，期待后来者对该文献的其他部分进行更进一步的分析。

# 岳石文化与夏代东夷的著名历史人物概论

宋继荣　宋　华

（宋继荣，济南市嬴秦文化研究院；宋华，济南市莱芜区博物馆）

经文物工作者的辛勤调查、发掘和研究，在山东区域发现了距今约四五十万年的沂源猿人，后延续不断发现的商前人类历史遗存有沂水跋山遗址、新泰乌珠台人、沂源扁扁洞人、后李文化、北辛文化、大汶口文化、龙山文化和岳石文化。从考古调查、发掘和研究的硕果来看，今山东区域有着一脉相承的地域文化。岳石文化即东夷人创造的辉煌文化之一，是人类走向部落联盟的城邦社会的夏代时期的文化，对结合史料研究东夷文化的发展和东夷著名的历史人物在夏代的相关历史，都有着重要的意义。

## 一、岳石文化的考古成果

岳石文化，是1960年中国社会科学院考古所山东队发掘了山东平度东岳石村遗址后，被命名的夏代时期东夷人创造的文化遗存。岳石文化分布范围较广，文化内涵十分丰厚。通过各省的发掘，出土了一批宝贵的特色文物，体现出了当时社会的科技水平和社会发展的经济状况。

关于岳石文化的分布范围，栾丰实教授在《东夷考古》中诠释："岳石文化的分布范围比较明确，以泰沂山为中心，北起鲁北冀东，向南越过淮河，西自山东最西部、河南省的兰考、杞县、淮阳一线，东至黄海之滨。包括山东全省、江苏和安徽省的北部、河南省的东部，范围与大汶口文化晚期阶段、龙山文化时期基本一致，除南界稍有扩大之外，其他部分摆动幅度不大"①

截止目前发现的岳石文化遗址达500多处，重要的如山东平度的东岳石、烟台牟平的照格庄、潍坊青州的郝家庄、菏泽安邱的堌堆、济南章丘的王推官庄、济宁泗水的尹家城，河南开封兰考的鹿台岗和裴村，京津唐地区的夏家店下层文化，辽宁辽东半岛的双砣子中层文化，江苏宁镇的湖熟文化等遗址。

东岳石文化遗址，位于山东省平度市大泽山镇东岳石村南，淄阳河北岸的高台地上。遗址占地南北200米，东西70米。据栾丰实教授编著的《东夷考古》记述，1960年和1993年时，先后有中国社会科学院考古研究所山东工作队、青岛市文物局和平度市博物馆进行了两次发掘，其间北京大学及青岛市、潍坊市等有关单位，又多次调查这个遗址。通过以上诸单位多次调查、发掘和研究，得知遗址文化层深2米多，上部为

① 栾丰实：《东夷考古》，山东大学出版社1996年版，第291页。

战国墓，下部的4个文化层中的上层是商代文化，第二层是岳石文化，第三、四层为龙山文化。文化层中的文物证明，其始自龙山文化，至战国时结束，延续时间长达两千年。尤其是下部第二个文化层，蕴含着东夷人创造的一段重要文明。这个文化层出土的重要文物有石器、骨器、蚌器、陶器等。石器有斧、锛、凿、钺、铲、刀、镞和纺轮等，骨器有铲、鱼镖、锥、针、笄和匕等，蚌器有装饰物品和生产工具，陶器有罐、甗、鼎、盆、盂、尊、簋、豆、杯、器盖等生活用品。除此以外，还有一些不同形状的灰坑。从出土的不同用途的文物来看，其文化层中内涵十分丰富，是东岳石人创造的精美文物，也是一部珍藏地下的宝贵的实物史书。

在济南市莱芜区和钢城区，也发现了几处岳石文化遗址。2010年，山东省文化厅组建的山东大学与莱芜市的文物考古队，在第三次全国文物普查中发现了岳石文化时期的莱芜区鹏泉街道的大石家遗址和苗山镇的杓山遗址。2019年，在中国·济南第三届嬴秦文化暨中华嬴秦文化园规划研讨会期间，在莱芜区羊里镇（今羊里街道）城子县村的嬴城遗址也发现了岳石文化遗存。2020年，山东省文物考古研究院为配合济莱高铁建设工程，调查发现了钢城区辛庄镇（今辛庄街道）乔店遗址。接着，山东省文物考古研究院对乔店遗址进行了发掘。“本次发掘除宋代墓葬和东周时期遗迹外，最重要的收获在于发现了一处岳石文化小型聚落……（挖掘出了）包括少量灰坑、房址、柱洞等……出土遗物主要以陶器残片和石器工具为主。陶器可辨有陶甗、陶罐、陶盆、陶鬲、器盖等，石器工具有双孔石刀、石镢、石镞等，另外还发现了数件石器坯料，均经过简单加工，初具雏形。”① 莱芜和钢城两区位于泰沂山脉之阳，为岳石文化“以泰沂山为中心”的论断，增添了新的证据，并丰富了其说的内容。

手工业的发展是社会经济发展的主要动力。因为各行各业都离不开手工业，它代表着当时的科技发展水平。岳石文化作为山东乃至周边地区上承龙山文化、下启商周文明的重要一环，其对华夏文明的贡献是不言而喻的。

其一为陶器。陶器的制作水平，代表着当时生活器皿制造的科技水平，也显示着与其他区域的同期文化的不同。据栾丰实教授研究，岳石文化的陶器主要分为夹砂和泥质两种，夹砂陶主要有红褐、灰褐、黄褐和黑色几种，以褐色为主，灰色次之。制作方法采用泥条盘筑、慢轮修整等几种技术。典型的陶器主要有甗、子母口罐、平底尊、平底盒和蘑菇纽器盖等。夹砂陶表以附加堆上刻×和网格纹为主。泥质陶灰色最多，其次黑色，再次黄色。其以轮制为主，器表磨光，素面多，盛行凸棱式弦纹。总起来看，“古朴典雅、厚重实用是岳石文化陶器的主要风格，而夹砂陶草率粗糙，泥质陶古朴精致，两者反差甚大，又是岳石文化陶器的重要特征。”② 丁建英、范玉杰、尹西武在《岳石文化浅论》一文中考证道：“岳石文化的另一

---

① 赵晓林：《从地下到地上，感受济南的三星堆》，载《济南日报》2021 年 3 月 30 日。

② 栾丰实：《东夷考古》，山东大学出版社 1996 年版，第 304~305 页。

重要特征是泥质陶器上施加彩绘（有红单彩和红黄白多彩）而成彩绘陶……这说明具有实用功能的陶、石器，一旦被施以彩绘，就失去了实用性，而变为礼仪用具——礼器，这是社会发展进步的具体反映。”① 从中也可以看出人们对宗教的信仰祖先的祭祀和葬俗礼器的表现形式。人口的增加，需求量的加大，讲究实用和审美及宗教信仰观念的变化等诸多因素造成了陶器的变化，这是社会发展到一定阶段的必然产物。

其二为生产工具。手工业的发展，表现在生产工具的改进和增多方面。这一时期的生产工具主要有石铲、石镰、石锛、石斧、石刀、石镢、石箭镞和石纺轮，蚌铲、蚌镰、蚌刀，骨铲、骨箭镞、骨鱼镖、骨锥、骨针，陶器中有陶纺轮等。据栾丰实教授以石器为例研究分析，主要的如：体扁薄单面刃的石铲是翻土的重要工具，在龙山文化遗址中就有出土，但在岳石文化时期较前大增：“例如，尹家城遗址龙山文化共发现 15 件，约占石器总数的 6.3%；岳石文化则出土 115 件，约占石器总数的 19.1%”。② 半月形双孔刀实用性更强，数量大增。尹家城遗址的“龙山文化中共发现石刀 25 件，约占石器总数的 10.6%；岳石文化出土石刀 130 件，约占石器总数的

---

① 宫长为、刘宗元主编：《嬴秦文化研究与成果转化——中国·济南第三届嬴秦文化暨秦文化园规划研讨会文集》，山东大学出版社 2021 年版，第 272 页。

② 栾丰实：《东夷考古》，山东大学出版社 1996 年版，第 318~319 页。

21.6%。”[①] 东岳石出土石质工具20件，其中“农具9件，约占45%。”[②] 石器的钻孔，由之前的主要是管钻单圆孔，发展为采用管和凿两种工具成孔，增加了双圆孔和长方形的孔。半月形双孔石刀和长方形大孔石镢，是岳石文化的重要特征之一。孔大且多，便于穿绳，将石器牢牢地固定在木柄上，大大提高了石器的实用功能。生产工具数量的增加和制作生产工具技术的革新，对农业、手工业生产的发展具有重要的促进作用。

其三为铜器的铸造。岳石文化时期出土已有铜器，如尹家城发现的岳石文化时期的各种铜器达14件。铜器的种类也增加了，主要有“双翼铜镞、方体斜刃铜凿、窄斜刃三角形和斜长刃铜刀、三棱形铜锥、圆锥形铜钻和镯形铜环等。”[③] 岳石文化时期的铸造技术有了提高。一是使用了范具，如“尹家城遗址经鉴定的9件铜器中，有8件系用单面范铸成”。[④] 二是采用了合金技术，不同功能的器物按一定比例调配铜锡铅的含量，使铸造器更具使用性。在上述经过分析的9件铜器中，“有6件为青铜器，其中锡青铜3件，铅青铜2件，铅锡青铜1件。”[⑤] 特别是青铜箭镞的冶铸，大大提高了弓箭的杀伤力，成为狩猎和作战中的重要长兵器，也成为后代沿用的重要兵器。

---

① 栾丰实：《东夷考古》，山东大学出版社1996年版，第319页。
② 栾丰实：《东夷考古》，山东大学出版社1996年版，第319页。
③ 栾丰实：《东夷考古》，山东大学出版社1996年版，第320页。
④ 栾丰实：《东夷考古》，山东大学出版社1996年版，第320页。
⑤ 栾丰实：《东夷考古》，山东大学出版社1996年版，第320页。

其四为建筑业。建筑业也依赖于手工业技术的提高而发展，无论是建筑的设计和建筑材料制作及建筑过程都离不开手工业。在房屋建筑方面，尹家城、照格庄等遗址，发现的房屋建筑基础，以方形和长方形地面的荷重墙和木骨墙房建筑为主，较龙山文化有所创新。如用火烧烤房的地面和墙壁，用石铲等挖深基槽。槽挖好后，“将槽内填土层层夯打，除两端外无柱洞，此法产生的墙体应是一种荷重墙结构，这种墙体结构的建筑龙山文化时期少见；一些大型柱洞的做法比较独特，通常是先挖一大柱坑，中部或留二层台，坑底夯打甚坚，有的还加垫石础，柱立正中，周围填土分层夯打，这种极为用心做成的柱洞似也未见于龙山文化。”① 在岳石文化遗址中，发现了章丘城子崖遗址中的岳石文化时期的城墙。此期，采用了先进的版筑法筑土墙，并使用了先进的集束棍夯筑技术夯土墙。采用版筑和集束棍技术筑成的城墙，规整坚固，两壁陡直，且易守难攻。

其五为养殖及渔猎业。遗址中出土了些石刀和石镞，骨刀、骨镞、鱼钩和鱼镖，蚌刀和蚌镞，铜刀和铜镞等工具，证明在岳石文化时期，虽然人们已经过上了垦地种粮的定居生活，但是养殖、渔猎和采集等仍是生活中不可缺少的组成部分。这些先进工具的出土，无疑促进了养殖和渔猎等经济的繁荣。

---

① 栾丰实：《东夷考古》，山东大学出版社 1996 年版，第 322~323 页。

## 二、夏代东夷著名的历史人物

蔡凤书和宋百川两位教授主编的《考古学通论》论道："考古学是通过对古代文化遗迹和遗物的调查发掘，并对由此所得的资料进行分析判断来研究历史的学问。"① 即利用考古资料实物和史书资料相结合的"二重证据法"来证史补史。对岳石文化的考古，其中就有寻找实物证据，并结合史书记载研究东夷历史著名人物在夏代的某阶段史，以弥补或克服对夏朝历史认识的不足。著名历史人物，在社会发展中起到重要的作用，有史料或传说，成为历史发展阶段上的一个群体代表或里程碑式的标志。

马利清教授主编的《考古学概论》考证说："在以豫西、晋南为中心的夏人主要活动区域周围，分布着同时期的一些地方文化遗存。在夏王朝的东方，山东和苏北分布着岳石文化，应属东夷文化。"② 从中得知，夏王朝东方的岳石文化区域，是夏同期东夷人创造的文化。夏朝的断代时间距今 4070 年至 3600 年，与河南龙山文化末期到偃师二里头文化和山东龙山文化末期到岳石文化时期的时间相吻合。山东与河南接壤，两种文化在河南东部融合，如河南龙山文化遗址中的王油坊类型，商丘潘庙、李庄与洛阳偃师二里头中的岳石文化遗址类

---

① 蔡凤书、宋百川主编：《考古学通论》，山东大学出版社 1988 年版，第 2 页。

② 马利清主编：《考古学概论》，中国人民大学出版社 2010 年版，第 151 页。

型。特别是在洛阳偃师二里头遗址的文化层中，出土了具有岳石文化风格的半月形双孔石刀，甗、鼎和罐等陶器。说明两种文化于夏代时在河南东部有交流和融合。从中也能看出，史书上所说的东夷部落的首领与夏王朝之间的势力范围和交替的历史状况。

据《史记》记载，东西两个集团争夺中原区域大的持久的战争，始自炎帝和黄帝之时。炎帝联合黄帝与东夷的少昊，三年九战（一说七十一战），在涿鹿（今河北涿鹿）终于打败了东夷的蚩尤，开启了部落联盟时代，成为中原的主人，并让少昊做了东夷的首领。自此中原的领导权多次易主，至尧舜禹时实行禅让以稳定东西两个集团的局势。大禹时矛盾渐显。在这场权力之争中，“东夷族著名人物，见于文献记载的主要有皋陶、伯益、后羿和寒浞”① 等。

司马迁《史记·夏本纪》记载：“帝禹立而举皋陶荐之，且授政焉，而皋陶卒。封皋陶之后于英、六，或在许。”《帝王世纪》云：“皋陶生于曲阜之偃北，故帝因之赐姓曰偃也。”皋陶，东夷人，生于今山东曲阜，为古偃地，是少昊之国都。皋陶为尧舜禹时的大臣，舜帝时才任命其为掌管刑法的官，推行“五刑”和“五教”，被后人视为司法鼻祖。大禹时定皋陶为他的接班人，协助大禹处理政务，但皋陶早于大禹而去世。大禹不忘皋陶的功绩，于是封皋陶后裔于英、六地，即今安徽省六安市，别名皋城。英、六两地均为夏至春秋时的偃姓国，

① 栾丰实：《东夷考古》，山东大学出版社 1996 年版，第 325 页。

至春秋时被楚国所灭。六安市区及金寨县等地，发现了岳石文化的遗址，应是皋陶后裔的遗存。

《史记·秦本纪》记载："秦之先，帝颛顼之苗裔孙曰女修。女修织，玄鸟陨卵，女修吞之，生子大业。大业取少典之子，曰女华。女华生大费，与禹平水土。已成，帝锡玄圭。禹受曰：'非予能成，亦大费为辅。'帝舜曰：'咨尔费，赞禹功，其赐尔皂游。尔后嗣将大出。'乃妻之姚姓之玉女。大费拜受，佐舜调训鸟兽，鸟兽多驯服，是为柏翳。舜赐姓嬴氏。"柏，一写作伯。伯益，是东夷人颛顼帝后裔女华所生，名大费。因大费是舜任命的管理山川大泽、草木鸟兽的虞官，得以协助大禹治水并有功，被舜奖给了他一条古代旗帜上挂的黑色的飘带，也可能借指一面黑色的旗，相当于今天的锦旗。舜帝还让大费娶了一位古时八大姓之一的姚姓美女为妻。治水结束后，大费为舜饲养鸟兽，能听懂鸟兽的语言，并能为鸟兽治病，鸟兽因此得到了迅速的繁衍，因称大费名为柏翳和伯益，并被舜帝赐为嬴姓。罗泌《路史》曰："伯翳大费能驯鸟兽，知其语言，以服事虞夏，始食于嬴，为嬴氏。"大费为舜和禹饲养鸟兽有功，舜时赐他嬴姓，应同时将他封在嬴国，禹时延续其为食邑。嬴，即今山东济南莱芜区羊里街道所属的嬴汶河一带。这里有龙山文化和岳石文化遗址，出土有白陶鬶，蛋壳陶片和带有较厚重红褐与细致黑色等颜色的陶器片。

司马迁《史记·夏本纪》曰：皋陶卒，"而后举益，任之政。"益即伯益。皋陶卒后，大禹决定让伯益为自己的继承人，并委以重任。又载：禹"十年，帝禹东巡狩，至于会稽而崩。

以天下授益。三年之丧毕，益让帝禹之子启，而避居箕山之阳。禹子启贤，天下属意焉。及禹崩，虽授益，益之佐禹日浅，天下未洽，故诸侯皆去益而朝启。”大禹卒时，让伯益任其帝位。伯益为大禹守丧并管理天下三年后，学大禹让位舜帝子商均的美德而避居阳城（今河南登封）之法，让位禹之子启而避居箕山之阳（今河南登封）。大禹时的诸侯却以伯益佐禹时短等为由，而趁机推举大禹之子启掌管天下。从此，“世袭制”取代了“禅让制”，建立起了一个封建的家天下的夏王朝。

司马迁《史记·夏本纪》曰：“有扈氏不服，启伐之，大战于甘……遂灭有扈氏。天下咸朝夏后。”有扈氏居地，即今河南原阳县或陕西西安鄠邑区。启即位后，引起了一些方国的不满。其中有扈氏表现最强烈，遭到了启的征伐，并导致灭国。

《史记·夏本纪》曰：“夏后帝启崩，子帝太康立。帝太康失国，昆帝五人，须于洛汭，作《五子之歌》。”太康失国的原因，据《五帝纪》记载：“太康无道，在位二十九年，失政而崩。”① 太康失国居于洛水后，东夷族群中出现了后羿和寒浞两位著名历史人物，先后掌管天下。《史记》中虽记有夏朝的中康和相两王，但他们手中已无实权。

《左传·襄公四年》记载：“昔有夏之方衰也，后羿自鉏迁于穷石，因夏民以代夏政。恃其射也，不修民事，而淫于原

---

① 〔晋〕皇甫谧撰，陆吉点校：《二十五别史·帝王世纪》，齐鲁书社2000年版，第23页。

兽。弃武罗、伯因、熊髡、龙圉而用寒浞。”① 羿和寒浞“在许多文献中，羿又称为夷羿。因此，羿历来被认为是东夷族的重要首领之一。寒浞辅佐羿，并受到羿的信任，亦为东夷族人。可以认为，羿和寒浞是东夷集团中不同方国的首领，而他们所代表的有穷和寒国，均应是当时东方夷族中的佼佼者。”②

后羿，东夷人，为有穷国国君。有穷国位于今山东德州平原县。羿的祖先善射，世代相传，至羿时为夏朝的大臣。后羿在夏代被封于钼（今河南滑县）。所以，太康失国，后羿自钼迁于穷石（今河南洛阳，夏都附近），以夏臣身份代太康执政，可见当时后羿威望之高。后羿执政期间未总结太康执政的失败教训，嗜好田猎，不理国政，进而不用武罗等旧臣，而启用寒浞。

寒浞，东夷寒国人（今山东潍坊寒亭），曾居斟鄩（今山东寿光）。据《左传 · 襄公四年》记载：“夷羿收之，信而使之，以为己相。”③ 寒浞为羿相后用计，收买人心，得到大臣们的拥护，不报其恩，反而杀羿自立。据《左传 · 哀公元年》记载：“昔有过浇杀斟灌以伐斟鄩，灭夏后相，后缗方娠，逃出自窦，归于有仍，生少康焉，为仍牧正，惎浇，能戒之。浇使椒求之，逃奔有虞，为之庖正，以除其害。虞思于是妻之以二姚，而邑诸纶。有田一成，有众一旅，能布其德，而兆其

① 蒋冀骋标点：《左传》，岳麓书社 1988 年版，第 184 页。
② 栾丰实：《东夷考古》，山东大学出版社 1996 年版，第 326 页。
③ 蒋冀骋标点：《左传》，岳麓书社 1988 年版，第 184 页。

谋，以收夏众，抚其官职。使女艾谍浇，使季杼诱豷，遂灭过、戈，复禹之绩。祀夏配天，不失旧物。”①

寒浞取得王位后，驱逐夏王相。相逃至帝丘（今河南濮阳），一说又迁到斟灌（今山东寿光），后被杀。夏王相有一怀孕的妃子后缗逃回娘家有仍（今山东济宁）生少康。寒浞后有两个儿子，名浇和豷，封寒浇于过（今山东莱州），封寒豷于戈（周代时的宋国和郑国间，今河南豫西一带），意将两子帮他镇守东西两方。寒浞命浇率师灭斟灌和斟鄩。斟灌，是夏的同姓诸侯国，这里不是指的都城。斟鄩，据逄振镐《山东古国与姓氏》记载，在今山东潍坊城西南，是禹后斟寻氏封国，鄩去耳为寻，以示以国都的区别。寒浞本寒亭国人，又加封了长子寒浇于过（今山东莱州），加强力量，以监视斟灌和斟鄩两国。浇得知少康的消息，命椒寻找、追捕少康。少康逃至有虞（今河南商丘虞城），被虞君招为女婿，组建了一旅之兵和一组管理的官员，并派女间谍大将艾在朝通风报信。忠于夏朝的大臣伯靡逃至老家有鬲（今山东平原），招兵买马，联络两国（应是今潍坊的斟灌、斟鄩）之众，助少康灭了浞、过两国和寒浞，夺回了失去的国家政权，史称“少康中兴”。少康之子后杼，灭了寒豷的封国戈，统一了夏国。从“太康失国”“后羿代夏”“浞建寒国”“少康中兴”，到“杼灭寒豷”历时近百年，他们之间的斗争区域主要在今河南中东部和今山东一带，也正是东夷人的龙山文化末期和岳石文化时期的大致

① 蒋冀骋标点：《左传》，岳麓书社 1988 年版，第 389 页。

区域，正对应了栾丰实教授在《东夷考古》书中之说，即岳石文化的范围“西自山东西部、河南省的东部”的论断。

除此以外，到了夏末，东夷嬴姓人伯益的后裔费昌，成为伯益失政后的一个重要人物，起到了政治地位转折点的作用。《史记·夏本纪》：“帝发崩，子帝履癸立，是为桀。帝桀之时，自孔甲以来而诸侯多畔夏，桀不务德而武伤百姓，百姓弗堪。迺召汤而囚之夏台，已而释之。汤修德，诸侯皆归汤。汤遂率兵以伐夏桀。桀走鸣条，遂放而死。”《史记·秦本纪》记载：“费昌当夏桀之时，去夏归商，为汤御，以败桀于鸣条。”鸣条即今山西运城夏县（一说在今河南封丘东），商位于今河南商丘市。当夏桀失德又伤臣与百姓时，诸侯纷纷离夏归德高望重的商汤。此时伯益后裔的费昌也脱离夏桀归商汤，为商汤的车马官，并亲御车载商汤一起灭了夏国，建立了商朝。从此，伯益后裔在商周两代多显，至秦始皇时统一了六国。

纵观夏初和夏末的历史，不管何集团的帝王都必须身正勤政，使国家强盛，否则会被历史抛弃。

文物工作者对岳石文化的调查、发掘和研究，不仅发掘出了有特色的精美文物，而且对研究夏代的历史起到了重要的物证作用。岳石文化主区外的文化遗址，应与东夷人的分布、迁徙和文化交往有关。从岳石文化的分布范围和文化交往来看，当时东夷人还是很强大的，出现了多位著名的历史人物，与史书记载相吻合。

# 舜文化是东夷文化的高峰

丁建英　赵瑞山　王肇庆　王简政

（丁建英，山东广播电视台；赵瑞山，山东省教育科学研究院；王肇庆，青岛两髻山文化旅游实业有限公司；王简政，齐鲁师范学院）

传说故事和史籍记载中，大舜都是一个传奇人物。为了拉近大舜和我们的距离，我们就来研究和探讨一下大舜及其文化。

## 一、大舜其人

大舜，号有虞氏，姚姓，一作妫姓。上古五帝之一。舜在位时处于山东龙山文化时期。尧帝禅位于舜，舜成为传说中父亲氏族社会后期东夷部落首领。

《孟子·离娄下》载："舜生于诸冯，迁于负夏，卒于鸣条，东夷之人也。"范文澜先生在他主编的《中国通史简编》中明确指出："舜号有虞氏。《孟子·离娄篇》说‘舜生于诸冯（音平 píng，山东诸诚），卒于鸣条（河南开封附近），东夷之人也’。”① 郭沫若先生主编的《中国史稿》中明确指出：“舜生于诸冯（今山东诸城），卒于鸣条（今河南封丘东）。”② 明代《职方地图》在“诸城”下特注“舜生处”。清乾隆《诸城县志·古迹考》记载：“县人物以舜为冠，古迹以诸冯为首。”

图 1　舜帝画像

中国社会科学院历史研究所徐义华、温丽萍以及朱玲玲在《南方文物》期刊上分别发表了《从“中国”看舜的出生地》和《舜为“东夷人”考》的专题研究论文，他们通过对古代典籍文献的深入考证研究，最终得出结论：舜是东夷人。舜的时代在考古学上属于龙山文化时期。

《史记·五帝本纪》载：“舜耕历山，历山之人皆让畔；渔雷泽，雷泽上人皆让居；陶河滨，河滨器皆不苦窳。”《史记集解》引郑玄曰：“雷夏，兖州泽，今属济阴。”皇甫谧曰：“或言今济阴历山是也。与雷泽相比，余谓郑玄之言为然。”曾巩在《齐州二堂记》曰：“以予考之，耕稼陶渔，皆舜之

---

① 范文澜主编：《中国通史简编》，人民出版社 1949 年版，第 62 页。

② 郭沫若主编：《中国史稿（第一册）》，人民出版社 1976 年版，第 133 页。

初，宜同时，则其地不宜相远。二家所释雷泽、河滨、寿丘、负夏，皆在鲁卫之间，地相望，则历山不宜在河东也。”吕思勉也认为济南历山为正根，蒲反历山则为后起之说。①

舜在历山（今山东济南）种过地，在雷泽（今山东菏泽）捕过鱼，在济水边制作陶器，在曲阜做过各种手艺活，又在泗水做过买卖。大汶口文化遗址与龙山文化遗址仅在诸城就发现了三十多处，使舜帝故里“诸城说”获得了考古学支持。舜帝生于东夷之地诸城，其活动中心多在海岱地区，是没有疑问的。

舜的家世甚为寒微，虽然相传是上古帝王颛顼的后裔，但五世后沦为庶人，处于社会底层。舜的遭遇更为不幸，父亲瞽叟，是个盲人，生母很早去世。瞽叟续娶，后母生弟名象。父亲心术不正，继母两面三刀，弟弟桀傲不驯，三人串通一气，欲置舜于死地而后快。然而舜对父母不失子道，十分孝顺，与弟弟十分友善，多年如一日，没有丝毫懈怠。舜在家里人要加害于他的时候，及时逃避；稍有好转，马上回到他们身边，尽可能给予帮助，所以是“欲杀，不可得；即求，尝（常）在侧”。《孟子·尽心上》记载：“舜之居深山之中，与木石居，与鹿豕游。”舜以野果充饥，整日里开荒种地。舜处于逆境却表现出非凡的才能和品德，孝行天下，是中华民族孝德文化的开创者。

---

① 吕思勉：《吕思勉读史札记》，上海古籍出版社1982年版，第82页。

舜二十岁的时候，以孝行闻名，名气就很大了。又过了十年，尧向四岳征询继任人选，四岳就推荐了舜。尧命舜摄政，并将两个女儿嫁给他，以考察他的品行和能力。舜不但使二女与全家和睦相处，而且在各方面都表现出卓越的能力和高尚的人格力量。舜到了哪里，人们都愿意追随，“一年所居成聚，二年成邑，三年成都”。尧得知这些情况很高兴，赐予舜絺衣、琴、牛羊，还为他修筑了仓房。

舜得到的这些赏赐，瞽叟和象很是眼热，他们又想杀掉舜。瞽叟让舜修补仓房的屋顶，却在下面纵火焚烧仓房。舜用两只斗笠作翼，从屋顶跳下，幸免于难。后来瞽叟又让舜掘井，井挖得很深了，瞽叟和象却在上面填土，要把井堵上，将舜活埋。幸亏舜事先有所察觉，在井筒旁挖了一条通道，从通道穿出后躲了一段时间。瞽叟和象以为阴谋得逞，象说这主意是他出的，分东西时要琴，还要尧的两个女儿给他做妻子，把牛羊和仓房分给父母。象住进了舜的房子，弹奏舜的琴。舜去见他，象大吃一惊，嘴里却说：“我思舜正郁陶!”舜并不放在心上，一如既往孝顺父母、友于兄弟，而且比以前更加诚恳谨慎。

经过多方考验，舜终于得到尧的认可。选择吉日，举行大典，尧禅位于舜。这是政治联姻、夷夏融合的重大历史举措。

舜执政后，励精图治。他重新修订历法；又举行祭祀上帝、祭祀天地四时、祭祀山川群神的大典；还把诸侯的信圭收集起来，再择定吉日，召见各地诸侯君长，举行隆重的典礼，重新颁发信圭。他即位的当年，就到各地巡狩，祭祀名山，召见诸侯，考察民情；还规定以后五年巡狩一次，考察诸侯的成绩，明定赏罚。可见舜注重与地方的联系，加强了对地方的统治。

舜在政治上大胆改革，原已举用的禹、弃、契、皋陶、垂、益、夔、龙、伯夷等人，职责都不明确。于是舜命禹担任司空，治理水土；命弃担任后稷，掌管农业；命契担任司徒，推行教化；命皋陶担任士，执掌刑法；命垂担任共工，掌管百工；命益担任虞，掌管山林；命伯夷担任秩宗，主持礼仪；命夔为乐官，掌管音乐和教育；命龙但任纳言，负责发布命令、收集意见。舜还规定三年考察一次政绩，由考察三次的结果决定升迁或罢免；还将“四凶族”，即帝鸿氏的不才子浑敦、少皞氏的不才子穷奇，颛顼氏的不才子梼杌、缙云氏的不才子饕餮，流放到偏远荒蛮之地。这些措施的落实，显示出舜的治国方略和政治才干。通过这些改革，“庶绩咸熙”，各方面展现出新面貌。上述举用的这些人都建树了辉煌的业绩，其中禹的成就最大，他尽心治理水患，身为表率，凿山通泽，疏导河流，在治水十三年中，三过家门不入，终于治服了洪水。

舜的治国方略中还有“象以典刑，流宥五刑”。在器物上画出五种刑罚的形状，起警戒作用。用流放的办法代替肉刑，以示宽大，但又设鞭刑、扑刑、赎刑，特别是对不肯悔改的罪犯要严加惩治。舜把共工流放到幽州，把驩兜流放到崇山，把三苗驱逐到三危，把治水无功的鲧流放到羽山。坏人受到惩处，天下人心悦诚服，“四海之内咸戴帝舜之功”，呈现出前所未有的社会局面。

《史记》所载，舜摄政二十八年，尧去世。舜于三年的守孝期之后，便让位给尧的儿子丹朱，自己退避到南河之南。但天下诸侯都去朝见舜，却不理会丹朱；打官司的人也都告状到舜那里，民间编了许多歌谣颂扬舜，都不把丹朱放在眼里。舜觉得人心所向，天意所归，无法推卸，遂回到都城登天子之位。

舜在年老的时候，因为自己的儿子商均不肖，决定让威望高的大禹为继任者，并由大禹来摄行政事。《史记·五帝本纪》载："践帝位三十九年，南巡狩，崩于苍梧之野。葬于江南九疑，是为零陵。"舜是当之无愧的千古之王。

## 二、大舜文化

舜文化是中华优秀传统文化根脉之一。舜所处的时代，是中华文化发展的历史转折时期。在这个时期，炎、黄部落的民族融合已经完成，东夷族与华夏族的融合摆在面前。部落联盟的体制在沿袭了数千年后，生产力和生产关系有了一定的变化，早期的国家在逐步形成。受农耕之益，人们的物质生活逐渐丰富，作为个体的人，逐渐走出了以氏族为单位的小社会，进入了由部落联盟—诸侯国组合起来的"古国"社会。因此，这一时期的社会生产中，个人与家庭成员之间，个人与社会成员之间，个人与所从事的职业之间，诸侯国与诸侯国之间，都需要有一种不同于以往的关系，都需要有一种双方都能接受和遵守的准则，才能使社会稳定，以维护诸侯国之间和人与人之间的团结与和谐。作为诸侯国联盟首领的舜，他所创立的准则正是适应了这一时期社会发展的需要。舜的一生中，身体力行地创立并推行了这些准则，使整个社会都遵守这个"道德"

规范，成为中国古代社会由文明产生，进入文明发展阶段的重要标志。

《史记·五帝本纪》讲“天下明德皆自虞帝始”。以明德为基础的中华民族的传统道德文化应是自舜开始的。可以说，舜是中华民族道德文化的始祖。

在家庭之中讲究伦理道德，舜无疑是教化后世的典范。相传舜生活在“父顽、母嚣、象傲”的家庭里，父亲、后母和弟弟不讲道德，屡次想杀害舜，均被舜巧妙化解脱逃。面对亲人的不仁不义，舜却始终以人子之礼孝事父母，友爱弟弟，其孝行最终感化了父母。舜因此被列为中国古代“二十四孝”之首。除个人讲究孝行外，舜履帝位后，还命契担任司徒，“敬敷五教”，在天下推行“父义、母慈、兄友、弟恭、子孝”的五常教育，这些措施不仅在当时影响了百姓的家庭生活，而且“孝为先”的家庭道德标准，至今仍被人们推崇。

舜在社会生活中讲究社会道德。舜在青年时期，身体力行去创立和推行良好的社会公德，这也成为他赢得尊敬，名声远播，终被举荐于尧的重要原因。舜耕于历山时，把肥沃的土地让给他人，致使历山之人皆让畔；渔于雷泽时，雷泽之人都能以他为榜样把丰盛的渔场让给他人；河滨制陶以及寿丘作器，他都恪守匠人匠心之道德，完美无缺。时至今日，人们还习惯把龙山文化时期的陶器称为“舜陶”。舜经商于负夏，以诚相待，公平交易，童叟无欺，绝不惟利是图。他的行动影响了周围的族人，大家都争相向他聚拢。大舜一生仁者为人，道德教人，这些都是对舜文化的实践和建造过程。

舜执政继位后，非常讲究施政道德。他是一个政绩突出的上古明君，勤政为民。在尧宣布舜摄政后，二月，即巡狩岱岳，祭拜并与各方首领商讨四时季节，以不误农时，定统一法度、礼乐、升斗、斤两及礼仪标准等；五月巡狩霍山；八月巡狩西岳华山；十一月巡狩北岳恒山。舜在各地分别祭拜，调查实情，体察民意，商讨治国安邦大计，返回后受到尧的赞许。大舜又来到尧的文庙，杀一头牛进行祭礼，然后召开大会公布今后“五载一巡守，群后四朝。敷奏以言，明试以功，车服以庸”。也就是说，大舜当众宣布，在他的执政期，五年要进行这样一次大的巡狩，各部首领一年四次来朝汇报工作，要知无不言、言无不尽地讲述自己对朝政的意见和建议，从他们的政见、政绩来决定任用的程度，确有功劳的以车、服来奖励。治水成功以后，为了更好地发挥地方的积极作用，大舜根据自己对全国详细的调查和考证，参考当时地理条件中的人口和资源等要素，把当时的九州重新划为十二州：冀州、兖州、青州、徐州、荆州、扬州、豫州、梁州、雍州、并州、幽州、营州；每个州都选了一座名山为镇州之山，如扬州会稽山、荆州衡山、豫州华山、雍州吴山、冀州霍山、并州恒山、幽州医无闾山、青州沂山、兖州岱山等。从此，大舜从摄政到他去世的近八十年间，每五年全国巡视一次，大约有十五次之多。当时在道路不通、水陆复杂、气候异常恶劣、车辆条件极差的情况下，五年内要用一年时间对四岳十二州进行一次民间巡狩，是何等艰难。舜得到的这个第一手资料是可贵的，这是来自基层、来自民众的声音。舜开创了勤政为民的先河。

在管理国家方面，舜赏罚分明，举贤任能，唯才是用。《吕氏春秋》记载，尧有纳谏之鼓，舜有诽谤之木。据传，舜做了摄政王以后，首先在宫廷门外设立诽谤木，“辟四门，明通四方耳目”“命十二牧论帝德，行厚德，远佞人”，以明辨是非，广开言路。舜在对待民族问题上，以道德和高尚的音乐去感化、教化三苗民族，重大局，识大体，宽宥有度；在对待接班人选上，心怀天下，赏罚分明，以“利天下而不利一人”的政治胸怀，慎重选定被自己诛杀的鲧的儿子禹。正是因为舜的清明仁政，靠自己奋发勤政，靠大臣直言相助，靠广开言路了解到民间具体实情，他这种贤明的民主作风，使得社会安定、民族团结，故民间相传有“尧天舜日”的美谈。

在大舜推行德法兼治的整个过程中，皋陶是功不可没的。据《尚书》记载，皋陶曰：宽而栗（宽厚而肃穆），柔而立（柔和而有主见），愿而恭（讲原则而谦逊有礼），乱而敬（遇乱而不失礼），扰而毅（逢难而又坚强），直而温（正直而温和），简而廉（节俭而又廉洁），刚而塞（刚强而务实），强而义（勇敢而符合道义），彰厥有常吉哉！（这九德能长久坚持那就好啦！）在大舜坚持仁政德治为主和皋陶坚持法治为主的统一中，他们也时常发生争论，但大方向是一致的，法治坚定不移，德治倡导不止。这就是大舜和皋陶为中国的法治社会建立的千古不朽的功勋，皋陶也不愧为中国的司法鼻祖。

《礼记》载“舜勤众事而野死”，舜南巡狩，崩于苍梧之野，葬于湖南九嶷山。大舜死后不回故土，是以身示谊、义服三苗。至今在湘江流域的民间传说中，仍广泛流传着舜帝南巡教民制茶、治水患、稼穑、办学堂、演韶乐的故事。

以舜的实践为代表的舜文化，在中国历史上产生了深远的影响。仁孝和道德是贯穿舜文化的精神支柱。父幼尊长要讲孝、仁者为人、凭德受位、明德执政、勤德为民、以德化苗等，彰显了仁孝和道德在矛盾冲突向和平转变过程中的决定性作用。内在的道德修养与外化的行为礼仪规范，共同构建了东夷文化的精神框架，这不但为国家的建立和管理奠定了思想基础，对维护民族团结、国家统一起着精神凝聚作用，也是整个中华民族思想道德建设的基石。

## 三、舜文化是东夷文化的峰，齐鲁文化的根，是中华文化的源

舜文化是在经历了两昊文化后逐渐发展起来，成为东夷文化的峰。东夷民族的渊源，据现在的考古资料，应推到50万年前的沂源猿人。考古发掘证实，东夷文化的主要发源地在鲁中泰沂山区。在长达几十万年的漫长进化过程中，东夷人逐渐由山岭地区移居平原。距今约3万至1万年前后，已出土的细石器遗址成群分布在沂、沭河两岸的平原、台地和低山丘陵谷地上，从两河上源一直延伸至苏北、潍水流域及济水两岸，这些地区的古人类可统称为东夷人。

在距今约8000年的后李文化时期和距今约7000年的北辛文化时期，东夷人创造了独具一格的东夷文化。这时的原始农耕已有了长足发展，磨制石器日趋精细；村落和半地穴式圆形房屋的建筑表明，这时东夷人已走向定居生活。继起的大汶口

文化（约前4500—约前2500年），是东夷文化史上的一个光辉发展阶段。这一时期应处于太昊时期，太昊伏羲氏相传有圣德，像日月之明，故称太昊。《史记·太史公自序》载："余闻之先人曰：'伏羲至纯厚，作易八卦。'"伏羲创历法，改木制天表柱为石质石晷。《汉书·律历志》引刘歆《世经》言："庖牺继天而王，为百王先，首德始于木，故为帝太昊。"晋代皇甫谧《帝王世纪》中言太昊功业："继天而王""作八卦""造书契""作瑟三十六弦""制嫁娶之礼"等；发明渔猎工具，提高生产能力；改结绳记事而创造书契文字，等等。太昊时期，发明创新倍出，重行明德，文明初现，农耕文化繁荣，圣德文化成功创生。

少昊是东夷族人的另一位领袖人物，亦被视为继太昊族之后兴起的东夷族又一支部族。因修太昊之法，故称少昊。少昊时期，社会发现众多，以明德为号，崇尚太阳，开始以玄鸟（燕子）为图腾，后成为部落首领，又以凤鸟（凤凰）为图腾，这被认为是中华凤文化的起源。在族源上少昊与太昊有相承的关系，《左传·昭公十七年》记郯子话："大皞氏以龙纪，故为龙师而龙名。我高祖少皞挚之立也，凤鸟适至，故纪于鸟，为鸟师而鸟名。"太昊与少昊是中华龙、凤文化的源头。

少昊继承并推行其父发明的金星历。这一时期农业、手工业水平已相当高，社会不断发展，社会活动范围不断扩大，仅在山东一带便建立了近百个小国。少昊族的后人封地如费、莒、郯，在今费县、莒县、郯城一带。鲁南一带是少昊族的主要活动区域之一，其后裔又分布在全国许多地方，其中有两个重要人物，即皋陶和伯益。皋陶是少昊的曾孙，也是东夷族的首领，当今的李姓及廖姓，都得姓于皋陶。伯益也是舜时东夷部落的首领，他是古代嬴姓各族的共同祖先。少昊及其后裔继承了太昊的明德传统，并加以发扬，社会呈现繁荣局面。

大汶口文化的陶器制作已非常发达，其中最具代表性的器物是鸟造型的袋形三足器枣陶，被认定为东方文化的“标准化石”，它的主要用途不是炊煮，而是被作为祭器，把它与黑陶高柄杯等组合看，可以窥见东夷民族以宗教祭祀为核心的礼乐文化之早熟。大汶口文化的玉器制作、雕刻和雕塑艺术也相当发达。龟甲的出土，反映出海岱地区起源久远的占卜之风。方形或长方形房屋的建筑形式大致定型，不仅有众多的村落遗址，而且还出现了成批的大规模聚落中心，近年还在鲁西地区发现了大汶口文化时期的城址。另有十几例陶器符号出土，其结体极似后来甲骨文、金文的构造，被认为是迄今所知最早的汉字萌芽形态。

陶文符号和墓葬的出土发掘证明了少昊氏不仅存在于大汶口文化时期，而且还延续到龙山文化早期。期间少昊氏经历了不断迁移和发展。大汶口文化晚期，少昊氏以莒县陵阳河一带为活动中心；到大汶口文化末期，迁到五莲县丹土村一带；龙山文化早中期，又迁到日照尧王城、两城等地，在滨海地带，形成超大规模的中心；龙山文化中期之末，迁到了临朐西朱封一带；龙山文化晚期，又迁到曲阜一带。少昊氏的迁移过程，是部族不断发展壮大和文明水平不断提高的过程，这一时期经历了从古国到方国的社会转变。

到了龙山文化时期的山东，处于尧、舜的繁荣时期。迄今在鲁西和鲁北已发现的多组古城池遗址可以说明这一时期家庭、家族、宗族文化进一步发展。东夷人舜是制陶高手，精美的薄如纸、黑如漆、音如磬的“蛋壳陶”高柄杯，可能与舜有关，因此被称为“舜陶”。这一时期，玉器制作有专门的作坊，占卜龟甲开始钻灼；天文历法和中国最早的文字——骨刻文出现；制造出了实用精美的石器、骨器、玉器等生产工具和生活用品；编织出了布纹细、密度高的纺织品；发明了冶铜术；在原始农业的基础上，兴起了家禽饲养业和酿酒业。种种因素表明，到龙山文化时期，尧、舜在两昊文化基础上进一步发展了清明的政治、高尚的道德，使得社会生产大发展，进入了龙山文化的鼎盛期。这一时期东夷人已经进入阶级社会，出现了国家，标志着文明社会的开始，舜文化自然也走向顶峰。

从史料记载及考古证据来看，尧舜禹文化是紧密相连、融为一体的。从尧开始，在用人上必须有贤德，他广听部族意见，经长老推荐，寻访到 20 岁已有名气的舜。尧命舜摄政，再进行严格的考核，能建功立业者授之为王。尧之子不贤，虽亲而不传。舜和禹皆继承了这一传统。舜从政后，更是举贤任能，唯才是用。尧有纳谏鼓，舜有诽谤木，他们广开言路，一脉相承，开创了清明政治，天下人心悦诚服。《礼记·礼运》阐明了儒家理想中大同社会的基本特征：“大道之行也，天下为公，选贤与能，讲信修睦。故人不独亲其亲，不独子其子，使老有所终，壮有所用，幼有所长，鳏寡孤独废疾者皆有所养。男有分，女有归。货恶其弃于地也，不必藏于己，力恶其不出于身也，不必为己。是故谋闭而不兴，盗窃乱贼而不作。故外户而不闭，是谓大同。”尧舜时期人们过着“日出而作，日入而息，凿井而饮，耕田而食”的定居农耕生活，虽然生产力低下，社会财富匮乏，但这就是古国先贤们所向往的公天下，大同之世。

平治水土和征伐三苗是贯穿尧舜禹时期的主要政治活动，而且皆发生在龙山文化时期，历时长久、范围广泛。尧舜禹一方面积极平治水土，一方面屡屡征伐三苗。《吕氏春秋·召类》载：“尧战于丹水之浦，以服南蛮。”《尚书·大禹谟》载舜帝曰：“咨，禹！惟时有苗弗率，汝徂征。”《战国策·魏策二》载：“禹攻三苗，而东夷之民不起。”

舜因禹治水和治理三苗有功，命禹摄政。禹吸取了其父鲧堵塞之法失败的教训，兼用疏导方法，引全国主要河流入海，以四海为壑，治理江河、战胜洪灾，救民于洪水。《史记·夏本纪第二》载大禹“开九州，通九道，陂九泽，度九山”“劳身焦思，居外十三年，过家门不敢入”。《左传》云：“美哉禹功！明德远矣。”大禹公而忘私的高尚精神和坚韧不拔的卓绝意志，也成为中华民族的宝贵精神财富。摄政期间，禹还以听六律、五声、八音以观察判断治乱的情况，宣讲和接纳符合五德的言论；尊重辅佐大臣，远小人，施行德政，虚心听取意见。禹受舜禅让继王位，“十七年而帝舜崩。三年丧毕，禹辞避舜之子商均于阳城”，表现出谦逊退让的美德。禹即位后向上天推荐皋陶，授权其处理国政，而皋陶先于禹去世，接着又推举伯益，禹的宽宏贤德昭告天地。由此可见，尧舜禹时期，德昭天下，代代相传，成为中华民族宝贵的精神遗产。

回看历史，舜文化已经是东夷文化的一个高峰。禹虽将天下授予伯益，禹三年之丧毕，伯益让禹之子启承继，自己避居箕山之南。伯益后裔不服，启讨伐灭之。《左传·襄公四年》就记载了夏朝第三任君主太康即位不久，东夷人后羿（非尧时之后羿）遂“因夏民而代夏政”，夺取了夏后氏的政权。这就迫使夏王朝不得不把政治斗争的重心转移到泰山一带，建立了许多的夏后氏姒姓国，辅以许多已加入夏后集团的异姓国，区域几乎遍布今山东各地以及河南的部分地区。这场争斗延续了数十年，到少康中兴之后，夷夏斗争与融合继续进行。

商朝，夷商之间的往来和斗争也从未间断。到了西周出现转机，周朝的统治者总结了夏、商的经验教训，利用国势强大的有利条件，采取了相宜的国策，这就是周初的“封土建侯”。周王室自上而下地分封诸侯，并强调对诸侯有统一的政令和控制之权，即所谓的“礼乐征伐自天子出”，这意味着国家的统一，王权的加强，社会的进步。

西周灭掉了当时东夷两个最大的古国薄姑和奄，在此基础上分别建立了周王室在东方最主要的封国齐国和鲁国。齐国的第一任国君是“兴周800年”的姜尚，姜尚辅佐禹治理水土有功，又因计谋多端，辅佐武王灭商有功，周武王尊其为“师尚父”。鲁国的第一任国君是“周公吐哺，天下归心”和制作周礼的周公旦。姜尚是炎帝后代，东海之人，东夷没落贵族。而周公旦是文王之子，武王之弟，成王之叔父，是西岐贵族血统。周公旦“不就封，留佐武王”，助武王灭商。姜尚、周公旦两人同时辅佐周王，他们与周围东夷小国的关系貌合神离，有时甚至是敌对关系。到了春秋战国时期，兼并战争不断。齐国奉行尊贤尚功、因俗简礼、精兵简政的政策，果断抛弃了西周礼仪，改为大力推行当地东夷的习惯和习俗。由于政策对路，齐国便很快发展起来。《史记·齐太公世家》载：“而人民多归齐，齐为大国。及周成王少时，管蔡作乱，淮夷畔周，乃使召康公命太公曰：‘东至海，西至河，南至穆陵，北至无棣，五侯九伯，实得征之。’齐由此得征伐，为大国，都营丘。”在齐国这种文化陶冶之下出现了许多足智多谋的人物，如管仲、晏婴、孙武、孙膑等。齐国经陆续兼并周边东夷小国，迅速崛起为春秋首霸和战国七雄之一。鲁国主张“亲亲上恩”，以宗族血缘关系为治国总纲，固守西周的礼乐文化，国家始终积贫积弱；在再加上与周边的东夷国家战争频繁，国力日渐衰微，在战国末期被楚国所灭。

齐鲁两国在春秋战国时期的恩恩怨怨，却为新的齐鲁文化的形成奠定了坚实的基础。当时齐国有发达的官办教育体系，以“稷下学宫”为代表。鲁国则是保留周礼彻底的国家。孔子及其后的孟子等人不断在齐国和鲁国之间游学、讲学和游说，为新的文化形态的出现奠定了基础。最终，以儒家学派的诞生为标志，东夷文化完成了飞跃，发展为更加发达的齐鲁文化。齐鲁文化不仅继承了东夷文化的明德、仁爱、宽容的精髓，也融合了鲁国讲血缘、秩序、尊卑的思想。前者也是齐文化的核心，孔子从中提炼出了“仁”的思想；后者也是鲁文化的精髓，孔子从中得出“礼”的结论。这一融合构建了齐鲁文化之根基。

齐鲁文化的儒家学说，许多主张就来自于舜文化。如孔子闻韶乐，“三月不知肉味”，而韶乐正是舜乐。孔子很推崇尧舜，儒家讲求的孝道即源于尧舜。孟子坚持的“性善论”，也与尧舜关系密切。几千年来，人们说到仁孝而必然首推舜，以舜为仁爱孝道之楷模。

综上所述，舜文化是东夷文化之峰，是齐鲁文化之根，也是中华文化之源。从这个意义上说，没有舜文化这个仁爱道德文化的源头，就不可能使中华民族保持强大的国家凝聚力和民族亲和力；没有舜文化的润泽，就不可能培养出国民强烈的社会责任感；没有舜文化的熏陶，就不可能造就出以国家强盛、民族兴旺为己任的一批又一批国家栋梁。由此可见，舜文化是中华民族文化史上的一块永不磨灭的丰碑。

# 考古发现与豫东睢县的夷商文化

李桂民

（聊城大学历史文化与旅游学院）

睢县地处河南省商丘市西部，与杞县、宁陵县、柘城县和民权县相邻，上古时代，这里主要是东夷文化、先商文化和殷商文化的分布区域之一。从整个河南省范围看，睢县位于河南省东部，即豫东地区。豫东自古就有早期先民在此生活繁衍，是大汶口文化和典型龙山文化的重要分布区。后来随着商人的南下，河南商丘包括睢县在内的地区成为商人的重要发源地，商人以此为根据地，西进伐夏并取代了夏人对中原地区的统治。近年来，豫东地区考古取得了较大成绩，睢县境内的文化面貌得到了较全面认识，但由于商丘地处黄泛区，考古发现也受到一定程度的制约。本文拟结合文献和考古资料，谈谈对睢县上古历史文化的认识，不当之处，祈请时贤硕儒不吝教之。

## 一

睢县地处河南东部，是商丘市“东张西望”对外开放战略的重要支点城市。睢县自古就有原始先民在此繁衍生息，在新石器时代，这里是华夏和东夷文化的交汇地带。睢县这一名称在历史上有过多次变化，因春秋时期宋襄公葬于此而得名襄陵，秦置襄邑县，北宋时睢县为拱州，金时改称睢州，明入睢州，1913 年改睢县，后延续至今。

睢县之睢，以睢水得名。睢水故道始自今河南开封市杞县，流经商丘市睢县北，再向东流向商丘市南，随后进入安徽，经淮北市濉溪县南、宿州市，最后进入江苏注入古代泗水。流经睢县的睢水是黄河的支派，水源来自汴水，东流在睢陵（今江苏睢宁）附近入淮水。睢水始于何时，史无明文，最迟在春秋时期睢水就已经见于文献。《左传·成公十五年》载：“鱼石、向为人、鳞朱、向带、鱼府出舍于睢上。华元使止之，不可。冬十月，华元自止之，不可。乃反。鱼府曰：‘今不从，不得入矣。右师视速而言疾，有异志焉。若不我纳，今将驰矣。’登丘而望之，则驰。聘而从之，则决睢澨，闭门登陴矣。左师、二司寇、二宰遂出奔楚。华元使向戌为左师，老佐为司马，乐裔为司寇，以靖国人。”当时宋国九卿分别是宋戴公、宋庄公和宋桓公的后代，华元因为桓公后代司马荡泽杀公子肥而逃亡，桓公后人左师鱼石在黄河边劝华元，并答应其可以讨伐荡泽，本以为华元会忌惮桓氏之强，即使讨伐荡泽亦不过灭其部分。不过，当华元派遣华喜、公孙师进攻荡氏、杀了荡泽后，因为鱼石、向为人、鳞朱、向带、鱼府五人皆出自桓氏一族，担心罪及同族住在睢水边上，准备出奔他国。华元进行劝阻，他们五人没有答应回都城，又担心再也没机会回到都城，不过他们也看出华元并不是真心挽留，华元急速离去，并掘开睢水堤防，关闭城门登上城墙，鱼石等五卿只好逃奔楚国。这是文献中较早提及睢水的记载，说明最迟春秋时期睢水就已经存在，另外在《左传》定公四年和哀公六年中也提及睢水，只不过此睢水应是湖北沮水，与流经河南、安徽、江苏等地的睢水并非一水。

后世文献提及睢水之处较多，如《史记·项羽本纪》就曾提到楚汉战争时在灵壁东睢水之上所发生的战争："汉卒皆南走山，楚又追击至灵壁东睢水上。汉军却，为楚所挤，多杀，汉卒十余万人皆入睢水，睢水为之不流。"《汉书》亦有类似记载。《汉书·地理志》载："睢水首受狼汤水，东至取虑入泗。"《水经》载："睢水出梁郡鄢县，东过睢阳县南，又东过相县南，屈从城北东流，当萧县南，入于陂。"《水经注》载："睢水又东迳高乡亭北，又东迳亳城北，南亳也，即汤所都矣。睢水又东迳睢阳县故城南，周成王封微子启于宋以嗣殷后，为宋都也。"从《水经注》可以看出，睢水从河南开封陈留往东经襄邑、宁陵、睢阳等地，和《水经》说法已有不同，当是运河变迁所致。有学者认为从陈留到商丘的睢水，因汉平帝以后黄河屡次决口而湮塞不通，《水经注》和《水经》说法不同，是因为曹操治睢阳渠使得睢水畅通之故，可能因为仅仅是对睢水故道的疏浚而非新辟。①

睢县因睢水而得名，睢水见载于先秦文献，睢水得名则与原始先民的早期宗教信仰相关。东夷人和商人都有鸟崇拜的习俗，睢字中的隹是一种短尾之鸟，隹作为地名或方国名称见于甲骨文。潍、淮和睢等字作为地名，尽管属于“氵”部或“目”部，但文字构成中的“隹”，为一切鸟类统称，“鸟”则是一种长尾丰羽若鸡凤之鸟，本不相同。许慎《说文解字》虽然分“隹”“鸟”二部，但二部互相混用。陈梦家认为“隹夷”即“鸟夷”，初居东北，后南迁分布山东等地，“隹夷”之名因捕鸟而有。② 陈梦家是较早对隹夷进行研究的学者，虽然夷人是以捕鸟为生还是具有鸟信仰还可以进一步讨论，但这一族群是因鸟而得名大体是可以确定的。

在甲骨文中有地名淮，不见睢字，因此水主要流经东夷活动区，睢字的生成应和鸟有关。在河南舞阳贾湖遗址出土的一个甲骨字符为横目形，一般认为是“目”字，这种写法与郑州南关外商代早期陶文、藁城台西村商代陶文和殷墟甲骨文写法相同。在青铜器上也有这种横目形的字符，如收藏于美国华盛顿弗利尔美术馆的一件青铜方彝上、陕西宝鸡竹园沟西周墓出土的一件鬲形鼎上也有铭文目字。殷周青铜器铭文中出现的目字，有的是首领名，有的是家族名，还有的是方国名。因

---

① 王育民：《中国历史地理概论（上册）》，人民教育出版社 1987 年版，第 265~266 页。

② 陈梦家：《隹夷考——梦甲室商代地理小记之一》，载《禹贡》半月刊 1936 年（第 5 卷）第 10 期。

此，睢水的得名应该和在其流域居住的早期先民有关，而且他们应该是一支与鸟关系密切的部族，目前尚没有确切证据证明这个部族是目族，只是提出这种联系，以待新的材料来证实。

## 二

河南省睢县的龙山文化遗址主要是周龙岗文化遗址，周龙岗遗址位于睢县蓼堤镇周龙岗村南。周龙岗遗址前有河流惠济河，遗址面积约 6 万平方米，在遗址内的水渠两侧和西南部的大坑坑壁有文化遗迹和文物裸露，文物层厚度约 2 米，上面为商文化层。1978 年 4 月考古工作者对该遗址进行了初步发掘，发现灰坑 6 个、残陶窑 1 个，出土了一些文物。周龙岗遗址出土的陶器以泥质灰陶为主，其次是夹砂灰陶，黑陶数量较少，陶器制作技术为多轮制，陶器纹饰大多为篮纹、方格纹、绳纹和弦纹等，主要器型有深腹罐、平底罐、鼎、钵、斝、甑、盆、豆、鬶、圈足盘等，出土文物还有凿、石镞、骨镞、蚌刀等，还发现了少量蛋壳陶残片。在河南睢县平岗镇犁岗村和岗下坡村之间，曾采集有龙山文化陶片。犁岗遗址为 3 米高的土阜，遗址东西长 120 米，南北宽 80 米，面积 9600 平方米，遗址主要是商代文化遗存，地面采集有瓦、鬲、罐等器物碎片，同时在这里也发现了属于龙山文化的陶片，反映出这里是夷商文化分布地。

乔寨龙山文化遗址位于睢县周堂镇乔寨村南，西北距县城 7.5 公里，原为一高出周围地面数米的古代夯筑土台，东西长 200 米，南北宽 150 米，其土质与四周黄壤不同，为黑色壤土。

1947年曾挖出汉墓数座，出土大量汉代殉葬品，以五铢钱为最多，但全部流散。20世纪六七十年代再遭破坏，土台大部被铲平，从保留的断面看，地表以上土层含有东周至汉代陶片，地表以下主要为龙山文化层。地表上可采集到具有龙山文化特征的方格纹、篮纹、绳纹陶片及殷商瓦鬲碎片，这说明该遗址延续时间跨度之大。在遗址北乔寨村村民家中，征集到大量陶罐、陶壶、铜镜、五铢钱等汉代陪葬品，空心汉墓砖尤多见。考古工作者先后于1977年、1978年两次到遗址现场考查，确认该遗址具有重要考古价值，现为河南省省级重点文物保护单位。

沿海地区的龙山文化是一种以黑陶为主要特征的考古学文化，故曾被称为“黑陶文化”，其主要器物有罐形鼎、鬶、高柄杯、平底盆等。豫东地区的龙山文化处于海岱龙山文化分布范围内。海岱龙山文化的分布，除了山东大部外，还包括苏皖北部和豫东地区，海岱龙山文化延续了约600年的时间，其存在的年代范围大约在距今4600年到4000年。从目前海岱龙山文化的分布看，虽然在有些地区比大汶口文化的分布有所扩展，但还没有覆盖全省范围，如在山东聊城，龙山文化遗址就主要分布在大运河以东地区。龙山文化时期诸多文明要素已经出现，特别是在龙山文化晚期先民开始向鲁西北等地迁徙，在那里建立起诸多中心城址。龙山文化时期比较重要的遗址如章丘城子崖、邹平丁公、阳谷景阳冈、临淄田旺、寿光边线王、茌平教场铺、日照两城镇等。

睢县周龙岗遗址属于龙山文化的王油坊类型。王油坊遗址位于河南永城市酂城镇王油坊村东北，发现于当地称之为堌堆的台丘之上，面积大约 1 万平方米，发掘面积 800 多平方米，在扰土层下即龙山文化层，陶器以泥质灰陶为主，也有少量黑陶、红陶、白陶等，纹饰以篮纹为主，绳纹次之，方格纹少见，器形有罐、鼎、碗、圈足盘、甗、瓮、豆等，城这种文化类型在豫东和鲁西南地区发现十多处，豫东除周龙岗外，还有造律台、王油坊、清凉山、鹿台岗、黑堌堆、坞墙等，鲁西南的遗址如菏泽安邱堌堆、曹县莘冢集和梁山县青堌堆等，另外还有安徽萧县花家寺、江苏兴化戴家舍南荡遗址等。河南睢县的龙山文化遗址发掘并不充分，可以用来讨论的材料较少，不过，从周龙岗遗址的发掘看，周龙岗遗址的器物与王油坊类型有着较大的一致，同时也受到了周边文化的影响，也就是说，王湾三期文化、后岗二期文化和典型的山东龙山文化对周龙岗文化都有着强烈影响，在周龙岗遗址没有发现王湾三期的典型器物鬲。

王油坊类型来源于大汶口文化晚期的尉迟寺类型。尉迟寺类型大汶口文化主要分布在山东西南部、河南东部和安徽北部，这一时期的陶器以红褐陶为主，多见篮纹，亦有少量细绳纹，器形主要有折腹釜形鼎、袋足鬶、罐形鼎、盉、尊、碗、高柄杯等，代表性器物是侧三角足罐形鼎、高颈宽肩壶、细长颈袋足鬶、平沿下垂浅盘和粗柄镂空豆等。对于豫东、鲁西南和皖北地区的龙山文化时期的遗存，在类型学划分上考古学界有着不同意见，分别主张青堌堆类型、造律台类型和王油坊类型。青堌堆类型提出最早，这种提法强调了豫东、鲁西南、皖北龙山文化的独特性，造律台类型则是最早发现的这种文化类型的遗址，王油坊遗址为发掘面积较大、出土陶器较多的文化遗址，把这些地区的文化遗存称为造律台或王油坊类型，涉及考古学的命名通则，只不过是以最早发现的遗址命名还是以文化遗存丰富的遗址命名，考古学界并没有统一的标准。鉴于造律台遗址发掘较早，发掘面积较小，出土的文物也较少，完整器物只有 10 多件，器形主要有鼎、鬲、甗、鬶、盘、罐、盆、碗等，还发现有石磨盘和石磨棒，造律台的石器、骨器、蚌器和城子崖的相似；① 器物类型的主要特征是陶器以泥质深灰陶为主，另有一定比例的夹蚌壳末陶器。陶器制作规整，器壁较薄，质地坚硬，火候高。器表纹饰以篮纹、绳纹和方格纹为主，素面和磨光也占一定比例。器形以大量的深腹罐为最具特色的陶器，其次有鼎、甗、小口瓮、大口瓮、子母缸、圈足盘、大器盖、鬶等。② 考古学界鉴于王油坊遗址的典型性，认为统一以文化遗存较为丰富的王油坊来命名较好，就像用二里头文化取代洛达庙文化、红山文化取代赤峰二期文化等，用文化遗存丰富的遗址来命名，更有利于对文化类型学的认识。

## 三

豫东地区在山东龙山文化时期之后分布的主要是岳石文化，二里头文化的影响还非常有限，同时，先商文化在这一时

---

① 李景聃：《豫东商邱永城调查及造律台黑孤堆曹桥三处小发掘》，载《考古学报》1947 年第 2 期。

② 段宏振、张翠莲：《豫东地区考古学文化初论》，载《中原文物》1991 年第 2 期。

期已经进入豫东甚至豫中地区，并且成燎原之势，最终商文化成为豫东的主要文化力量。就河南睢县而言，这里在东夷人的龙山文化之后，是岳石文化、先商文化和商文化的分布区。

岳石文化是与二里头文化大致同时代的考古学文化，岳石文化得名于青岛平度市东岳石村，是继龙山文化之后在海岱地区广泛分布的一种考古学文化，绝对年代在公元前 1900 年到公元前 1600 年。岳石文化最早发现于 1959 年，对其研究则始于 20 世纪 70 年代。岳石文化的分布范围和龙山文化大致相同，主要分布在山东、江苏北部、安徽北部、河南东部等地，由于对其发掘研究较晚，已发现遗址没有山东龙山文化遗址数量多，除平度东岳石遗址，牟平照格庄、章丘王推官庄、青州郝家庄、泗水尹家城、菏泽安邱堌堆、杞县鹿台岗等遗址，都是比较典型的岳石文化遗址。

睢县据调查发现的岳石文化遗址有睢县两河口①，另外豫东地区经正式发掘，发现的岳石文化遗址有夏邑清凉山、鹿邑栾台和杞县鹿台岗遗址。商丘市境内发现最早的岳石文化遗址为 1988 年发掘的夏邑清凉山遗址，岳石文化处于河南龙山文化与商文化之间②。岳石文化的陶器以褐色陶为主，器壁比较厚重，以素面和磨光为主，有纹陶器较少。

在河南睢县周龙岗，还发现了先商文化遗存，另外发现先

① 赵俊杰：《豫东西部地区夏商时期遗址调查初步报告》，载《安徽文学（下半月）》2009 年第 8 期。

② 宋豫秦：《现今南亳说与北亳说的考古学观察》，载《中原文物》1991 年第 1 期。

商文化遗存的还有杞县鹿台岗、民权牛牧岗、柘城史堌堆等遗址。河南杞县鹿台岗遗址，位于杞县裴村店乡鹿台岗村，遗址北高南低，平面呈梯形。1989 年在鹿台岗遗址曾经发现龙山文化、岳石文化、先商文化、二里岗上层文化、晚商文化和东周文化等时期的文化堆积，杞县鹿台岗遗址先商文化属于漳河型。鹿台岗先商文化陶器以夹砂灰陶为主，其次是泥质灰陶和黑陶，夹砂和泥质褐陶发现较少，代表性器物有绳纹鬲、橄榄型罐、平口瓮、鼓腹陶盆等。

在鹿台岗遗址的文化内涵中，未发现二里头文化遗存，却共存有与二里头文化属同时期的岳石文化和先商文化，从而表明今杞县境域应是二里头文化分布的东部边界。相反鹿台岗遗址是迄今为止发现岳石文化最西的地点，是豫东一带先商文化最西的地点，而位于其西部的朱岗和其西南部的段岗、牛角岗遗址也均未发现岳石文化和先商文化的遗存。

2007 年，郑州大学历史学院考古系会同商丘市文物局和民权县文化局等对民权县牛牧岗遗址进行了发掘，[①] 发现了下七垣文化遗存，其文化面貌和鹿台岗先商文化相似。另外，民权县的吴岗、牛牧岗、睢县的周龙岗、柘城的史堌堆等地也发现了先商文化遗存，器物以鬲和橄榄型罐最具特色。

从考古发现看，先商文化分布的中心在豫北和冀南地区，在河南的郑州、开封、商丘等地都发现有先商文化遗存。主要

① 张国硕、赵俊杰：《河南民权县牛牧岗遗址发掘简报》，载《考古》2012 年第 2 期。

遗址有河北邯郸磁县界段营、下潘旺、下七垣、南城，邯郸涧沟、龟台寺，邢台葛家庄；河南安阳大寒南岗、鄣邓，新乡潞王坟，辉县琉璃阁、孟庄、孙村，淇县宋窑，鹤壁刘庄，杞县鹿台岗，焦作安阳城遗址等。

下七垣遗址位于河北磁县西南漳河北岸，1974 年开始发掘，遗址包括商代早、中、晚和二里头文化层，其中文化层第三层为先商文化。对于先商文化的认识上，有学者主张划分为漳河型、辉卫型、南关外型，不同类型文化面貌不尽一致，反映出受周边文化影响的程度不同。在河南鹤壁刘庄遗址发现下七垣文化的公共墓地，发现墓葬 338 座，为长方形竖穴土坑墓，多为单人仰身直肢葬式或单人俯身直肢葬式，随葬品以鬲、罐、盆、豆、圈足盘等为主，许多墓葬只随葬单件鬲或罐。① 在辉县孟庄遗址也曾发现二里头文化时期墓葬 23 座，14 座有随葬品，7 座随葬 1 件器物，5 座随葬 3 件器物，2 座随葬 3 件器物。这些墓葬随葬品简单，为日常用品，虽有贫富差别但社会分化不太严重，阶级正在逐步形成。鹤壁刘庄墓地规模较大，已经出现了较明显的阶级分化，等级高的墓葬有的已经使用葬具，随葬器物较丰富，已经开始出现陶礼器。辉县孟庄还发现了城址，学界对于城址性质有不同认识，有学者曾分析此城址性质属于先商文化而不是二里头文化。②

---

① 河南省文物考古研究所：《河南鹤壁市刘庄遗址下七垣文化墓地发掘简报》，载《华夏考古》2007 年第 3 期。

② 张应桥、徐昭峰：《试论辉县孟庄二里头文化时期城址的性质》，载《中国历史文物》2008 年第 1 期。

从以上分析可以看出，在豫东地区主要存在三股势力，即夏文化、东夷文化和先商文化，在夏的时候，先商文化就已经从豫北、冀南来到豫东，也就是考古学上的鹿台岗类型，鹿台岗先商文化是从漳河型先商文化发展而来，商人早期从漳河流域南下来到商丘地区。有学者认为鹿台岗类型的发现，扩大了人们对于下七垣文化分布范围的认识，填补了漳河型文化与郑州、洛阳一带先商或早商文化之间的缺环。这样也就从考古学方面揭示了商文化策源于豫北、冀南，取道并拓展于豫东，继而入主郑、洛地区的先商时期的迁徙路线。①

豫东地区在龙山文化时期处于东夷人的占领下，之后进一步发展为岳石文化，后来为二里岗文化所取代，豫东主要成为商人的地盘。河南发现的二里岗文化主要是二里岗文化上层遗址，豫东二里岗时期的文化遗址主要有睢县犁岗、鹿邑栾台、柘城孟庄等，器形以夹砂和泥质灰陶为主，多绳纹，器形主要以方沿鬲、夹砂罐为主，还有敛口斝、大口尊、假腹豆、甗等。

豫东殷墟文化时期的文化分布较广泛，主要遗址有鹿邑栾台、柘城孟庄、淮阳平粮台、夏邑清凉山等。器形以鬲、甗、盆为主，陶器以泥质灰陶和夹砂红陶为主，有别于殷墟遗址以泥质灰陶和夹砂灰陶为主的陶器。

二里头文化和先商文化在豫东地区较少发现，表明豫东地

---

① 魏兴涛：《试论下七垣文化鹿台岗类型》，载《考古》1999 年第 5 期。

区不是商人的发源地。商人灭夏前的先商文化是今河北境内的下七垣文化，这种文化以漳河为核心，尽管在豫东曾发现先商文化器物，但商人大举从河北中部进入河南应在夏末商初，并从豫东到达河南郑洛地区，完成了商代夏的历史进程。

睢县在远古时期就有先民在此活动，处于仰韶文化和大汶口文化的交融地带。随着东夷势力的扩张和西进，豫东成为大汶口文化的重要分布区，到龙山文化时期，夷人分布范围日益扩大，势力扩展到商丘、开封和周口一带，在文化面貌上和山东菏泽等地的考古文化属于同一种文化类型，在今睢县境内，也留下了周龙岗、乔寨、王庄等文化遗存。此后，典型龙山文化发展为岳石文化，今睢县境内，考古学文化的链条比较清楚，周龙岗、乔寨、犁岗等夷商文化遗存，表明睢县是中国早期文明的重要发源地之一。

# 牟国的来源、迁徙及历史贡献探析

徐祥法 刘家文

（济南市嬴秦文化研究院）

牟国，是两周时期山东境内的一个小国，其初建之地在今济南市钢城区境内，后黯然外迁。由于存在于齐、鲁两国的夹缝之中，牟国在两国历史光环的映射下，显得比较黯淡。然而拨开历史浮尘，我们发现，在灿若星辰的中华文明历史元素中，牟国所闪耀的历史光芒，特别是其在冶铸方面的贡献，尤为耀人眼目。

图1 牟国故城遗址

## 一、牟国的来源

西周初年，周武王封祝融之后于牟。《世本·氏姓篇》载：“牟子爵，祝融之后。”牟国为子爵国，在西周五等爵位（公、侯、伯、子、男）中属第四等，史称“牟子国”。《汉书·地理志》载：“泰山郡牟县，故牟国也。”《续修莱芜县志》载：“（牟国故城）在县治东二十里，牟汶曲中。春秋桓（公）十五年，牟人来朝。此其故都也。”“耕者往往于其地得周鼎彝。”现存牟国故城遗址系全国重点文物保护单位，位于今济南市钢城区辛庄街道赵家泉村，为牟国前期的都城所在地。牟国故城遗址因未进行挖掘，详细文化信息欠缺，根据当前掌握的该遗址的文化特征，牟国从商代经周代一直往下延续。

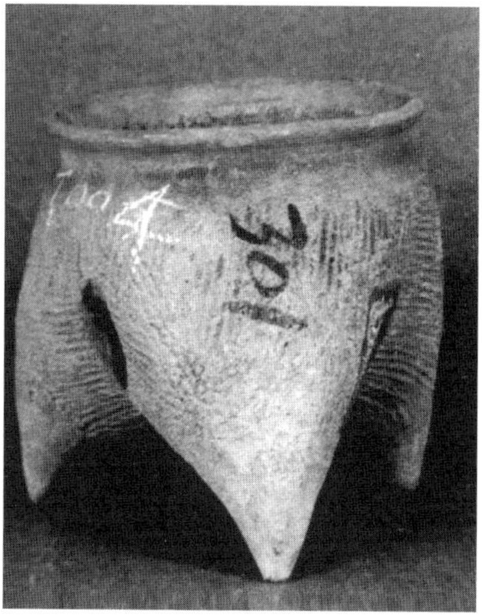


图 2 牟国故城遗址出土的商代陶鬲

至于牟国为何以“牟”命名，检索各类历史资料，未发现有关权威答案。周武王封祝融之后于“牟”，此“牟”乃“牟”地（即现牟国故城遗址）。牟地作为一个古老地名早已存在。“祝融之后”被周武王封地之前与牟无涉，后以封地名作为族名、国名。因而，对于“牟”这个地名的来历，值得探讨。

“牟”字，在古今文字工具书中，都有解释。诸如：“牟，牛鸣也，从牛，象其气从口出。”(《说文·牛部》)“来麰，麦也。从麦，牟声。莫浮切。”(《说文·麦部》)牟，“通‘麰’。大麦。”(《辞海》)《诗·周颂思文》：“贻我来牟。”《释文》曰：“牟，《字书》作麰。”……凡此种种，不一而足。通常认为，牟（麰）作为一种农作物，是指大麦。

商代，麦类作物已广泛种植，甲骨卜辞中“告麦”“尝麦”之类的词语屡见不鲜。然时至今日，卜辞中仅以麦（或来）称呼麦类，并未发现以牟（或麰）为麦类称呼。当下目光所及，将小麦称之为“来（麳）”、大麦称之为“牟(麰)”，最早见于三国魏张揖所著《广雅·释草》：“来，小麦。牟，大麦。”

东汉许慎的《说文解字·来部》：“周所受瑞麦来麰。一来二缝，象芒朿之形。”《说文解字注》：“毛诗传曰：‘牟，麦也。当是本作来牟，麦也’，为许麰下所本。……古无谓来小麦、麰大麦者。”王襄也认为“来麰”为“麦”之异名，“来”为“来麰”之简称。

徐廷文、冯宗云在《从来牟的释义谈中国栽培大麦起源问题》一文中对来、牟与小麦、大麦的称呼问题作了如下阐述，窃以为比较精当：

东汉许慎《说文》谓：“麰，来麰，麦也牟音”。故“麰”字的形成是从“牟”音而非从“牟”义。古代不仅以“牟”音称“麦”，而且还以“幕”“埋”“蘿”“昧”（方言）等字音称“麦”。在先秦时期，“牟”并未作为“麦”的代义词而单独存在过，只与来字连用组成“来牟”在《诗经》中出现过二次。从《思文》《臣工》两章诗句内容分析，来牟的长势和熟期都不会是两种作物，而是一种作物。诗句中的牟既非专指大麦，也非专指小麦，只能当一般麦字用，即“牟，麦率用也”。来牟就是来麦。但牟既可当麦字用，也就可被用作专指小麦和大麦，以致后人解释各异。①

由是观之，最晚在西周之前，牟为麦类的统称。

《诗谱》载：“商王不风不雅，而雅者放自周。”西周时期，关中话被称为“雅言”。孔颖达曰：“雅言，正言也。”雅言，在周代相当于现在的普通话曾被广泛推广。“麦也牟音”，关中话将普通话次浊入音的“麦”入阴平，古代关中话可读作 mù（如牟平之牟）。周武王封祝融之后于“牟”，亦即封于“麦”。在商代甲骨卜辞中，“麦”地也频频出现。如“丙子卜，在……贞，王田麦……”（《殷墟书契菁华》10.93），“丙成王卜，在疐贞：田麦，往来亡灾？”（《合集》41826），“王申王［卜］，贞：田麦，［往来］亡灾。”（《合集》37448），等等。南开大学历史学院教授、古籍与文化研究所所长陈絜先生考证“麦”地在莱

---

① 徐廷文、冯宗云：《从来牟的释义谈中国栽培大麦起源问题》，载《西南农业学报》2001 年第 1 期。

芜（原莱芜市）境内[①]，笔者按图索骥，进一步考证甲骨卜辞中的麦地为牟国故城遗址一带。[②]

《左传·隐公八年》载："天子建德，因生以赐姓，胙之土而命之氏。"在西周的分封制度中，"氏"因封地而得，且多以氏名国。祝融之后被封于"麦"地，在国名读音上自然要严格遵守"雅言"读音标准，在上传下达、国家交往等官方活动中，自然会以"麦"的"雅言"读音读作"mù"，而不会以"mài"音称国名。西周初期，牛已成为人们生产生活中不可或缺的元素，牛鸣的"牟"声被视为一种吉祥的声音，依声表意，附于"牟"字之上，"牟"便以国名的身份登上了西周的历史舞台。

事实上，周代让四方民众舍弃本地方言而通用"雅言"，显然不切合实际。即使在广播电视、网络媒体如此发达的今天，普通话推广仍任重道远。因而《礼记·王制》有"五方之民，言语不通，嗜欲不同。达其志，通其欲"的表述，这一点也有案可稽，如牟国故城遗址附近的今济南市莱芜区墨埠村本名麦埠，盖因商代"麦"地的一个船埠、渡口而得名。这也是牟国的"牟"和麦埠的"麦"作为原表一意的两字，落

① 陈絜：《[卣直]方鼎铭与周公东征路线初探》，载《古文字与古代史》第四辑，"中央研究院"历史语言研究所；陈絜、赵庆淼：《"泰山田猎区"与商末东土地理——以田猎卜辞"盂"、"[劳]"诸地地望考察为中心》，载《历史研究》2015年第5期。

② 徐祥法：《甲骨卜辞"麦"地与莱芜渊源考》，见《嬴秦文化研究与成果转化——中国·济南第三届嬴秦文化与中华嬴秦文化园规划研讨会文集》，山东大学出版社2021年版，第276~288页。

到两个名称上就分别称呼的原因。

牟国作为周王朝所封之国，为显示“麦”与“牟”的联系，麦和牟组成的“麰”字便闪亮登场。《说文》以为齐谓麦为秾，或作麳。齐与牟毗邻，为从使用广泛且多意的“来”字中区分出来，遂在“来”旁加“禾”字或“麦”字，用以麦类专指。因“牟”有大之意，人们便释“麰”为大麦，“麳”便成为了小麦。

## 二、牟国的外迁

牟国在齐鲁两国之间的莱芜一带存在了四百多年。约在齐灵公灭莱之后，其主体部分被迫离开故土迁往他地。其被迁地非常明确，即胶东地区今烟台牟平、福山、莱山一带，在那里又重建牟子国，后来此地被称为“东牟”。

其实，早在春秋之初的齐桓公时期，就有一部分牟国人外迁，外迁之地为河南鹤壁山城区一带，即春秋时期的“中牟邑”。当时，东周列国时常受到赤狄、白狄、长狄等北方民族的侵扰，齐桓公联合中原列国实施“存鲁救燕”“迁邢封卫”的善政，赢得诸侯们的拥戴。《国语·齐语》云：“桓公知诸侯之归己也，故使轻其币而重其礼……筑五鹿、中牟、盖与、牡丘，以卫诸夏之地，所以示权于中国也。”齐桓公从向中原诸国显示自己的权威，彰显在诸侯中的大国、强国风范和担当，同时维护周王朝利益的角度出发，从本国调兵遣将，建五鹿（河南濮阳）、中牟（河南鹤壁）、盖与（山西和顺）、牡丘（山东茌平）等城池关隘抵御外侵。其中，把守中牟者，为齐国控制下的牟国人；而把守盖与者，应来自齐国的盖邑（山东沂源），这两地牛郎织女的传说如出一辙，而沂源牛郎织女传说起源地就在盖邑城附近，或为盖邑人将这个故事从山东沂源带到了山西和顺，此不论。

诘难者或许会问，有东牟、中牟，是否还会有“西牟”？其实，这是曲解了“中”的含义。《说文解字》注中，“当作‘内也’。宋麻沙本作‘肉也’。一本作‘而也’，正皆‘内’之讹。《入部》曰：‘内者，入也’；‘入者，内也’。然则‘中’者，别于‘外’之辞也，别于‘偏’之辞也，亦合宜之辞也”。“中牟”实为“内牟”之意。“东牟”之“东”“中牟”之“中”，实际上是相对于周王朝的疆域来说的，其时虽诸侯林立，争霸烽烟四起，但周王朝的框架还在，各诸侯国即便各有自己的算盘，但表面上还是表示臣服周王朝。原牟子国所在地仍称牟，东迁的牟子国在周王朝版图东部，因称东牟；西迁的牟国人在周王朝版图内部、中部，故称“中牟”。隋开皇初年（581），隋文帝杨坚为避其父杨忠之讳，将河南中牟县改为内牟县，即为依“中牟”原意而改。至于今郑州市所辖中牟县，春秋战国时期有棐林、焦城、圃中、曲遇聚等诸多称谓，改称“中牟”年代较晚，或因中牟邑人迁居于此而命名，与春秋中牟无涉，此不赘。

## 三、牟国外迁原因探析

春秋时期，冶铁术初兴，牟国人的冶铁技术在当时首屈一指。冶铁较于冶铜，关键在于火候温度的提升。铁的熔点为

1538℃，而铜的熔点只有 1083.4℃。当时冶铸工匠虽已熟稔冶铜技术，但在用木炭冶炼的时代，一下将温度提升 500 多摄氏度，难度是相当大的。牟国人之所以被称为上古神话中“火神”祝融之后，当与牟国人擅长掌火提升炉温冶铁以及冶炼技术熟练有关。传说位于河南省遂平县嵖岈山上有“祝融石”，经专家考证，所谓“祝融石”实为含铁量很高的铁矿石。之所以称为“祝融石”，大概是当时人们冶炼时祈求“火神”祝融佑护，提升炉温以达到冶炼效果的缘故。

《集韵》：铁古作銕。銕，从金从夷，当与东夷人擅长冶铁有关。中国最早的冶铁地被确定在与莱芜（今济南市莱芜区）毗邻的淄博市。[①] 其实牟子国所在的莱芜自古为冶铁重镇，露天铁矿较多，铁矿石易开采、品位高，其冶铁历史也未必晚于淄博。莱芜古代矿冶发达是不争的事实。《嘉靖莱芜县志·文章志》载：“矿冶设官，其来远矣。夏禹之际，已有朝贡于王。”《续修莱芜县志》记载莱芜冶铁，“稽之史册，应在秦前”。牟国人在此长期繁衍生息，矿冶是最重要的经济来源和国力保障，境内城子县、东风炉、孙封邱以及牟国故城遗址的赵家泉等多处春秋战国乃至商代的冶铜、冶铁遗址证明了这一点。

牟国自古冶炼业发达，境内遗留下来诸多与冶铸有关的地名，诸如南冶、小下冶、徐冶、大冶以及铁车（本为“铁

---

① 张光明、于孔宝、陈旭主编：《中国冶铁发源地研究文集》，齐鲁书社 2012 年版。

池”，自古以来当地人一直将“车”读作“池”），等等。《礼记·内则》载：“敦牟卮匜。”郑玄注：牟，读曰堥。敦、牟，黍稷器也。释文：齐人呼土釜为牟。《后汉书·礼仪志》载：“卮八，牟八。”《后汉书·祢衡》载：“更著岑牟单绞之服。”牟通“鍪”，指金属头盔。古代将金属器具名与国名、族名相同者极为罕见，之所以以“牟”字命名上述物件，当与牟人擅做此类器具且在当时独树一帜有关。

图3　高奴禾石铜权

其实，存世文物也印证了牟人在冶铸方面的高超技艺。1964年西安市阿房宫故地出土的高奴禾石铜权。其中有铭文曰：“三年，漆工熙、丞诎造，工隶臣牟，禾石，高奴。”秦统一度量衡后，对于衡器制造已有严格的制度，其上铸铭文以示责任人。铭文中“工隶臣”意为铜权铸造者，“牟”为铸造者姓氏。《风俗通》云：“牟子国，祝融之后，后因氏焉。”此石铜权自始铸至秦二世六年，三次镌刻铭文，长期作为标准器使用，足见其精密程度，而铸造工匠来自牟国，可见牟国工匠的铸造技术在全国首屈一指。1954年，泰安市泰山区东更道村出土6件楚高缶及一件特大铁盘。据王恩田先生研究，这件春秋晚期的特大铁盘专为祭祀泰山而铸造，其铸造地应为牟子国所在的莱芜地区，在春秋晚期能够铸造出这样的大型铁盘，在当时是其他各国尚未掌握的尖端技术。[①]

齐桓公之所以迁牟子国人于中牟以御戎狄，盖因牟子国人熟练掌握了冶铸技术，尤其是冶铁技术。冶铸技术对当时的生产生活、抵御外侵尤为重要。《管子·小匡》："美金以铸戈剑矛戟，试诸狗马；恶金以铸斤斧钼夷锯欘，试诸木土。"美金者，铜也；恶金者，铁也。恩格斯曾指出，铁使更大面积的农田耕作，开垦广阔的森林地区，成为可能；它给手工业工人提供了一种极其坚固和锐利非石头或当时所知道的其他金属所能抵挡的工具。[②] 齐国将铁器用于耕种，使生产力得到极大提高。《管子·海王》："今铁官之数曰：一女必有一针一刀，若其事立；耕者必有一耒一耜一铫，若其事立……不尔而成事者天下无有。"这说明铁器在齐国已经成为做工务农必不可少的工具。齐国在卫国边境建中牟城，正是利用牟人高超娴熟的冶炼技术，造青铜兵器用于应对戎狄侵略，做铁器提高生产力，做好军队的后备工作。在中牟城所在地的鹤壁市鹿楼冶铁遗址，出土了大量东周时期冶铁遗物，足可证明中牟人在此大规模冶铁并展现出发达的冶铁技术。

至于牟子国的东迁，通常认为齐鲁两国之间战乱不断，

---

① 王恩田：《楚高缶与楚公子高伐东夷——春秋晚期大铁盘的发现及其重要意义》，载《江汉考古》2018 年第 1 期。

② ［德］马克思、［德］恩格斯著，中共中央马克思恩格斯列宁斯大林著作编译局译：《家庭、私有制和国家起源》，见《马克思恩格斯全集》第 21 卷，人民出版社 1965 年版，第 186 页。

处于两国之间的牟子国成为两国的主要战场，因不堪蹂躏，被迫迁往胶东地区。事实上，春秋末期牟子国早已在齐国的实际管控之下，想灭之也就是轻而易举，然齐国遵从“尊王攘夷”的政策，对于周王分封的这个子爵国，无意灭之。当时齐灵公新灭莱国，牟国便迁往莱国旧地。但牟子国没有想迁就迁的自由，若非齐王指令，蕞尔小国牟国安敢趁机鸠占鹊巢？似乎没有这么便宜的事。之所以牟国东迁，最主要的原因是齐国想利用牟国国民掌握的高超冶铁技术，发展齐国经济。

齐桓公时期，齐国实行盐铁官营。“管仲开盐铁专卖之先河，他通过详细计算出齐国的盐铁年用量，实行国家垄断经营，收入颇丰。管仲生财有术的主导思想是治民和称霸。”① 管仲建议“官山海”，郭沫若先生认为，“官”者，管也。“管海”自然是指管制盐业，“管山”就是把矿产管制起来，这里就包含着铜铁。齐桓公时已有铁的使用，是毫无疑问的。因此，管仲所说的“美金以铸戈剑矛戟，试诸狗马；恶金以铸斤斧钽夷锯欘，试诸木土”，美金是指青铜，恶金是指铁，也是毫无疑问的。齐桓公之所以能够划时代地成为五霸之首，在诸侯中特出一头地，在这儿可以找得出它的物质根据。煮海为盐积累了资金，铸铁为耕具提高了农业生产。所以桓公称霸并不仅仅由于产生了一位特出的政治家管仲，而是由于这位特出的政治家找到了使

① 孟广章：《管仲理财》，载《财会研究》1995 年第 4 期。

国富强的基本要素。[①]

正是凭借着对盐铁资源的管控和利用，桓公时期的齐国国力达到鼎盛，乃至雄霸一方、傲视诸侯。齐国凭借管仲实施的改革红利和资源优势，延续着强国地位。齐灵公灭莱后，疆域扩大，而莱国地盘百废待兴。齐国坐拥渔盐之利，再利用当地矿山资源发展冶铁无疑是壮大国力的首选之举。

作为新兴产业且前景广阔的冶铁业，仅有矿产资源是不够的，产业振兴，技术工人不可或缺，因而，熟练掌握冶铁技术的工匠成为本国的宝贵财富和他国的觊觎对象。王恩田先生认为，春秋时期楚国之所以伐东夷，“除攫取铁资源外，俘获冶铁工匠也是重要的目的”[②]，洵为卓识。处于齐国边境的牟子国，冶铁工匠比比皆是，齐国将之东迁，除了开发新纳入版图的莱国旧地，保护冶铁工匠不让流入他国、维护冶铁行业的领先地位也是一个重要原因。

齐灵公对灭莱战役中功勋卓著的叔夷予以赏赐，铸《叔夷钟》以为纪念，其铭文中记载，赏给叔夷“造铁徒四千”，同时赏赐“莱仆三百又五十家”。铭文中点明赏赐的仆人为莱国本地人，对于四千“造铁徒”的来源却没有提及，通常认为“造铁徒”同样原属莱国。这样一篇文思缜密的长篇铭文为何明此暗彼？按正常的行文规律，应作赏“莱造铁徒四千”。当

① 郭沫若：《郭沫若全集（历史编第三卷）》，人民出版社 1984 年版，第 195 页。

② 王恩田：《楚高缶与楚公子高伐东夷——春秋晚期大铁盘的发现及其重要意义》，载《江汉考古》2018 年第 1 期。

时齐国已经把“造铁徒”视为一种国家资源，他们并非莱国人，是从他地迁徙而来的造铁工匠。此时，拥有众多造铁工匠的牟子国已在齐王的指令下浩浩荡荡迁往莱国故地，《叔夷钟》所言“造铁徒四千”应为牟子国民。

牟人所迁之处，都有冶铁遗址伴随，也可说明牟国与冶铁的渊源。除上文所说“中牟邑”的鹿楼冶铁遗址外，牟子国东迁的胶东地区，如烟台“福山冶铁业历史悠久，春秋战国时期，位于福山古现的牟子国故城就有炼铁遗址”①，以及牟平冶头冶铁遗址等，这都说明了牟子国与冶铁行业的内在关联。同时，牟子国东迁之地的“莱西县（今莱西市）、牟平县（今牟平区）相继出土的窑藏的西周中期齐地制造的铁鼎和铁耒”，“1956 年在青岛崂山东古镇出土铁带钩 1 件；同年在荣成三冢泊村出土了战国大铁权 1 件，重 24 公斤，高 18 厘米，底径 24 厘米。另有小铁权 1 只，铁钉 1 只”。② 足证牟子国东迁后给当地冶铁业带来了普及和发展。

## 四、结语

牟国故城东 10 公里处有山曰“牟（峰）山”，为方圆数十公里内最高的山，是牟国人心中的圣山。牟国人所迁之处，都命名当地一山为“牟山”，诸如今河南鹤壁市西牟山、山东

① 宋志刚：《鲁菜之都 · 鲁菜之乡 · 烟台福山——“鲁菜文化”向“文化鲁菜”嬗变》，载《走向世界》2015 年第 40 期。

② 转引自刘凤鸣：《齐文化对胶东莱文化的影响与提升》，载《管子学刊》2005 年第 4 期。

烟台市牟平区宁海镇牟山、山东安丘市西南牟山，等等，或以此寄托对故土的眷恋。然江山更易、世事变迁，至战国末，齐国势力衰微，楚国乘势而入。公元前 256 年，楚灭鲁，后继灭牟，存在了约八百年的牟国消失在历史长河中。牟山犹在，牟国只留下了黯淡的史影。拨开历史迷雾，我们发现，牟国也曾有耀眼的历史光环，尤其是他们的冶铁技术，无疑在中国冶金史上写下了浓墨重彩的一笔，这对我国冶铁起源、发展起到了至关重要的作用。

# 说说“莱人西来”与“牟国东迁”

李　皓

（济南日报报业集团鲁中分社）

罗贯中《三国演义》开篇有句：话说天下大势，分久必合，合久必分。这虽是一句小说中的话，但它却恰如其分地道出了人类历史的发展规律，秦大一统中国之后的很长一个时期里是这样，秦大一统之前的诸侯混战时期也是这样。古今中外，历史上的所有国家，无论大小，其诞生、发展及其地域的扩大、缩小，甚至灭亡，都有一个相对漫长的演变过程，因而也都在历史长河中留下道道或深或浅的过往痕迹，让后人回溯之后，不断思辨、反复品咂。

我国历史上建立于现今山东省地域上的莱、牟两个小国，便是这样的一种存在。

本文作者立足莱芜，仅就历史上与莱芜有关的“莱（子国）人西来”与“牟国东迁”之事，作一系统性梳理，以期厘清这一历史发展脉络。

## 一、莱子国的建立及其西来原因

莱子国始建于西周初期，是我国历史上夏商周时期地处胶东半岛上的一个诸侯国。史料上有关它的详细记载基本没有，散见于古老典籍里的零星文字，有如下记载：

《尚书·禹贡》里有这样的话：“海岱惟青州，嵎夷既略，潍淄其道……厥贡盐絺，海物惟错……莱夷作牧，厥篚檿丝。”意思是：（夏朝）东海和泰山之间是青州，嵎夷（指胶东东部）已经被区划好了，潍河和淄河也得到了疏导，这里向大夏进贡的物品是食盐、丝绸和多种海产。莱是这里的首领，这里的人擅长养蚕、制造桑弓、织造丝绸。

清人胡渭在《禹贡锥指》里说：“今登州、莱州二府，皆禹贡莱夷之地，三面溯海，皆为斥卤，五谷不生。”

《史记·齐太公世家》记载：“武王已平商而王天下，封师尚父于齐营丘。”“莱侯来伐，与之争营丘。营丘边莱。莱人，夷也，会纣之乱而周初定，未能集远方，是以与太公争国。”

《左传》记载：齐襄公六年（前692），晏弱（晏婴的父亲）“入莱，莱共公浮柔奔棠”，“晏弱围棠”而灭之。

《史记·夏本纪》中也记载了武王平定天下，建立周朝后，封尚父（姜尚）于齐。在姜尚就职的路上，“逆旅之人”告诉他，莱正日夜兼程赶至营丘（今淄博）。于是，姜尚挥兵疾进，刚到营丘，莱夷人就像潮水一样扑过来。结果莱夷人战败，退到了胶东半岛。

不少研究资料均显示，随着齐国国力的增强，从公元前692年始，齐国不断讨伐莱国。作为齐地东邻的莱国，国都起初是设立在今青岛平度、烟台莱州两县级市交界的胶莱河东岸，后被迫迁至齐国以东、以北的濒海一带。齐灵公十五年（前567），齐终于攻破莱都，莱共公浮柔逃奔棠邑，而棠邑同年被灭，莱国自此灭亡。齐灭莱后，疆域几近扩大了一倍。

由此看来，当年逐渐发展起来的莱子国，疆域、实力起初是与齐国相当的，只是后来由于齐国的不断挤压、蚕食，才不得已一再向东退缩，直至被灭国。莱国子民被迫从东部沿海地区迁到今淄川城子村一带，即郦道元在《水经注》中引前人所说的“莱民播流此谷，邑落荒芜，故曰莱芜”。后又迁至今莱芜定居。由此，古莱子国便在今山东境内完成了它的东进西来过程。

清中期，胶东一带出土了很多青铜器，有人开始据其研究莱子国。有关专家现在较为一致的看法是：莱子国的历史很长，大约经历了夏商周三代漫长的历史时期，西周时屡屡受到新兴国家齐国的侵逼，齐灵公十五年（前567）被齐国所灭。莱子国的最终国都应是在黄县（今龙口市）黄城东南7.5公里处的古城遗址——归城（当地又叫灰城）姜家村一带，莱子国的疆域大体上是胶东中北部，其存续历史达500年之久。

1969年，归城遗址出土了两件青铜器，其中一件是名叫“启卣”的青铜酒器，器身上有39字铭文，有“王出狩南山”等字样；另一件是名叫“启尊”的青铜器物，刻着21字铭文，有“启从王南”等字样，与《左传·僖公四年》有关“昭王十六年伐楚荆，南征而不复”的记载相吻合，证明了莱子国国王启曾跟随周昭王南征楚国，最后战败的史实。启卣和启尊的发现，证明了莱子国是当时胶东地区的一个强国，可以随时参与周王的国事。

莱子国出土的铁器和青铜器，其冶炼技术已达到了很高水平，加上莱子国传统的盐业，可以称作是名副其实的盐铁之邦。史料记载，齐国灭掉莱子国，齐灵王为了表彰功臣叔夷，赏城一座、县二百、造铁四千人，这四千造铁匠，便是齐国俘获和受降的莱子国冶铁工。莱子国的冶铁技术和规模可见一斑。

齐灭莱后，原莱子国被齐国确定为鱼盐和冶铁基地，国民仍念念不忘熬盐和冶铁。归城莱子国遗址附近，现在仍有许多名字含“冶基”的村庄，如“冶基姜家”“冶基鞠吕卞”等，可见古莱子国人为家乡取名是与生产密切相关的。至于今莱芜悠久的冶炼史和传承至今的冶炼技术，估计也与此密切相关。

今《莱西市志》上的记载，也能从另一个侧面证明古莱子国当年在胶东地盘上的实力不凡：

莱西本名为莱阳，因在莱山之南而得名。而莱山之名，得之于商周时的方国“莱国”。莱国是东夷部落中的莱族人建立的，前后存续500余年，于公元前567年为齐国所灭。莱国文化起源于华胥，华胥即莱胥。所以莱文化就是华文化，她与同时期以炎黄为代表的夏文化一起，共同构成了华夏文化。其中夏文化注重于意识形态领域，即儒家思想；华文化注重于生产力领域，即莱夷人先进的农业、制陶业、造船业与航海业。华、夏文化相互融合，碰撞发展，形成了光辉灿烂的中华文化。

古莱国的灭亡缘于夷、夏纷争，最早是启杀伯益而立夏。周之后，本为西戎落后部落的周人，为标榜其“正统”，加剧了对莱人的征伐。莱国存续期间，疆域西至临淄，东至海滨。今莱西境内的大沽河与小沽河流域，处于莱国疆域的中心位置。优越的地理位置和自然条件，使这一带逐渐成为古莱国的政治、经济、文化中心。言下之意，现莱西也是当年莱子国的重要之地。

综上所述，我们不难得出如下结论：莱子国是曾经存在于胶东半岛上的一个地盘、实力基本上都与当时齐国相当的诸侯国，由于齐国的不断挤压日渐消亡。现今的胶东地区在当时基本上都是莱子国的地盘，更不用说现今地名中带有“莱”字的莱州、莱西、莱阳、蓬莱、莱山一带了。今天莱芜地区的人们，应当也有一部分是当年“播流此谷，邑落荒芜”的莱子国先人的后裔。

## 二、牟子国的成国及其东迁过程

牟国是历史上最古老的方国之一，其立国时间应在周以前，周初续封为子国，即“牟子国”。

《世本·氏姓篇》记载：“牟子国，祝融之后。”

《左传·昭公十七年》记载：“郑，祝融之虚也。”

《春秋》记载桓公十五年“牟人来朝”、僖公五年“公孙兹如牟，娶焉”。

《汉书·地理志》记载：“泰山郡牟县，故牟国也。”

《路史·国名纪》记载：“牟，子国，楚灭之，为附庸。”

清宣统《续修莱芜县志》记载牟国故城“在县治东二十里，牟汶曲中。春秋桓（公）十五年，牟人来朝。此其故都也”。

图 1　牟国故城遗址保护碑

有关史料表明，殷周大战时期，牟人参加了战争，其首领为姜子牙手下的千户，助周取得胜利。此后，为加强对东夷的统治，周朝进行了大规模的分封，牟人就是在这一时期，作为盟邦被分封到现今的济南市钢城区（原莱芜市钢城区），主要是为了加强对东夷诸部的统治，封爵为子爵，从此开始了牟子国的历史。

春秋时期，随着周朝的礼乐崩坏，国与国之间战争不断，许多小国均在战争中沦为大国的附属国。牟国在经历了西周四百多年的安定生活后，这一时期也不可避免地成为了鲁国的附属国。

牟国处于齐、鲁两个大国之间，饱受两国战火的苦难，同时，由于齐、鲁两国力量的悬殊，作为鲁国附庸的牟国，实际为齐国控制，时间大约在长勺之战后、艾陵之战前，即公元前684年至公元前486年间，长勺之战时鲁军尚能把战场放在牟国的长勺之地与齐军交战，说明此时牟国实际在鲁国控制下。而到艾陵之战时，齐军已将牟国作为战场，说明此时牟国实际已为齐国控制了。因地处齐国和鲁国两个大国之间，每次打仗，两个国家为降低自己国家的战争伤亡，都把战场选在牟国，就这样，牟国在弱国无外交、无地位的情况下，先后成为了鲁国和齐国的附属国，时时处处被他国左右，无奈之下只好外迁。

牟国何时东迁，史料上并无确切记载。《山东古国考》有如下文字："牟本在今莱芜，齐迁之于今福山宁海，遂名东牟。"

通常的观点认为，牟国东迁是在公元前567年，齐灵公灭莱之后。这时没有后顾之忧的齐国，掉头西扩，攻击鲁国的北部边境地区，先后进行了"城之战""防之战""崔杼攻鲁"等一系列吞并战争，牟国在这个时期，为齐所控制，从此开始了东迁的历程。

牟国东迁的步履，先是到了今天的潍坊安丘一带。由于牟人在当地不断扩大居住区域，出于战略上的考虑，齐人不得不再次逼迫其东迁，《路史》中就有这样的记载："牟逼近临淄，乃迁于东海。"

齐国再次逼牟人东迁，还有一个目的就是为了攻击鲁国，并抗击与鲁国联盟的吴国，扫清山东半岛中部战场的障碍。从有关史料分析来看，牟人二次东迁时间大约应在公元前558年至公元前548年，东迁的目的地是今山东烟台的牟平、福山一带，这里原为莱子国的地盘，莱子国被齐灵公所灭，莱人被迫西迁后，这里便成了牟人的最终居住地，史称“东牟”。但其实早在齐桓公时期，就有一部分牟国人外迁，外迁之地为河南鹤壁山城区一带，即春秋时期的“中牟邑”。

事实上，数次东迁也未能挽救牟子国最终灭国的命运。一迁再迁，牟国老百姓离乡背井、流离失所、埋骨他乡，深受其苦。但即便是这样，在强大的齐国面前，弱小的牟子国，也没有任何还击取胜的希望，最后被迫龟缩在胶东半岛一角，还是被强大的齐国吞灭。

古牟子国前后存续大约也有五百年的历史，牟国遗址，现坐落于莱芜城东十公里处的济南市钢城区（原莱芜市钢城区）辛庄街道赵家泉村，居牟汶河之阳。

应该说，今天烟台的牟平、福山一带，有不少人应是古牟子国东迁子民的后裔。

## 三、莱芜名称的演变及其与莱、牟的关系

莱芜历史悠久，方志出版社2014年9月出版的三卷本《莱芜市志》“概述”中称莱芜“7000年前就有人类活动的踪迹”。

但细细考据发现，“莱芜”这一地名的诞生和地域演变，多少带有一些迷惑人的意味。用通俗话语来概括，即“现在的

莱芜古时不叫莱芜，早期的莱芜不在现在的莱芜”，这听起来有点像绕口令，需要解释一下，才能弄清来龙去脉。

所辖区域划归济南市管辖之前的莱芜市（辖莱城、钢城两个行政区）地域，虞夏时期是东夷族鸟夷首领、嬴姓氏族祖先伯益的受姓地、食邑与封国，史称“嬴国”，古城址在今济南市莱芜区羊里街道城子县村一代。商代，牟子国建立，都城在今济南市钢城区辛庄街道赵家泉村。因境内曾经有过这两个古国，所以现今的莱芜，古时是被称为嬴、牟的，就像山东被称作“齐鲁大地”一样，现今的莱芜，也被称作“嬴牟大地”。又因这里是嬴姓氏族祖先伯益的受姓地，其后嬴姓后人的一支西迁并建立了大秦帝国，所以近年来有学者又把莱芜称作“嬴秦祖里”。

图 2　莱芜古城遗址保护碑

“莱芜”这一地名的诞生，则是因为公元前567年，齐灵公灭莱，莱民播流此谷，邑落荒芜，故曰莱芜。可这个“莱芜”，其地域确实不在现今的莱芜境内，而是在今天淄博市淄川区太河镇城子村一带（目前淄博市淄川区太河镇城子村立有“莱芜古城遗址”文物保护碑），最初“播流此谷”的“莱民”，是在那片土地上生存和生活的。

那么，“莱芜”这一地域标签，又是如何被贴在了“嬴牟”地域之上的呢？

据《莱芜市志》记载，西周时期，牟子国成为鲁国附庸，嬴为鲁邑。春秋时，嬴牟地属齐国管辖。秦始皇统一天下后，推行郡县制，在今莱芜境内设嬴县，县治在今济南市莱芜区羊里街道城子县村。此后汉、晋、南北朝、隋均设嬴县，唐贞观元年（627）并入博城，从此再未复置。汉代设牟县，县治在今济南市钢城区辛庄街道赵家泉村，此后或设或撤，隋大业元年（605）并人嬴县后，未再复置。莱芜县最早设置于西汉初年，县治在今淄博市淄川区太河镇城子庄村，这一带是古莱族、牟族生活区域的交界地带，附近有长数十里的山谷，称“莱牟谷”，久而久之，音转为“莱无（芜）谷”。地因谷名，在此设县称莱芜县（与郦道元《水经注·淄水》说法不同）。

虽然时分时合、时设时撤，但上述史料证实，至少在一个时期内，嬴县、牟县、莱芜县是三个并立的存在，各有各的区域。直到武周长安四年（704），古莱芜县治才由今淄博市淄川区太河镇城子庄村，迁至今莱芜境内的莱芜区苗山镇南文字村（此前曾为嬴县县城东迁旧址）。金大定十二年（1172），莱芜县治又由南文字村迁至今莱芜区域，从此县治及境域基本稳定下来。

图 3　嬴城遗址保护碑

也就是说，“莱芜”这一县治名称，是在与嬴县、牟县并立了一个时期后，因牟县并入嬴县，嬴县后来又并入博城，从而变迁到了古嬴牟地盘上的。

# 岳石文化与平度

李　树

（山东省平度第一中学）

岳石文化是20世纪60年代中国考古的重要发现，按照国际惯例，以首次发现的遗址所在地的小地名——山东平度东岳石（村）命名。岳石文化是山东省境内继“龙山文化”（1930年在章丘龙山发现）、“大汶口文化”（1959年在宁阳大汶口发现）两种最重要的考古“文化”之后的又一次具有划时代意义的考古发现。

此前的考古发掘和研究，虽然已对“海岱地区”（包括山东省及苏北的徐淮一带）的大汶口文化——（山东）龙山文化系统，即公元前4500年到公元前2000年期间的社会面貌有了相当明确的认识，但对大汶口文化之前和龙山文化以后的情况所知仍然不多。20世纪70年代，“北辛文化”（滕县北辛村）的发现和研究，为探索大汶口文化之前的历史，打开了通道，岳石文化的发现和研究，则对了解和认识山东龙山文化以后的海岱地区尤其是胶东半岛地区的文化面貌，开辟了新的途径。由于岳石文化的历史年代（经碳-14测定为公元前1900年—前1500年）与中国古代典籍记载的夏代基本一致，其时的海岱地区在古代典籍中只被笼统地称为“东夷”而少具体史料，所以岳石文化的发现，不仅“填补了山东龙山文化和商文化之间的空隙”,[①] 而且“翻开了夏代东方考古文化研究和夷夏关系研究的新篇章”[②]。

岳石文化最先发现于平度，极大地提高了平度在中国文化史上的知名度，可以说，岳石文化是平度的骄傲。平度，应该进一步地了解岳石文化，宣传岳石文化。本文仅就考古学界对岳石文化的研究做简要介绍，并对岳石文化与平度，做一点粗浅的解说。

## 一、岳石文化的发现及其命名

第一个岳石文化遗址在平度城北25公里大泽山西麓的东岳石村东，原在岳石河（今称淄阳河，旧县志作药石河）北岸，现位于淄阳水库（俗称岳石水库）东北隅。最初是1959年秋冬修淄阳水库时发现的，其时人们缺少考古常识，只重视上层出土的一些战国墓葬中的铜器，而遗址下层里的许多陶器等却遭毁坏。到1960年夏，中科院考古研究所山东考古队对

---

① 夏鼐：《中国文明的起源》，文物出版社1985年版，第103页。

② 张学海：《硕果累累著新篇——概论新中国山东先秦考古的基本收获》，见牛继曾等主编《山东文物纵横谈》，中国广播电视出版社1992年版，第253页。

遗址残余部分进行了科学的发掘，仍然出土了大量珍贵的陶器、石器、骨器、蚌器等。1962 年第 10 期的《考古》杂志发表了《山东平度东岳石村新石器时代遗址与战国墓》的考古发掘报告，首次公布了岳石遗址出土文物，介绍了“一群前所不见、有别于典型龙山文化的类型品”[①]，揭示了其有别于龙山文化的鲜明特点。但因当时尚未发现另外的同类遗址，资料尚不完备，所以暂时只能把它归于龙山文化的一个类型。

岳石遗址发掘报告的公布，开始引起了考古学界的重视。20 世纪 70 年代和 80 年代初，在山东各地陆续发现并发掘了和岳石遗址属于同一类型的许多遗址，尤其牟平照格庄的发掘，[②] 泗水尹家城的前后共四次发掘[③]，出土文物极为丰富，经考古学界深入研究，自 1979 年就有学者提出将岳石类型独立为晚于龙山文化的另一种“文化”的主张，到 1981 年，严文明先生正式提出“继龙山文化之后发展起来的，在鲁中南不甚清楚，在胶东则是以平度东岳石遗址为代表的一类遗存，不妨称之为岳石文化。”[④] 此后，泗水尹家城遗址的第二、三、四期的连续发掘，获得了更丰富的文物，更证实了典型的龙山文化之上叠压着很厚的岳石文化层，而所有岳石类型的文物经

① 邵望平：《岳石文化——山东史前考古的新课题》，见山东省《齐鲁考古丛刊》编辑部编《山东史前文化论集》，齐鲁书社 1986 年版，第 121 页。

② 中国社会科学院考古研究所山东队等：《山东牟平照格庄遗址》，载《考古学报》1986 年第 4 期。

③ 山东大学历史系考古专业：《山东泗水尹家城第一次试掘》，载《考古》1980 年第 1 期。

④ 严文明：《龙山文化和龙山时代》，载《文物》1981 年第 6 期。

碳-14 检测证明时间的一致，以及对岳石出土文物与龙山出土文物的继承和发展关系的进一步分析研究，都使考古学界的认识趋向统一，到 20 世纪 80 年代中期，岳石文化是上承山东龙山文化的又一种考古“文化”，便成了考古学界的共识。

现在，在海岱地区尤其胶东半岛上已经发现的岳石文化遗址已达四五百处。不过，从东岳石遗址出土，至今毕竟不过 40 年，许多具体问题尚待进一步地探讨，有待于新资料的继续充实和研究的更加深入①。因为关于岳石文化时期的东夷族与其同时代的中原夏王朝之间的关系，在中国古籍中记载甚少，所以深入地研究岳石文化，必将有助于解开夏王朝的许多历史之谜。

## 二、岳石文化的基本特征

考古学范畴内的“文化”，（主要用于尚无文字记载的“史前时期”）是指同一历史时期内的多处遗址的遗迹、遗物的综合体。同一类型品如用具及其制造技艺等，则体现为同一种“文化”的主要特征。据考古学界的研究，已知岳石文化的主要特征有：

岳石文化的泥质陶主要为灰陶和黑陶。与龙山最大的差异是岳石陶器的胎壁厚而火候较高，龙山文化最具特色的蛋壳陶和常见的典型器物“鬶”在岳石文化里消失了。岳石文化则出现了子母口三足罐和舟形器等龙山文化不见的新型陶器；岳石文化里最常见的袋足肥大的“素面甗”与龙山后期开始出

---

① 严文明：《龙山文化和龙山时代》，载《文物》1981 年第 6 期。

现的“甗”，其形制也很不相同。上述岳石文化陶器的情况，证明了岳石文化是上承山东龙山文化而发展起来的海岱地区的一种重要的“文化”。

岳石文化的另一重要特征是在泥质陶器上施加彩绘（有红单彩和红黄白多彩）而成“彩绘陶”，这是前所不见的。虽然“彩绘陶”的烧制技术并不比“彩陶”的烧制难，但是“从文化史的角度考察，彩绘陶的出现大致晚于彩陶，而具有更深刻的历史意义”。因为“具有实用功能的陶、石器，一旦被施以彩绘，就失去了实用性，而变为礼仪用具——礼器，这是社会发展进步了的具体反映。”①

岳石文化的石器形态的变化，主要是由先前的圆形钻孔发展为或单或双的方形凿孔的石器农具的出现，这种新的石器农具，标志着农业生产工具的进步和生产能力的提高。

岳石文化中出现了青铜器（照格庄和尹家城都有发现）。有论者认为这是石器农具得以发生突破性进步（用青铜器凿孔代替了以前的以石钻孔）的重要原因。而且也可以解释为什么岳石文化里没有了龙山文化中那种技艺高超但纯属装饰和祭祀用的而非日常用具的“蛋壳陶”，因为“在新石器时代，制陶业既是基本的又是尖端的社会生产部门。当时，在手工业生产上，人们的注意力集中在陶器制

① 宫长为、刘宗元主编：《嬴秦文化研究与成果转化——中国·济南第三届嬴秦文化暨秦文化园规划研讨会文集》，山东大学出版社 2021 年版，第 272 页。

造上，礼器及一切显示权贵身份的高级器皿，多由制陶业提供。冶铜业一旦出现……制陶业日益屈居次要地位。岳石文化泥质陶的轮制技术及烧制火候并不比龙山文化低，但其造型与装饰却较龙山文化逊色。”①

## 三、岳石文化的价值

考古学界对岳石文化的研究仍在深入，岳石文化的重要价值也越来越为人们所认识，其价值至少已经有了如下几个方面：

（一）**为中国古代文明形成的多元化，提供了又一个重要的有力证据。**

现存中国最早的一些古代文化典籍，主要是由周代史官撰写经由春秋、战国以至汉代人整理或编纂而成的。其影响后世最为广泛深远的如《尚书》《诗经》《春秋左氏传》等，所述远古史迹都是以华夏地区（即今黄河中游平原地带的晋、陕、豫一带）的夏、商、周三代为中心，而对其周边的所谓东夷、西戎、南蛮、北狄地区所记甚少，影响所及，便是长期以来形成的中华文明起源的一元论几乎成了无可动摇的定论。直到20世纪30年代，即使对于中国传统经学进行了勇敢的挑战，对于中国古代史研究起了重要革命作用的“古史辨派”，也仍然认为直到春秋战国之世，中原地区的七国尽向四边开拓，

---

① 王阁森、唐致卿主编：《齐国史》，山东人民出版社1992年版，第95页。

“于是中原文化所被的地方就广，中原人民移徙到边区的就远，而有方三千里的‘中国’涌现”。这种传统的中原文化中心说、中华文明一元论，直到五十年代，仍在史学界占有统治地位。

早在20世纪20年代，由仰韶文化的发现，形成了中华文明起源于黄河中游和“中国文明西来”说；到20世纪三四十年代，因龙山文化的出土，又形成了“仰韶、龙山二元并立”说，并否定了“中华文明西来”说；接着，又确定了龙山文化的年代后于仰韶文化，并明确了龙山文化的分布范围远比仰韶文化广泛。但是由于河南安阳“小屯文化”遗址大量甲骨文字等文物的出土，“小屯文化”与龙山文化之间的承接关系又极为密切，致使人们对中华文明源于华夏地区的看法，迄未改变。

其实早在20世纪30年代发现的辽宁赤峰“红山文化”和浙江余杭“良渚文化”，已经为中华文明多元论提供了可靠的基础，新中国成立后，考古事业突飞猛进，除了中原地区先后在郑州东南郊发现“二里岗文化”（1952年）和在偃师县（今河南洛阳偃师区）发现“二里头文化”（1959年）等属于夏商时代的中原文化外，更在古代的“四夷”地区陆续发现了浙江嘉兴马家浜文化（1959年），山东宁阳“大汶口文化”（1959年），山东平度“岳石文化”（1960年），浙江余姚“河姆渡文化”（1973年）、四川广元“三星堆文化”（1980年）等许多不同于中原文化的史前文化，而有了碳-14检测年代法，这些新发现的“文化”的年代，很快就可得到明确的判定，这就越来越明显地动摇了“中华文明一元论”和“中华文明只源于中原”说的根基。到1977年，中国考古学奠基人之一的夏鼐先生便说：“从前一般的看法，多倾向于我国新石器文化起源于黄河中游的中原地区，然后向四周传播”，但由于长江流域和东南沿海一带也发现了年代很早的与黄河流域文化类型不同的农业部落遗址，“表明它们有不同的来源和发展过程，是与当地的地理环境适应而产生和发展的一种或一些文化。”[①] 对于海岱地区，到八十年代中期夏鼐先生更具体地指出：从北辛文化到大汶口文化，到（山东）龙山文化，再到岳石文化，“山东地区史前文化的发展自有其发展的序列，与中原地区和江浙地区的，各不相同”[②]。徐旭生先生在他1985年定稿的《中国古史的传说时代》中，则得出了“华夏、夷、蛮三族实为秦汉间所称的中国人的三个主要来源”的结论。可以说，包括岳石文化在内的一系列重大的考古发现已经证实，中华文明的形成并非传统所说的“中原地区一元论”，而是由华夏及其周边地区的多元文化长期交汇融合而成的多元一体。毫无疑问，当年创造了并不逊色于中原文化的东夷先民们，非但不是传世古代典籍中所说的愚昧落后，恰恰相反，他们对于中华民族的形成和灿烂的古代中华文明的发展，同样做出了杰出的贡献。

---

① 夏鼐：《碳-14测定年代和中国史前考古学》，载《考古》1977年第4期。

② 夏鼐：《中国文明的起源》，文物出版社1985年版，第7~8页。

（二）**为深入研究东夷文化和夷夏关系揭开了新篇章。**

中国古代史籍中称华夏（中原）地区之外为“四夷”（《尚书·周书·毕命》《礼记·王制》《后汉书·东夷列传》均有此说）。“东方曰夷，被发文身，有不火食者矣。南方曰蛮，雕题交趾，有不火食者矣。西方曰戎，被发衣皮，有不粒食者矣。北方曰狄，衣羽毛穴居，有不粒食者矣。”由汉代儒士撰写的《礼记·王制》里这段关于“四夷”的记载，基本上表述了周人对于非华夏人的看法，含有明显的轻蔑之意。经过儒家思想在意识形态领域里占据主导和统治地位长达2000余年之久的影响，便形成了“四夷”愚昧落后，无文化可言的错误观念。在旧时代，自幼受“四书”“五经”熏陶的胶东半岛人，也都是以华夏嫡传自居，而把实系自己先祖的东夷先民们称为“野蛮”人了。

帮助人们揭开历史帷幕，逐步使古代的东夷文明的真相得以复现，主要得力于考古学的发展。

从历史发展和民族融合来看，“东夷”和其他“三夷”有一个不同的特点，即“蛮、戎、狄”在以后的发展过程中，都有复杂分化，它们之中有的部分被华夏和以后的汉族所同化，如属于“南蛮”的“百越”和属于“北狄”“西戎”的许多部族；有的部分则演化为今日的少数民族，如现在云南的许多少数民族都是“南蛮”的后裔。唯有古代的东夷，因其特殊的地理境遇（东滨大海），在经过夷夏争雄的辉煌阶段之后，再历商、西周到春秋后期，便和华夏族完全融而为一了。

在中国史学界，20世纪30年代初，即有人重视东夷历史的研究，如傅斯年、蒙文通、徐旭生等，都把东夷提到了与华夏等同的高度。考古学的发展，到今天已大体确定了“山东的史前文化，至少从新石器时代起，即从北辛文化、大汶口文化到（山东）龙山文化的整个时期，都应属于东夷远古文化的系统。”① 对上承（山东）龙山文化的岳石文化的研究，则已证明了“岳石文化实即夏代夷人的文化”。② 而随着对岳石文化研究的深入，夏代时期东夷人所创造的古代文化的特征（见本文第二部分）及在当时人类历史上的领先成分（如农具的先进、早期的青铜冶炼等），也在越来越多地为人们所认识。

结合考古研究来认识古代传说与古籍所记夏、商中原王朝与东夷关系的零星资料，也有许多可以得到合理的解释。世界历史进入近代以后，欧洲人建立起他们的“世界文化欧洲中心说”，往往有意或无意地轻视或无视包括古老的中华文明在内的东方文化。直到 20 世纪六七十年代，外国史学界仍是根据“小屯文化”（主要是对甲骨文的无可争辩的研究），来确定中华文明始于殷商，而无视中国古籍对夏代的记叙，将夏代放在“史前时期”。这也就成了为什么中国要集中以考古学界为主的多方面的学术力量来完成夏商断代研究的重要原因。于是岳石文化的发现及对它的深入研究，也就有极其重要的价值。

**（三）为研究海岱地区尤其是胶东半岛一带的古代历史开辟了广阔的前景。**

古代史籍中所记东夷事既少且略。《竹书纪年》有“夷有

---

① 严文明：《龙山文化和龙山时代》，载《文物》1981 年第 6 期。
② 严文明：《龙山文化和龙山时代》，载《文物》1981 年第 6 期。

九种：畎夷、于夷、方夷、黄夷、白夷、赤夷、玄夷、风夷、阳夷”；《尚书·禹贡》有：“岛夷皮服”（《冀州》），“嵎夷既略”，“淮夷玭珠暨鱼”，“莱夷作牧，厥篚檿丝”（以上《青州》）等；《尚书·尧典》有“分命羲仲，宅嵎夷，曰旸谷”。后世学者对这几段简略的文字的解说，纷纭不一，难成定论。不过，认为“莱夷”属今胶东半岛，“嵎夷”属今淄潍流域，则大体成为共识。

《竹书纪年》《尚书》《诗经》《春秋左氏传》《楚辞·天问》里有一些有关夏商王朝与东夷关系的零星记载，都是以中原为中心的。《竹书纪年》有：“后发即位元年，诸夷宾于王门，诸夷入舞”。《左传·襄公四年》记载晋国的魏绛叙述夏与东夷事较多：“昔有夏之方衰也，后羿自鉏迁于穷石，因夏民以代夏政”。夷族首领后羿曾因夏民对夏王太康怨恨，而伐夏，攻取夏都。但是“（羿）恃其射也，不修民事”，而专任寒浞，以致寒浞杀羿而代之。“（寒浞）恃其馋慝诈伪，而不德于民”，使其子浇攻灭斟灌，封浇于过；又封其子豷于戈。后来，太康之子少康借有鬲氏之助，攻灭寒浞，夏得复国。这段记载大体上反映了夏代中期夏与东夷势力相互消长的复杂关系。据著名《左传》专家晋代杜预注释，“寒”在今潍坊寒亭，“过”在今莱州过西，“斟”在今寿光，“戈”在今河南东部，“鬲”在今鲁西北平原县。① 可知夏与东夷这段历史中夷族主要人物主要居住在今淄潍地区和莱州、平度一带。可以设

① 《春秋左氏传·襄公四年》杜注。

想，如果对这一地区的岳石文化遗址进一步地开展有计划的发掘，则很有可能找到当时夷族聚居的村落以至城郭，那就必将把东夷文化和夷夏关系的研究，推进到一个新的阶段。

史学界和考古学界认为，继岳石文化之后的“海岱地区的历史是商夷斗争、商朝政治势力以压倒优势步步东进的历史，是东夷文化与代表中国古代文明的商文明急速融化的历史”。[①] “到商代晚期，华夏系统的商文化已侵入到东夷文化的腹地”，青州苏埠屯商代大墓的出土可为明证，但是胶东半岛的“文化面貌基本是东夷的，很少见到商文化的因素”，“在商代，整个胶东都还是东夷的天下”。[②] 所以有学者认为在胶东，岳石文化的下限当及于商代的中期。而古史记载半岛的莱夷人和他们所建立的莱国，则是在经历了西周王朝，直到春秋中期，才最后被齐国所并的。值得注意的是，在莱夷与齐国的融合过程中和融合以后，齐国的国力迅速增强起来，即齐国的经济繁荣、军事强盛、文化发达，都是与半岛上的最后的东夷文化的融入密不可分的。所以对于半岛地区的岳石文化的深入研究，将会进一步地揭示夏、商以至周代，半岛地区的历史面貌，并进而具体地弄清半岛先民们对于中华古代文明所做出的贡献。

---

① 邵望平：《公元前两千年前后海岱地区历史大势》，载《华夏文明》，1992 年第 3 集。

② 严文明：《求索文明源：严文明自选集》，首都师范大学出版社 2017 年版，第 397~400 页。

## 四、岳石文化与平度

与所有的考古“文化”的发现一样，岳石文化之最先在平度东岳石村出土，虽有偶然性，更有其必然性。一种“文化”最早发现的遗址，一般都在该“文化”分布范围的中部地带，而不在其边缘区，现已发现的岳石文化分布区域，也证实了这一点。

东岳石村今属平度市大泽山镇。四十年前未修淄阳水库时，岳石河（古称药石河，今称淄阳河）从村南流过。岳石河源出胶东名山大泽山主峰之阳，汇千峰万壑之水，出大泽山西麓，流经东西长20余里、南北宽二三里不等的平缓河谷地带后，进入平（度）西平原，西入胶莱河。东岳石村恰好座落在丘陵与平原的接合部位。

岳石河流经的大泽山西麓以下的山谷地带，自然条件得天独厚，河北岸山丘连绵，构成了一道天然的屏障，形成了一个较其四围地带气候温和雨量适度的小流域气候区域。沿河两岸的冲积土壤，十分肥沃。河流上源及两岸低山，林深草茂，保证了河水常年充盈。现存清初著名诗人赵执信《药石水》诗有句：“葳蕤被幽谷，馥郁滋长川。微风引香远，皎日临波寒。”在这位恃才傲物的名士眼中，这里乃是山川秀逸大自然钟灵毓秀的所在。

这种特殊美好的自然条件，不仅使得今天的大泽山景区淄阳河畔成了举世闻名的葡萄之乡，而且根据岳石文化的发现，可以断定，早在远古时代，这一段河流沿岸的生态环境就格外优越，气候宜人，河水充足，土质肥沃，林丰草茂，鸟兽众多，水族滋繁，正是先民们发展渔猎和农耕的最理想的场所。于是，在漫长的历史发展长河里，这种地点也就必定很早就成为先民们选址定居建造聚落的地方，东岳石遗址便很有可能就是距今4000—3500年平度先民的一个聚落。随着近年来平度西前庄等岳石文化遗址的陆续发现，更证明今天的平度淄阳河流域必定是当年莱夷先民们的一个主要的生息地域。

前已述及，现存古籍中有关夷夏关系的一些重要夷族首领活动的地点寒、过、斟等地，都在距岳石遗址一二百里之内。由此可以推断，在这一地区尤其是今平度西北境一带，很可能存在着非常丰富的岳石文化地下埋藏物。据此，我们也就有充分理由，吁请考古学界今后更加重视对平度境内的考古发掘和研究。

由于东岳石遗址出土的时代背景（1959年冬大跃进时）及其偶然性（修水库时发现而非考古工作者的寻觅所得），当年出土的许多陶器被毁坏，后来遗址的大部被淹入水库；只是遗址最上层的几处战国墓葬中的一些铜器当时曾被收存，也因未得到考古文物部门的及时鉴定和保护，以致后来流失无考。虽然1960年经由中国科学院考古研究所山东队进行了抢救性的发掘，所获仍颇丰富而且极其珍贵，且经研究，认识了它的价值，但是在以后的十年浩劫时期没有得到完善的保护。与山东境内的其他著名文化遗址，如三十年代出土的“龙山”，五十年代出土的“大汶口”以及七十年代出土的胶州三里河大汶口文化遗址等相比，东岳石遗址的遭遇是很不幸的。如今，中国考古发现的许多“文化”的第一个遗址，如仰韶、大汶口、龙山、良渚、河姆渡、三星堆、二里头、二里冈、小屯等等，大都是国家级文物保护单位，而东岳石遗址现仅为省级，也显然是低了。[①]

所幸自改革开放尤其是进入 20 世纪 90 年代以来，省、市、县各级政府对岳石遗址的保护，考古学界对岳石文化的研究都日益重视起来。1993 年，由中国社会科学院考古研究所山东队、青岛市文物局和平度市博物馆联合进行了东岳石遗址的第二次科学发掘，出土文物相当可观。近几年来，在青岛地区，平度、即墨、城阳、胶南、莱西等地又陆续发现了十几处岳石文化遗址。凡此，都预示着对岳石文化的研究与认识，即将取得突破性的进展，而作为保存古代东夷文化时间最久包括今平度在内的胶东半岛地区的先民们对于中国古代文明所做的贡献，则将清晰地显现其历史的本相，从而得到公正合理的评价。

（写于 1999 年 6 月）

附记：《岳石文化与平度》（作者李树），原收入 2002 年山东人民出版社出版的《源远流长的东莱文明——大泽山文化研究》一书（为论文首篇）。2011 年，作者发现此文出现在互联网上，称为“作者不详”。2012 年，更被人署名发表在青岛市史志办公室主办的《史鉴》第四期（总第 99 期）上。今修订后收入此书，意在立此存照，以备查验。

---

① 2010 年，岳石文化遗址已被国务院公布为国家文物保护单位。

# 城子崖龙山文化

徐 霞

（城子崖遗址博物馆）

## 一

城子崖龙山文化是东夷文化的重要组成部分，为山东岳石文化的发展奠定了基础，为中华文化和中华文明的发展起到了很好的推动作用。

龙山文化是继大汶口文化之后发展起来的一种考古学文化，因最初发现于济南历城龙山镇（今属章丘区）城子崖遗址而得名，学术界称之为山东龙山文化或典型龙山文化。主要分布范围覆盖山东全省以及周边的江苏北部、河南东部和安徽北部等地区。上述区域的龙山文化与山东地区所发现的龙山文化属于同一时代，是具有相互联系和共同特征的考古学文化。

图 1　城子崖遗址保护碑

从考古年代学上分析，龙山文化距今 4600—4000 年，这一历史时期正是中国早期文明的奠基期和发轫期，故而早在 20 世纪 80 年代初，严文明先生就率先提出了“龙山时代”的概念。①

迄今为止，学术界通常将典型龙山文化划分为六种地方类型，即鲁西北地区城子崖类型、潍弥两河流域姚官庄类型、鲁中南地区尹家城类型、鲁东南地区尧王城类型、胶东半岛杨家圈类型、鲁西南一带王油坊类型。

城子崖类型主要分布在小清河与徒骇河流域，流经区域包括聊城、德州、济南、滨州以及淄博、东营的一部分区域。其中，济南地区是城子崖类型龙山文化的密集分布区，尤其以城

① 严文明：《龙山文化和龙山时代》，载《文物》1981 年第 6 期。

子崖遗址为中心的文化小区，在方圆20余公里的范围之内，分布的龙山文化遗址主要有章丘马安庄、邢亭山、宁家埠、王官、小辛庄、小李家、董东、西太平、马彭北等40余处。专家经过田野考古调查，又新发现有董西、焦家、西徐马西、甄家、娄家四户、西王野河、兰家、崔家、孙家东南、高家、西城后、孙侯里、卫东、芽庄等龙山文化遗址。① 这些遗址中的邢亭山、宁家埠、西河、焦家、王官、大康、董东等进行了田野考古发掘，从发掘规模看，最大的还是宁家埠遗址的田野考古工作。

宁家埠遗址的这次发掘，揭露面积6300平方米，清理的遗迹主要是灰坑和墓葬等，灰坑形状分为圆形、椭圆形和不规则形三种，坑口平面以圆形坑为主。圆形及椭圆形坑比较规整，坑壁光滑。各类灰坑均有直壁、斜壁之分，平底或圜底之别。灰坑直径大小不一，大者口径2~3米，小者仅0.4米；坑深0.25~1.2米不等。坑内堆积多为一次性形成的，内含有草木灰、兽骨等物。出土遗物以陶片数量最多，次之为骨器和蚌器。墓葬形制均为长方形竖穴土坑，墓内多随葬有数量不等的随葬品，主要有陶罐、陶盆、陶豆和陶杯等。

宁家埠遗址出土的遗物有陶器、石器、骨器、蚌器和牙器等。陶器分为夹砂陶和泥质陶两类，部分泥质陶经过淘洗，质地细腻、纯净。陶色分为灰陶、黑陶、褐陶、红陶、白陶五

---

① 山东省文物考古研究所：《章丘城子崖周边区域考古调查报告（第一阶段）》，载《海岱考古》2013年第6辑。

种。除柄、耳、鼻、足等部件为手制外，器身均为轮制，因而器形十分规整。器表装饰以素面为主，纹饰有篮纹、弦纹、附加堆纹、方格纹、绳纹以及泥饼和镂孔等。多数泥质陶器，表面经过磨光处理。器物组合是鼎、鬲、甗、盆、盘、罐、瓮、杯、豆、碗、壶和器盖等，石器有斧、锛、刀、镰、镞等，蚌器有刀、铲、镰、锯、镞等，骨器仅见骨镞和骨锥等。

该遗址的发掘，为研究济南地区龙山文化的面貌特征、聚落形态、社会经济、文明起源以及与其他地区同时期文化的相互关系等提供了重要的实物资料。

## 二

龙山文化时期的政治、经济、文化等各个方面都取得突飞猛进的发展，最突出的表现就是章丘区城子崖龙山文化城址的发现。

该城址始建于龙山文化早期，时代距今约4500年。城址平面近似方形，东、南、西三面城垣比较规整平直，北面城垣弯曲并向外凸出，城垣拐角处呈弧形。城内南北长约530米，东西宽约430米，面积约22万平方米。墙基宽10米左右，残高约3米。残存的城墙深埋于地表以下2.5~5米，残宽8~13米。据探测和试掘得知，城墙大部分挖有基槽，有的部位在沟壕淤土上夯筑起墙，并经过多次修补。城墙夯土结构分为两种，一种用石块夯筑，一种用单棍夯筑，这表明了城垣有早晚之分，反映出龙山时代夯筑技术的发展过程。

由于城址坐落在台地上，属于典型的台城，因此其基本特征是城内城外平面不一致，内高外低；城垣内外侧高度不一，外观高墙耸立，内看如土岭围绕四周，内侧城垣呈小缓坡形。保存较完整的北垣东段的始筑城垣，外侧高约 7 米以上，小缓坡形的内壁水平长 4 米，城顶到壁根的水平高仅 2.5 米，城基宽约 14 米，城顶宽 7 米。由于城内地平面高于城外，所以不能采用城垣断口式的城门，而在城垣断口外夯筑了缓坡形门道，两侧设门卫建筑。①

城池的出现是人类社会发展到一定阶段的产物，是进入文明时代的重要标志。因为在以石器为主要生产工具的时代，修建这样一座偌大规模的城着实不易，如果没有严重的社会分化和激烈的冲突与战争，没有一个凌驾于氏族和部落之上的权力机构的运筹和组织，是不可能完成这一巨大工程的。恩格斯说："在新的设防城市的周围屹立着高峻的墙壁并非无故：它们的壕沟深陷为氏族制度的墓穴，而它们的城楼已经耸入文明时代了。"② 城子崖龙山文化城正是济南一带进入文明时代的一个显著标志。

"筑城以卫君，造郭以守民。"城子崖龙山文化城的出现，表明这里是海岱地区其中一个区域的政治、经济和文化中心，或者说以城子崖为中心存在着一个龙山文化时期的古国。田野

---

① 济青公路文物考古队宁家埠分队：《章丘宁家埠遗址发掘报告》，见《济青高级公路章丘工段考古发掘报告集》，齐鲁书社 1993 年版。

② ［德］马克思、［德］恩格斯著，中共中央马克思恩格斯列宁斯大林著作编译局译：《家庭、私有制和国家的起源》，见《马克思恩格斯选集》第 4 卷，人民出版社 1972 年版，第 162 页。

考古调查表明，这个古国的范围南达泰山北麓，北到刁镇、白云湖一线，东抵长白山西麓，西至小清河支流巨野河附近。在这个古国中心地区，分布着40多处龙山文化聚落遗址，依其规模大小，可以分为“都、邑、聚”三级结构，具体说来，城子崖城作为古国的都城，在它的周围，分布着党家镇黄桑院、宁家埠街道马彭东南、明水镇马鞍庄、枣园街道季官庄、相公庄街道牛推官庄、刁镇小坡等遗址，面积一般在3万至6万平方米之间，相当于古国的二级城邑；其余30余处龙山文化遗址，面积一般只有数千到1万至2万平方米，是古国的一般聚落。由此可见当时济南地区城乡差别、城乡对立的格局业已出现，以私有制为基础的多层次的金字塔式的社会结构已经形成了①。

马克思、恩格斯在《德意志意识形态》一文中指出，城市本身表明了人口、生产工具、资本、享乐和需求的集中；而在乡村里所看到的却是完全相反的情况：孤立和分散。② 通过对城子崖城址的钻探发掘，发现城区内文化堆积十分丰富，文化层厚者达3~5米，薄者也在1.5米左右，而且遗迹之间的打破叠压关系十分复杂。城址内发现的遗迹主要有房基、窖穴、水井、墓葬等，出土了大量精美的陶器、石器和蚌器等文物。

---

① 张学海：《城子崖与中国文明》，见《纪念城子崖遗址发掘六十周年国际学术讨论会文集》，齐鲁书社1993年版。

② ［德］马克思、［德］恩格斯著，中共中央马克思恩格斯列宁斯大林著作编译局译：《马克思恩格斯全集》第3卷，人民出版社1960年版，第57页。

城区内几乎不存在空白区，有的房子紧靠城墙建造，甚至直接建在城墙上面，充分说明当时城内居住了相当多的人口，据推算，大约在5000人以上。这些城中居民除了农业生产者外，家庭手工业者、巫医、统治者等非农业生产者和非生产者也占有一定的比例。

从城子崖遗址现存西城墙三层叠压断崖处，我们可以清楚的看出，最下面是龙山文化城墙，土质发黑，在其上侧内侧直接夯筑成岳石文化城墙，20世纪30年代对城子崖遗址发掘时误认为是龙山文化城墙，20世纪90年代山东省文物考古研究院张学海主持对城子崖的考古发掘，发现是岳石文化城墙，其城垣夯层规整，夯土坚实，面积约17万平方米，典型特征就是夯筑城墙技术的使用，夯筑城墙所用挡土木板宽度为8至10厘米左右。2017年2月至7月，山东省文物考古研究院对城子崖岳石文化晚期城址北门进行揭露，同时对遗址西北部各期城墙与壕沟部位进行东西向解剖，现在城子崖岳石文化北门“一门三道”的复原展示工程已基本竣工。岳石文化城墙之上为东周城墙，土质黄色，夯筑城墙挡土木板宽度限制在8厘米，夯筑技术进一步成熟和完善。城墙时间跨度为龙山文化、岳石文化、东周文化，城子崖龙山先民在这里繁衍生息了2600多年，创造了璀璨的龙山文化和岳石文化，在文化的传承和创新中，也会涵养起更深厚的中国文化自信。

除城址外，城子崖遗址还发现数眼水井，修凿技术都比较讲究，形状极为规整。其中一眼水井，口呈椭圆形，长径1.5

米，短径1.1米左右，深度达7米以上。[①] 凡此证明水井的穿凿和使用在龙山文化时期的今济南地区已经比较普遍了，由此也印证了“伯益作井”的古史传说并非无根之谈。水井的出现，是龙山时代先民改造自然、利用自然的一项重大成果，它使人类突破了对江河湖泊为日用水源的局限，为向平原纵深处迁移、开拓发展农业创造了条件，因而在古代文明发展史上具有重要意义。

## 三

龙山文化时期，济南地区的生产工具种类较多，形制复杂。质料主要有石器、骨器、角器和蚌器等。石器的制作比较严格，要经过选材、打制成坯、琢制成型、磨制成器和钻孔等生产工序才能完成，种类有加工精制的穿孔石铲、长方形双孔石刀以及斧、锛、凿、镢、镰、矛、纺轮和网坠，等等。骨器主要取材于动物的长骨，经劈、切割、刮削和打磨几道工序制作而成，器形以锥、镞、笄、针数量最多，另有铲、镰、刀、凿、鱼镖、鱼钩、匕以及装饰品等。

从以上论述看出，这一时期各个门类生产工具的制作水平是很高的，如城子崖龙山城址中出土的石制生产工具，均经过认真选材，造型特别规整，可能出自专业工匠之手，是由专门的手工业生产作坊制作出来的，其材料应该来自附近的石器作坊。

---

① 张万春、何德亮：《城子崖遗址与山东龙山文化》，载《史前研究》2004年。

农业早已成为济南地区龙山文化时期人们的主要经济部门，人们用长条形的石镢、扁薄梯形的单刃石铲以及骨铲和蚌铲来挖土、翻土、松土，用长条形或一端略窄的石刀和蚌刀来收获他们的庄稼，属于典型的耜耕农业。种植的粮食以粟、黍等旱地作物为主，也普遍种植水稻。城子崖遗址曾出土了一个容积约为0.5立方米的大瓮，可能正是用来存放粮食的大型器皿。[①]

城子崖遗址中还出土了相当多的兽骨、鸟骨和贝壳，兽骨种类有马、牛、羊、狗、兔、猪、獐、鹿等。其中，猪骨和狗骨数量最多，次之是马骨和牛骨，说明当时的济南，猪、狗、马、牛已成为人们饲养的家畜。家畜饲养以及渔猎作为经济生活的补充，仍是人们日常生活资料的重要来源。

## 四

在农业、畜牧业发展的基础上，龙山文化时期，各种手工业生产也得到快速发展，尤其制陶工艺更达到了一个新的高度。当时以城子崖为代表的济南地区，普遍采用快轮制作技术，采用拉坯与车制相结合的成型方法，不仅使生产效率大幅度提高，而且生产出来的陶器造型规整，陶胎厚薄均匀，纹饰简洁，色泽纯正，表里一致，致密坚硬。对此曾有这样的描述：城子崖的陶器十四种颜色中,最能引动人之注意及艳羡者，为亮黑色。此色之陶质亮而薄，且极坚固，表面显漆黑色之光

① 张学海：《龙山文化》，文物出版社2006年版。

泽，故亦可称之为漆黑色。又以其轮廓之秀雅，制作之精妙，故自初掘以至今日，凡来参观者，目睹此类陶器莫不赞叹不置。①

城子崖陶器制作所用的原料，均经过特殊处理，并视不同器类而采用不同原料与不同工艺。如杯、盒类器物采用经过反复淘洗的细泥为陶土，鬶类器物多用高岭土为原料，烧成后多呈白、桔黄、红等颜色。对鬶、圈足器、三足器以及某些形态复杂的平底器等，均采用分体制作，然后对接、快轮修正。由于轮制技术比较发达，器表和器底常留有规律的轮旋纹和同心圆切割痕迹。器表装饰多为素面，纹饰常见弦纹、划纹、乳钉纹、附加堆纹和镂孔等，也有少量篮纹、方格纹和绳纹。

器物烧制方面，由于掌握了氧化还原技术和高温焙烧方法，生产的陶器色调基本一致，颜色多为光洁发亮的磨光黑陶，其次为灰陶、红陶，还有少量白陶等，且烧成温度高，胎质坚硬。城子崖遗址出土的薄胎黑陶，经过测定，烧成温度达到 1000℃左右，已经接近了铜器 1083.4℃的熔点。②

城子崖遗址出土陶器种类之多，达到空前绝后的地步，概而言之有鼎、鬶、甗、罐、罍、盆、筒形杯、单把杯、豆、斝、鬲、甑、瓮、盘、尊、高柄杯、箅子和形形色色的器盖，

---

① 傅斯年、李济等：《城子崖——山东历城县龙山镇之黑陶文化遗址》，中央研究院历史语言研究所 1934 年版。

② 周仁、张福康、郑永圃：《我国黄河流域新石器时代和殷周时代制陶工艺的科学总结》，载《考古学报》1964 年 1 期。

等等，其中尤以粗颈冲天流袋足鬶、三足盆、高柄杯、鸟首足鼎、袋足甗、黑陶单耳杯最富代表性，发达的耳、鼻、泥条、泥突、把手等，配置恰当，器形融实用性与艺术性于一体，美不胜收。以城子崖遗址出土陶罍为例，其通高 79 厘米，口径 36.5 厘米，腹径 66 厘米，形体硕大，制作精美，颇具王者风范。①

图 2 陶鬶

图 3 陶甗

当时最能代表济南制陶工艺水平的陶器要数蛋壳黑陶高柄杯。这种器物，均为细泥质黑陶，不含杂质，不使用羼和料。器壁一般厚 0.5 毫米左右，重量多数在 50~70 克，且陶质细腻、漆黑光亮，造型优美，制作精细，敲之有金属之声，被人

① 张学海：《龙山文化》，文物出版社 2006 年版。

们赞誉为“薄如纸，硬如瓷，声如磬，亮如漆，明如镜”。蛋壳黑陶高柄杯呈盘形敞口，整个器物的重心偏上，很不稳固，这显然不适合日常生活使用，而应该是权力、身份和地位的象征物，是一种典型的礼器。

图4 蛋壳黑陶高柄杯（现存山东博物馆）

龙山时代制陶技术的高速发展，同当时社会大分工的进一步深化有关。尤其像蛋壳黑陶高柄杯这样的技术产品，应当不是作为农业的副业或家庭副业所能生产出来的，它们应该是出自相对专业化的作坊和陶工之手，是当时专业化生产高度发达的标志。另外，当时的陶器生产已经出现了商品生产与特供生产的分化，具体说来，日用陶器作为商品进入民间贸易的渠道，而蛋壳陶杯则从最初作为“财富”象征的商品变成礼制的载体，这种功能上的转换，是随着国家的形成和社会经济结构的变革，以及“王室经济”的出现而逐步完成的。①

## 五

农业、各种手工业生产的迅猛发展，社会分工的出现，促使物质财富迅速增加，从而为财产私有化提供了雄厚的物质基础。当时社会上的一些人，利用手中的权力，占有大量财富，社会产品分配的不公加速了贫富两极分化，出现了剥削者和被剥削者、统治者与被统治者之间的对立，逐渐形成了等级分明的金字塔式的社会结构。多项文明因素或文明成果也基本具备，社会文明程度有了很大提高。文字的产生，铜器的使用，尤其是许多大型墓葬的发现和众多陶器、成组玉器以及成套礼器的存在，均说明龙山文化时期社会生产力水平空前发展，尤其是作为一方权力统治中心的核心城市，显然具有早期国家都城的规模和性质。这充分反映了龙山文化时期山东济南地区已经进入了文明时代是不容置疑的。

---

① 高广仁、邵望平：《海岱文化与齐鲁文明》，江苏教育出版社 2005 年版。

# 岳石文化故乡的红色记忆

王守梅　刘旭光

（王守梅，山东省平度市档案馆；刘旭光，山东大学历史文化学院）

在灿烂悠久的中华文明历史进程中，有一座“天然的古代历史博物馆”，它就是岳石文化的发祥地平度。从史前栖息的东夷人，到“海岱望郡”的高人胜士，至平凡而伟大的平度人民，繁衍生息在这片古老的土地上，创造着可歌可泣的人间奇迹。

一寸山河一寸血，一抔热土一抔魂。一百多年来，为争取国家独立、民族解放、人民幸福，早期共产党人上下求索，探求救国救民真理；殒身不恤，解黎民百姓于倒悬；前赴后继，反抗侵略和压迫。他们以鲜血和生命践行初心和使命，留给后人永恒的红色记忆。

## 一、杨明斋：忠厚长者

2021 年是建党百年，2022 年是建团百年。溯流探源，能够参与创建这两个伟大组织的先驱灿若星辰。岳石文化故乡的杨明斋位列其中。

杨明斋，生于 1882 年，名好德，字明斋，祖籍今山东省平度市马戈庄村，曾化名杨好贤，俄文译名杨和德。1901 年 3 月，年仅 19 岁的杨明斋离乡背井，经历月余艰苦跋涉，到达了沙俄统治下的海参崴谋生。杨明斋虽然生活困苦，却怀揣梦想，他边做工边读书，练就了一口流畅的俄语，融入当地华工和民众生活，接触到代表着劳苦大众的布尔什维克。他积极参加工人运动，被推选为华工代表。十月革命前，他加入了列宁领导的布尔什维克党，在沙俄的外交部当职员。他作为“旅俄华工联合会”的领导成员之一，动员华工参军参战，保卫苏维埃革命胜利果实。他被选入莫斯科东方大学深造，结业后被分配到海参崴俄共（布）中央西伯利亚局东方民族部工作。1920 年 3 月，在东方民族部工作的维金斯基受命组织共产国际赴华工作组，他挑选了同事杨明斋担任翻译和向导。

**（一）肩负使命，党团使者**

作为俄共（布）党员，杨明斋随共产国际代表维金斯基赴华，其重要使命就是协助建立中国共产党。1920 年 3 月，杨明斋一行到达北京，以俄文《生活报》记者的身份联系上北京大学的俄语教师波列伏依，获知中国共产主义运动的领军人物是北京的李大钊和上海的陈独秀。随后，他陪同维金斯基拜访李大钊。李大钊曾称赞杨明斋“万里拓荒，一身是胆”。4 月初，他们带着李大钊的介绍信南下上海，面见陈独秀，并就建党事宜交流意见。是年 5 月，陈独秀在上海组织成立了第一个“马克思主义研究会”，杨明斋参与其中。1920 年 8 月，中国的第一个共产党组织——上海共产主义小组在法租界老渔阳里 2 号《新青年》编辑部成立。陈独秀任书记；杨明斋遂由俄共（布）党员转为中共党员。

1920 年 9 月 28 日，由杨明斋任社长，俞秀松任秘书，李达、李汉俊、杨明斋任教员的外国语学社在《民国日报》发布招生广告：“文法读本由华人教授，读音会话由外国人教授……有志学习外国语者请速向法界霞飞路新渔阳里六号本社报名。”刘少奇、任弼时、肖劲光、罗亦农等一批有志青年陆续来到这里学习。

1921 年 10 月 4 日，在上海法租界老渔阳里 2 号，陈独秀和杨明斋等 5 人被逮捕入狱。后经我党和共产国际营救，陈、杨等人获释出狱。

共产主义小组成立后，随即筹建社会主义青年团。陈独秀指派年轻的俞秀松参与建团工作。杨明斋引导俞秀松等认真讨论和擘画团的宗旨、性质和组织机构，明确团员的守则和使命。他介绍了苏俄共青团的工作情况和经验，为筹建中国社会主义青年团提供借鉴。1920 年 8 月 22 日，上海社会主义青年团在新渔阳里 6 号成立。周恩来称赞他是一位我党历史上受人尊敬的“忠厚长者”。

**（二）著书立说，传播马克思主义**

杨明斋在家乡读过私塾，有良好的中文基础，赴俄做工期间，坚持半工半读，逐渐具备较高的俄语读写能力，成为当时“学贯中俄”的人才。

继《新青年》之后，杨明斋同上海的共产党人创办理论性月刊《共产党》。他积极参加这两个刊物的印刷出版工作，并以此为阵地发表文章和译著，介绍俄国革命的经验和实际情况，宣传马克思列宁主义。此后杨明斋任中俄通讯社社长（后改称“华俄通讯社”），在《民国日报》发表多篇介绍俄国革命的文章。他为马克思主义在中国的传播和中国共产党的成立做了先期的舆论宣传工作，为中俄两国人民的相互了解做出重要贡献。杨明斋在进行革命活动的同时，还潜心著述《评中西文化观》一书，抨击社会上反对马克思主义传播的复古主义思潮，矛头直指这种思潮的代表人物梁漱溟、梁启超、章士钊等文人大佬，受到当时罗章龙、李维汉等人的极力称赞。大革命失败后，杨明斋深刻思考当下中国社会问题，他隐居北京和河北两地，用两年时间完成了 18 万字的《中国社会改造原理》一书，他把改造中国社会的系统见解留给后世。

**（三）性情耿直，为真理牺牲**

杨明斋在早期的革命活动中给人留下了秉性耿直、敢说敢干的山东大汉印象。他在党的会议上曾反对中国共产党人加入国民党。大革命失败后，联共（布）和共产国际将失败的责任全部推卸到陈独秀身上，杨明斋为陈独秀鸣不平。

1930 年春，杨明斋在第三国际（共产国际）许可下，对第一次大革命失败的根由撰写了 80 页的报告书。对自 1927 年以来共产国际对中国革命指导上的失误以及中共党内三次“左”倾路线的批评。1938 年 2 月 7 日，苏联内务部逮捕杨明斋，判为死刑，5 月 26 日杨明斋遇害。

1989年1月，苏共中央通过决定，指出在20世纪30—40年代以及50年代初，有数十万人根据非诉讼机关的判决遭到迫害，建议最高苏维埃撤销这些非法的判决，为受害者平反。杨明斋被彻底平反，恢复名誉。1989年8月，杨明斋由国家民政部门公布为革命烈士。

## 二、刘谦初：党忠诚的儿子

刘谦初，1897年12月2日生于山东省平度市田庄镇刘家庄。1904年，他进入本村私塾读书，先生为他起学名“刘德元”，字乾初，后改为“谦初”。1913年春，刘谦初考入平度城南关知务中学。据悉，他在知务中学读书时能双手书写对联，文笔功夫扎实，深受师生喜欢。

### （一）投笔从戎，参加革命

青年刘谦初凭着良好的文笔，常常作诗填词抒发革命理想和革命意志。1915年秋，刘谦初和同学们一起游览家乡古八景之一的豹竹涧，挥笔写下了七律《豹竹涧抒怀》，抒发了以天下为己任的壮怀。1915年冬，刘谦初听闻袁世凯复辟帝制，仿照岳飞的《满江红》词调，愤而写下壮怀激烈的讨袁檄文。1916年2月，刘谦初参加中华革命军东北军，创作了一首广为流传的《山东讨袁义勇军军歌》，抒发了反帝反封建的革命热情和战斗精神。1919年，中国在巴黎和会失败的消息传来，刘谦初创作《颂歌黄河》组诗，抒发强烈的爱国热情和外御其侮的愿望。“五四运动”爆发后，刘谦初作为齐鲁大学的学生积极参加济南的示威游行，并创作了《拉纤歌》，表达团结广大人民群众、争取自由解放的新民主主义思想。1919 年 6 月，刘谦初返乡宣传“五四运动”的新思潮新文化，创作了《缠足歌》和《放足秧歌》，表达了打破封建枷锁、迎接妇女解放的决心和意志。1921 年，正在山东黄县崇实中学任教的刘谦初，参加中国圣教书会主办的征文比赛，写下《我的二十世纪宗教观》一文，表达对宗教、科学、哲学和社会的深度思考，获得第一名。

1926 年 12 月，刘谦初奔赴革命中心武昌，投笔从戎，参加国民革命军，并兼任革命刊物《血路》的副主编，撰写了大量革命文章，宣传革命真理。第二年年初，刘谦初加入中国共产党。1927 年 4 月，他与张文秋参加毛泽东在武汉主持的中央农民运动讲习所开学典礼。12 月底，与张文秋结为志同道合的革命伉俪。

（二）恢复重建党组织，做党的忠诚儿子

1927 年 10 月大革命失败后，党中央调派刘谦初去福建工作，重建党组织，刘谦初为省委书记。1929 年 2 月，刘谦初调山东工作，重建被敌人破坏的山东省委，并担任省委书记兼宣传部部长，张文秋担任妇女部部长。同年夏，因叛徒出卖，张文秋与刘谦初先后被捕入狱。在狱中，他们坚贞不屈，坚持斗争，保守党的秘密。1930 年 2 月，张文秋被营救出狱。1931 年 4 月 5 日，刘谦初与邓恩铭等 22 名优秀共产党员在济南纬八路刑场英勇就义，史称“四五烈士”。刘谦初在狱中给妻子留下诀别之语：“希你紧（谨）记住我的话，无论在任何条件下，都要好好爱护母亲！孝敬母亲！听母亲的话！”他把党视为最崇高可敬的母亲！

1938年7月，在延安中央党校礼堂，毛泽东接见张文秋，沉痛地说：“刘谦初我是知道的，他是个好同志，可惜牺牲得太早了！”刘谦初的女儿刘思齐，成年后嫁给毛泽东的儿子毛岸英。

## 三、岳石人家：地雷战的故乡

大泽山是胶东半岛西部的主山脉，中经锯齿牙山，东连昆嵛山；是通往渤海和鲁中南根据地的交通枢纽。大泽山的东岳石村因发现岳石文化遗址而成为“岳石文化”的故乡。在抗日烽火中，这里诞生了中共平度第一个党支部，这里还是闻名天下的地雷战故乡。

1937年10月，日军入侵山东。是年冬，共产党员乔天华、罗竹风等爱国知识分子在大泽山一带宣传抗日，组织抗日队伍。1938年，遵照中央指示，苏鲁豫皖边区省委作出“胶东应创立以大泽山为中心的根据地”的重要指示。1938年10月，中共平度县委员会成立，其中心任务是开辟大泽山抗日根据地。在党的领导下，平度的抗日救亡运动渐成燎原之势。

随着日伪军对大泽山根据地的封锁，铁雷运不进来，浇铸地雷的生铁也奇缺。为此，大泽山民兵们发挥聪明智慧，在石头上做文章。民兵们在选好的石材上凿一个口小肚大的洞，填进炸药，安上引爆装置，一拉弦，霹雳轰响，碎石纷飞。他们成功地造出石雷。

大泽山区高家联防民兵研制的石雷及战法，也影响了周围抗日根据地的民兵。1943 年春，西海地区武委会专门举办培训班，介绍高家民兵的经验，学习地雷爆破法。

胶东“民兵英雄”“爆炸大王”高禄云在《大泽山下巧摆石雷阵》中回忆说：抗战时期，大泽山民兵发明的石雷有四十余种——拉雷、伴雷、连环雷、子母雷、前踏后响雷、水雷、胶皮雷、竹筲雷、夹子雷、滚雷……直炸得敌人鬼哭狼嚎、寸步难行。地雷战保卫了大泽山根据地，保卫了胶东军区党委机关。

2007 年 6 月 11 日，新华通讯社《永远的丰碑·红色记忆：胶东抗日根据地》一文中说：“在抗日游击战争中，胶东抗日根据地军民广泛开展了地方性、群众性的人民游击战。其中，起源于平度县、大显神威于海阳县的地雷战，威震敌胆。”地雷战的故事贯注着毛泽东“人民战争”的军事思想，承载着光辉的红色精神，彪炳史册，代代相传。

## 四、结语

岳石文化源远流长，岳石文化地区有母亲河——黄河的润泽，有山又有海的开放包容，养成了海岱地区特有的人文品格特征，这就是坚韧勇毅、忠诚担当的家国情怀。从杨明斋、刘谦初到大泽山的抗战英雄们，无一不体现了这一鲜明特征。

### 参考文献

[1] 金小丽、张蕾、刘旭光：《平度的骄傲——记革命先驱

杨明斋、刘谦初》，载《中国档案》2022 年第 1 期。

［2］王守梅：《生于斯，长于斯，歌于斯——刘谦初写在平度大地上的诗词》，载《山东档案》2021 年第 3 期。

［3］余世诚：《为了寻找一位老布尔什维克的下落》，载《瞭望》1989 年第 20 期。

［4］中共平度市市委组织部、中共平度市委党史研究室：《红色记忆——平度新民主主义革命时期党史资料汇编》，中共党史出版社 2015 年版。

［5］高永利、陶希华：《大泽山下石雷战》，（2016—04—14）［2022—05—24］，http：//qdsq. qingdao. gov. cn/n15752132/n32573241/n20546576/n32206510/n32206518/160414110107773342. html.

# 平度历史文化研究与文化发展思考

刘成爱

（平度市司法局）

党的十九大提出："文化是一个国家、一个民族的灵魂。文化兴国运兴，文化强民族强。没有高度的文化自信，没有文化的繁荣兴盛，就没有中华民族伟大复兴。"平度历史悠久，文化积淀丰厚，有着灿烂的古老文明，是胶东最古老的城邑。本文试图从定位、分布与发展三个维度，对平度历史文化进行探讨，从而增强文化底气，坚定文化自信。

## 一、"迄""源""根""本"是平度历史文化的基本定位

"迄"，即东夷文化之迄。"迄"是截止之意。就是说，东夷文化是在平度这个地方消失的。据史料记载，东夷文化作为远古东夷族先民创造的一种文化类型，其源头应在今山东的中东部，平度是其重要的发源地和中心地带。那时的平度先

民，属于东夷族中典型、具有代表性的一部分。东夷族最后是在“棠邑古城”灭亡。距今已有4000多年历史。“棠邑”应在平度地界。

“源”，即岳石文化之源。岳石文化遗址被称为中国60年代十大考古发现之一。在平度市大泽山镇发掘出土并以东岳石村命名。属胶东地区唯一，青岛境内独特的文化符号。与大汶口文化、龙山文化一脉相承，距今4000年—3500年的历史，平度先民创造了灿烂的东夷文明。成为源远流长的中华文明的一个重要源头。

“根”，即胶东文化之根。胶东文化之根要从考古界命名的即墨故城暨六曲山墓群说起。早在公元前859年，齐献公迁都临淄，即墨城邑已具规模；公元前567年，齐国灭莱，完全占领胶东半岛，派大夫朱毛主政胶东，治即墨城。公元前369年，齐国封即墨大夫，即墨邑始作为行政区域辖即墨、平度、莱西、海阳、青岛，为“齐之下都”。春秋战国时期，即墨邑一直是齐国东部的政治、经济、文化中心。秦始皇统一六国后，以今胶东半岛地盘为胶东郡，即墨城为郡治。西汉时期，即墨故城作为胶东国的国都，进入了最为兴盛繁华的时期。古即墨城是胶东半岛最早也是当地规模最大的都城，所以说平度是胶东文化之根。

“本”，即青岛文化之本。历史文化是一座城市的根和魂。建设独具魅力的青岛，就要对平度的历史文化给予更多的关注；必须保护好这些宝贵的资源，发掘利用好老祖宗留给我们的财富。近几年，青岛市委、市政府不断加大对平度的支持力度，先后出台了《平度市国家中小城市综合改革试点实施方案》和《关于进一步支持平度改革创新突破发展的意见》，指出要“加速北部崛起，推动平度、莱西成为全域统筹发展的战略支点”。在青岛市委市政府的支持下，平度抢抓国家中小城市综合改革试点这一重大机遇，经济社会各项事业有了长足发展，干部群众的精神面貌发生了天翻地覆的变化。全市上下更加敬畏历史，更加重视文化，提出了“推动文化繁荣提升”工作思路，达到了一个最好的发展时期。2017 年，平度市委市政府还以文物和非物质文化遗产展示为主线，在北京民族文化宫成功举办了“胶东王都，大美平度”2017（北京）文化展览周。2018 年，联合人民日报出版社举办首届乡村阅读推广论坛，推广平度“行走的书箱”农村阅读新模式。中国养生美食文化节、中国二十四节气与养生美食高峰论坛、中国乡村诗歌高峰论坛等大型文化活动也相继在平度举行，极大地提振了百万人民的精气神。

## 二、“一山”“两河”“一故城”是平度历史文化的重要标志

### 1. “一山”，即大泽山

大泽山又名九青山，面积 401.6 平方公里，主峰北峰顶海拔 736.7 米。据志书记载：“群山环而出泉，汇为大泽，山以此名也。”久负“鲁东名山”之誉，是省级风景名胜区、省级森林公园和中国葡萄之乡。大泽山镇是历史文化的宝库，平度共有四处全国文物保护单位，大泽山镇辖

区内就有两处（岳石文化遗址，天柱山魏碑）。大泽山以诗文题刻而闻名。从镌刻形式看有如下特点：①石刻数量多，跨越时间长，上起北魏，下迄民国，历时1400余年，立有“始皇拜月”“武帝驻跸”两块石碑，使历代文人墨客为之迷恋倾倒，山中还留存宋、金以来的石刻计300余处。其中摩崖石刻约200余处，碑、碣、墓志逾百方，是山东省重要的碑林之一，有“天然的古代书法艺术博物馆”之称誉。②题刻内容丰富，体裁多样，与大泽山历史遗存展示、人文景观表达相得益彰。有题名、游记、诗词，也有楹联、碑记等；有字径仅2厘米的小字，也有字高过人的摩崖榜书；有二三字的简单题名，也有字逾千言的鸿篇巨制。③大泽山石刻书体兼备，流派纷呈。“邀月台”上所镌“醉月”“月临磐”“碧天月印”“水声月色”“松涛月影”“把酒问青天”等历代名人题刻，真草隶篆无所不包，欧柳颜赵各臻其妙。天柱山魏碑是中国书法第一碑。北魏光州刺史郑道昭于永平四年（公元511年）为其父兖州刺史郑羲镌刻883字《郑文公碑》，此碑是隶书向楷书过度的分水岭，曾引领盛唐气象，被后人誉为“魏书之冠”，堪称中国书法瑰宝，1988年被公布为全国第三批重点文物保护单位。大泽山是全国首家“中国葡萄之乡”。早在汉代即引进繁育，唐朝时唐太宗即将当地的“龙眼”葡萄赐名为“狮子眼”，到元代初具规模，享有“西有吐鲁番，东有大泽山”（王光英先生题）的美誉。大泽山是是“石雷之乡”。大泽山是抗日战争根据地，是地雷战的发源地，有许多可歌可泣的抗战英迹。

2. “两河”，即胶莱河、沽河

（1）胶莱河。它是山东半岛与胶东腹地的地理标志和分界线。山东半岛的胶莱河以东的部分谓之胶东半岛，胶莱河以东即为胶东。胶莱河是一条奇怪的河。一般的河都是向一个方向流，而胶莱河却是南北双流向，其分水岭就在平度市蓼兰镇南姚家村至窝铺村的河段，干流全长130公里，其中在平度境内就有77公里。向东南流的部分叫南胶莱河，河长30公里，经平度、高密、胶州，注入胶州湾。向北流的部分叫北胶莱河，河长100公里，流经平度、高密、昌邑三市交界，自南姚家村向西北流经平度的几个乡镇，至莱州市海仓口注入莱州湾。胶莱河是一条古老的河。人们一般认为，胶莱河的命名是因胶州或胶州湾、莱州或莱州湾而得名。其实不然。《史记·晋世家》：“平公元年，伐齐……围临淄……东至胶。”《战国策·燕策》：“以胶东委于燕。”《太平寰宇记》：“胶水县，本汉胶东国之地。”由此可以看出，“胶”是一个地理名词，指的是胶水。胶东即胶水之东也。这一地名早在春秋战国时就有了。东汉桑钦《水经》说：“水色如胶”。平度以“胶水”作为县名，历隋、唐、宋、金、元五朝，至明洪武二十二年始改为平度。而胶州之名，是元代才开始出现的，也是源于胶水。应先有胶莱河，后有胶州和莱州。其“莱”字是指“东莱”“莱夷”。平度，夏朝之前为莱夷地。商朝、西周至春秋初为莱国。周灵王五年(公元前567年)，齐国灭莱。平度是东夷族莱国故地。

胶莱河是一条人工运河。胶莱河原本是一条自然河流，元代至元十七年（1280年），一个叫姚演的莱州人献议开胶莱运河，得到元世祖同意，委派山东东西道宣慰使阿八赤督率益都、淄莱、宁海兵万人开河。至元十九年，终于把胶莱水道打通。“凿地三百余里，起胶西县东陈村海口，西北达胶河，出海仓口，谓之胶莱新河。”胶莱河开挖成运河后，胶莱海运在元代发挥了重大作用。南方的大米、茶叶、瓷器、丝绸等北方短缺物资，源源不断从这里运到当时的大都，即现在的北京，胶莱河两岸繁华一时。由于元末的长期战乱，胶莱河疏于管理，失去了运输功能。明代几次议开胶莱河，都未果。直到清雍正二年（1724 年），朝廷遣内阁大学士何国宗视察胶莱河，做出“永不通竣”的决定。期间，开凿、疏浚胶莱河之事屡议屡罢，工程时上时下，漕运时启时废，持续了 464 年。昔日，新河有胶莱河闸口，也曾有新河桥。康熙《平度州志》载：“新河桥在州西北八十里胶河。河水随海潮消长，旧连舟为浮桥。嘉靖十年，副使王献欲通海运置。”曾经以船搭建浮桥，现在，青岛新河生态化工科技产业基地已成为广袤渤海滩上一座崛起的新城。

（2）沽河。又分为大沽河、小沽河，是青岛的母亲河。平度是大小沽河的交汇处。大沽河流经平度市仁兆、南村两镇，河道长度 35.6 公里；小沽河发源于平度北部的大泽山区，流经平度的旧店、云山、古岘三镇，于仁兆镇石家曲堤村东汇入大沽河，在平度市境内干流长 36 公里，是大沽河的主要支流，水量较大，当地有“大沽河不大，小沽河不小”俗称。大沽河沿岸已成为胶东半岛阳光的、自然的、充满活力的滨河走廊。

3. “一故城”，即即墨故城

齐国就有即墨邑，城址在今平度市的古岘镇大朱毛村一带。春秋战国时期，即墨邑是齐国的陪都，称之为即墨故城。有许多著名的历史故事就发生在即墨故城。

（1）即墨故城的故事。古即墨邑是胶东半岛最早的也是当地规模最大的城邑。相传燕将乐毅统帅五国军队攻齐，连破70余城，即墨大夫战死。还有田单摆下火牛阵破燕收复失地的故事。

即墨故城作为胶东国的国都长达282年。秦始皇统一六国后，实行郡县制，成为胶东郡。西汉汉高祖元年（前206）正月，楚霸王项羽分原齐国为三，以田市为胶东王，都即墨；六月，胶东国复并入齐。汉高祖四年（前203），韩信灭齐，齐地归汉，以胶东为郡，治即墨，并置即墨、郁秩、卢乡、平度、下密等县。郁秩县治在今平度城，卢乡县治在今平度市灰埠镇城子村，平度县治在今新河镇、灰埠镇以北。此时，三县城都在今平度域内。汉文帝前元十六年（前164），以胶东郡为胶东国，都即墨。汉景帝前元三年（前154），废胶东国，复改为郡。景帝中元二年（前148），又正式重建胶东国，仍都即墨；食八邑，传至王莽代汉始绝。东汉光武帝建武十三年（37），封贾复为胶东侯，侯国都郁秩，食六邑。东汉章帝建初元年（76），原胶东侯国废。

由此可见，即墨故城由最初西周时期的一个城邑，历经春秋战国，至西汉时，进入了最为兴盛繁华的时期，发展成为大都市。

即墨故城所在地古岘镇周边的许多村庄的名字也与康王（汉景帝十二子）有关联。如龙泉村，是“灵前”的转音。据说康王死后坟墓尚未修好，灵柩暂厝在龙泉村的后山上。蓬莱前村实际上应叫作“棚灵前”。当年康王发殡时，村后就是康王停棺的灵棚，后来灵棚前建了村，就叫“棚灵前”。李道村就是当年康王灵车经过的灵道。纸纺村，其实就是“志坊”，即墨城北门外的一座牌坊所在的位置。有的资料中误称为康王造纸的作坊，这不对，因为康王时还没有造纸业。古岘镇驻地古名“乐毅城”，是当年燕国联军的中军帐。而镇东的四个寨子村，是当年燕国联军的赵、楚、韩、魏四国分别屯兵的兵寨。如此等等，不一而足。

（2）胶东王的故事。自汉高祖元年（前206），到公元9年王莽篡权代汉，胶东王屡封屡废（四封三代九王），先后经历了215年，其中康王刘寄后嗣世袭共6代157年。

史料记载，胶东王刘寄与中山靖王刘胜都是汉武帝刘彻的弟兄，但康王与汉武帝的关系比中山靖王刘胜要近，康王的亲生母亲，是汉武帝刘彻的亲姨。因此，他与汉武帝的关系不一般。刘寄受封28年，死于汉武帝元狩三年（前120）。史书上说，在淮南王刘安谋反的时候，他也曾暗中私制兵器，准备举兵与淮南王合兵一处，推翻汉武帝。可当他还没有举事的时候，淮南王刘安兵败自杀，康王刘寄因此日夜恐惧，生怕武帝诛戮，不久即“发病而死”。康王死后，举行了隆重的葬礼。他的长子刘贤仍被汉武帝封为胶东王，后嗣世袭。汉武帝还听说康王刘寄生前很喜欢小儿子刘庆，就又封刘庆为六安王。一个诸侯王死后，其儿子两个封王的，汉代仅刘寄一例。

北齐天宝七年（556）即墨县被撤销，到隋开皇十六年（596）在原不其县新设即墨县，就是今即墨区所在地。

即墨故城失去往日的风采，却留下了六曲山古墓群，是一座丰富的文化宝库。康王刘寄和他的子孙们，死后都葬在即墨故城西北的六曲山中。六曲山系大泽山支脉，南距即墨古城 40 公里，它东起龙虎山，西至窟窿山，蜿蜒 15 公里，横跨古岘、云山、麻兰三镇的 30 多个山头。经过多年的调查勘探，这里有包括西汉六代胶东王在内的大小墓葬 360 余座，时代大都为东周至汉代。其分布范围之广，规模之大，为山东省内罕见。

六曲山古墓，大部分坐落在山头和山前，山后极为少见。有的墓孤立在一个山头，有的两座相连，也有的在一座大墓的两侧又排列着许多小墓。大型墓葬主要集中在云台山、窟窿山、陵台山上。这些墓葬封土完整高大，并筑有方台，台基用石头或泥土筑成，台前残存有斜坡。

古墓群中以西陵台最大，为康王刘寄之墓，这就是“康王坟”。康王坟位于古岘镇蓬莱前村西云台山上，古称“西陵台”。墓葬封土完整，台基高大。其方形台基南北长 120 米，东西宽 100 米，高 16 米。位于陵台中央的封土高约 6 米，直径约 40 米。墓后残存有长 28 米，宽 9 米的建筑遗迹，周围散布有大量的汉代砖瓦残片。墓的周围散布着板瓦、筒瓦、瓦当、花纹砖、空心砖等，这是当初“康王祠”建筑的遗物。

康王是平度历史上“级别”最高的“名人”。关于康王的传说，在古岘、仁兆一带流行很多，诸如：“康王坟，哩哩啦啦到京门”，“打开康王坟，山东不受贫”等，指的就是康王坟里有价值连城的金银财宝。时至今日，康王坟仍旧没有被打开。据说，郭沫若曾经主张打开康王坟，因为他在 1968 年找到中山靖王刘胜的墓之后，就一直对康王念念不忘。从史籍中看，当时的胶东国比中山国富裕，而胶东康王刘寄在朝廷的地位又比中山靖王刘胜要高，康王坟肯定价值不菲。

（3）田单火牛阵的故事。在战国中后期，即墨故城已是一座关乎齐国国家命运的核心城市。在公元前 284 年—公元前 279 年发生的燕齐之战中，燕国大将乐毅率五国联军，连破齐 70 余城，“唯独莒、即墨未下”，齐将田单“走安平”，“保即墨”，凭籍即墨城坚固的城防，富庶的国力和昂扬的斗志，使燕国名将乐毅率领的大军持续五年不能攻克，并利用火牛阵大破燕军，一举收复 70 余城，从而挽救了齐国濒临灭亡的命运。

司马迁在《史记·田单列传》，记述了战国时期齐国将领田单率领即墨军民击败燕军的经过：田单者，齐诸田疏属也。湣王时，单为临淄市掾，不见知。及燕使乐毅伐破齐，齐湣王出奔，已而保莒城。燕师长驱平齐，而田单走安平，令其宗人尽断其车轴末而傅铁笼。已而燕军攻安平，城坏，齐人走，争涂，以轊折车败为燕所虏，唯田单宗人以铁笼故得脱，东保即墨。燕既尽降齐城，唯独莒、即墨不下。燕军闻齐王在莒，并兵攻之。淖齿既杀湣王于莒，因坚守，距燕军，数年不下。燕引兵东围即墨，即墨大夫出与战，败死。城中相与推田单，曰：“安平之战，田单宗人以铁笼得全，习兵。”立以为将军，以即墨距燕。

田单离间燕王与乐毅关系，乐毅离燕归赵。田单激发齐军将士斗志，涣散敌军战力。田单乃收城中得千余牛，为绛缯衣，画以五彩龙文，束兵刃於其角，而灌脂束苇於尾，烧其端。凿城数十穴，夜纵牛，壮士五千人随其后。牛尾热，怒而奔燕军，燕军夜大惊。牛尾炬火光明炫燿，燕军视之皆龙文，所触尽死伤。五千人因衔枚击之，而城中鼓噪从之，老弱皆击铜器为声，声动天地。燕军大骇，败走。齐人遂夷杀其将骑劫。燕军扰乱奔走，齐人追亡逐北，所过城邑皆畔燕而归田单。

田单兵日益多，乘胜，燕日败亡，卒至河上。而齐七十余城皆复为齐。乃迎襄王于莒，入临淄而听政。襄王封田单，号曰安平君。

太史公曰：兵以正合，以奇胜。善之者，出奇无穷。奇正还相生，如环之无端。夫始如处女，适人开户。后如脱兔，适不及距：其田单之谓邪。

田单火牛阵的故事，创造了我国古代战争史上以少胜多、以弱胜强、以奇制胜的著名战例，至今仍被收入美国西点军校和中国军事科学院的教科书。

（4）“九贤之首”即墨大夫的故事。战国时期各诸侯国通过变法确立了封建制度，生产关系的变革解放了生产力，以铁质工具为代表的新生产力迅速发展起来，农业、手工业及商业的空前繁荣，促使规模巨大的城市大量兴起，其功能与性质也随之发生了根本性变化。齐国依仗“盐铁之利”，在诸侯国中已属强国了。这一时期的即墨城，已有了举足轻重的地位，而治理这片土地的即墨大夫，也就是个重要的历史人物了。

即墨大夫，战国时齐国人，姓名失传。齐威王时治即墨，他刚正务实，政绩卓著。他廉直勤政，几年间使即墨地方田野开垦广拓，居民生活富裕，社会秩序安宁。由于他为人刚正不阿，不去贿赂讨好齐威王左右弄权施威的贪官污吏，所以不断地遭受谗言诋毁。幸好齐威王果断地派员调查，澄清了是非。一日齐威王上朝理政，当即嘉奖了即墨大夫，“封之万家”，并烹了弄虚作假、求誉害民的大夫，痛斥了那些弄权受贿者。从此，齐国国威大振，转弱为强，即墨也得以进一步发展。即墨之名遂闻彰天下，昭诸史书。旧时即墨地方建有“九贤祠”，即墨大夫列九贤之首。即墨大夫无疑是一个正直、廉洁、勤政、有作为的好官、清官。这在今天，也有积极的借鉴意义。关于即墨大夫的故事，《史记·田敬仲完世家》《资治通鉴》均有记载。

## 三、平度高质量发展的抓手在于文化

通过系统调研，更加坚定了一个观点：平度高质量发展的抓手在于文化。我认为，平度历史文化在八个方面是非常有高度、有特色、有价值的。一是平度史前遗址是中国史前文化的代表之一。有从旧石器时代一直到大汶口文化、龙山文化、岳石文化的完整序列。其中逄家庄遗址中的环壕聚落为胶东半岛唯一类型；岳石文化又是胶东半岛唯一的文化符号。二是中国经学、历法学大师庸谭、徐万且均与平度有关，他们都是载入史册的历史文化名人。其中徐万且对中国二十四节气的贡献已引起当地政府的关注。三是平度现存的《郑文公碑》《王舍人碑》是中国书法的代表性作品，决定了平度书法在中国的地位。四是在长达一千多年时间里，胶东王都在胶东半岛一直是政治、经济、文化、军事中心，其中全国重点文物保护单位即墨故城与六曲山汉墓群曾被列入国家“十四五”时期大遗址保护名录和山东省首批考古遗址公园。五是民谣《饭牛歌》、名战“火牛阵”、名臣宁戚与蔡齐等均出自平度，每一个名字的背后都有一段恢弘的历史。六是“帝迹”与平度八景等历史名胜都是平度历史文化的宝藏，云山道观与王重阳、丘处机、马钰、王抱玄、范长真大师等彰显平度道教文化厚重。七是柳腔、民间舞、木版年画、剪纸、泥塑、草编等非物质文化遗产项目达 117 个，被列入省级的非遗项目有 31 个，列入青岛市级的有 16 个，初步建立起非物质文化遗产保护机制，涌现出一批像宗家庄木版年画传承人宗成云、民间剪纸艺术家李秀芝、泥塑艺术家高杰等非遗传承人和民间艺人。八是现有馆藏文物 15733 件/套及全国重点文物保护单位 4 处、省级文物保护单位 5 处、省级以下文物保护单位以及优秀历史建筑达到 57 处，这对一个县级市来说非常“富有”。这八大优势，是平度文化的底气所在。

1. 以“大文化”理念建设文化平度。一个城市的文化程度就是指城市的开化、进化程度。内涵即开化进化体现在自觉自由性、劳动创造性、群体协同性，外延包括物质文化、制度文化、精神文化。当然也包括执政水平、经济发展、建设特色等。要大力提升对党、对祖国、对中国特色社会主义的高度认同力和自觉力，对地域政治、经济、社会发展的探索力和创造力。要以文化良知打造清明、公正、廉洁、高效的廉政文化。

以人文关怀浸润各项工作，服务人民群众。大力提升公务人员个人文化修养，制订公务员文化修养规范与礼仪规范，培育文明、高雅、谦和、睿智的内外兼修的文化型公务员。以新型经济文化与新型企业文化提升经济发展软实力。经济核心竞争力不只是有产品的硬实力，还有研发模式、商业模式、管理模式、品牌战略及精神文化这些软实力。

2. 倡导“信达大度”风尚，建设“平和大度”之邦。大力弘扬社会主义核心价值观。要健全舆论导向的体制机制。健全互联网管理体制与工作机制，形成正面引导和依法管理相结合的网络舆论工作格局，建立健全舆情处置工作制度。深入推进“诚信平度”建设。大力弘扬诚信、礼仪、孝和等中华优秀传统文化。围绕“平度”二字的释义，即“平”是平安，“度”是和谐、法度，同时结合《家庭教育促进法》的实施，树立“家和万事兴”新风，评选“崇孝尚睦家庭”，营造和谐平安的社会秩序，倡导平和大度的社会风尚。

培育具有学习力、创造力、道德力、审美力和良好文明生活方式的“文化平度人”。

3. 完善公共文化服务体系。将公共文化服务纳入政府采购计划。全面推进公共图书馆分馆建设，建设覆盖城乡的流动图书馆。实施农村公益电影放映。推进公共数字文化建设。建设数字电影放映网络系统、网上图书馆、网上博物馆、网上剧场，拓宽文化传播流通渠道。

大力开展群众文化活动。打造“平度市群众业余创作汇演”“平度之夏·欢乐无限”“元宵灯谜会”“春节文艺晚会”“广场舞汇演”“同和一家亲”“汉文化艺术节”“庄户剧团天天演”等文化活动品牌。与此同时，加强广场文化、社区文化、农村文化、企业文化及校园文化建设，促进城乡联动、村企联动。

4. 实施文艺精品工程，打造乡土艺术之乡。以庄户剧团为代表的民间戏剧系列；以农民诗歌为代表的乡土文学系列；以年画、剪纸、泥塑、烙画为代表的民间工艺美术系列；以扛阁、烛竹马、跑花灯为代表的民间舞蹈系列。打造“平度乡土艺术之乡”品牌。

5. 实施历史文化资源发掘、研究、保护、利用系统工程。编撰《平度通史》。重点包括：物质文化遗产，主要有史前文化的 12 处遗址（含岳石文化）、即墨故城、六曲山墓群、天柱山郑文公碑、大泽山石刻及碑林等；非物质文化遗产，目前已普查整理出 117 个，其中 3 个列入山东省名录，16 个列入青岛市名录；对历史文化名城、名镇、名村及传统村落资源，进行普查。对历史文化资源进行价值评估与定位。按照习近平总书记提出的“保护为主，抢救第一，合理利用，加强管理”的方针，打造平度文化的支柱产业。

6. 大力发展文化旅游产业。要把平度的红色文化，古代历史文化，特色文化等打包、集成，推动旅游业大发展。发展领先全国的文化制造产业。提升以工艺品为龙头的文化制造业水准，把平度已有的草编、假睫毛制造、石雕、剪纸、烙画、玩具等优势文化制造产业创出名牌。

# 东夷文化的研究与电视传播愿景

林 宏

（山东教育电视台）

2022年7月26日，习近平总书记在省部级主要领导干部专题研讨班上指出：“新时代10年的伟大变革，在党史、新中国史、改革开放史、社会主义发展史、中华民族发展史上具有里程碑意义。”习近平总书记讲话充分肯定了新时代10年伟大变革的重大意义，鼓舞和激励全国人民奋力谱写全面建设社会主义现代化国家崭新篇章。新时代擘画中华民族伟大复兴蓝图、全面建成小康社会、创造了人类文明新形态、开辟了马克思主义新境界，在中华民族发展史上具有里程碑意义。

作为教育宣传部门，我们有义务有责任营造传承中华文明的浓厚社会氛围，广泛宣传中华文明探源工程等研究成果，教育引导群众特别是青少年更好认识和认同中华文明，增强做中国人的志气、骨气、底气。

具体到服务山东地区的教育电视台，如何能结合近百年的山东考古成就，深入浅出地梳理地域文化发展脉络，进而深入研究阐释中华文明起源所昭示的中华民族发展路向和中华民族多元一体演进格局。研究阐释中华文明讲仁爱、重民本、守诚信、崇正义、尚和合、求大同的精神特质和发展形态，阐明中国道路的深厚文化底蕴。以电视纪录片或者是大型电视讲座的形式，综合山东地区近一百年的考古成果，总括地域文化特点，充分展现齐鲁大地特有的文化——东夷文化的丰富内涵，这成为我们下一步的重要任务。

东夷文化时间跨度是从新石器时期的后李文化（距今8500—7300年）开始，经历北辛文化（距今7300—6100年）、大汶口文化（距今6100—4600年）、山东龙山文化（距今4600—4000年）、夏商时期的岳石文化（距今3900—3500年），直到西周初期姜子牙辅佐武王灭商后封国建邦（前1046）。而东夷文化地域范围则是东起海滨，西至豫东，北至辽东，南抵江淮，包括山东、辽东半岛、苏皖北部和豫东地区，以山东地区为发源地和核心聚集区。

东夷文化六大突出特点：悠久性（前后跨越5000多年）、先进性（物质、精神文化均居当时文化制高点）、独立性（没有受到同时期其他远古文化入侵）、连续性（前后相继，序列完整）、同一性（共同的文化习俗）和扩张性（对周围古文化影响较大并远播域外）。古老东夷文化在人类文明发展史上具有重要地位和深远影响，曾在世界东方文明和中华民族形成史上发挥了举足轻重的主导作用。

为了把东夷文化对我国文明起源和发展以及对人类的重大贡献更加清晰、更加全面地呈现出来，更好发挥以史育人作用，我们需要坚持“大历史观”，在立足中国、放眼世界、纵贯古今的视野中，考察和阐释东夷文化的发展进程。

## 一、东夷文化的发展序列

“海岱”这个词出自《尚书·禹贡》，自古以来就是一个固定的历史地理词汇。它以现在的泰山为中心，由若干条发源于泰沂山脉的河流及其冲积平原所组成。所以从历史地理上来说，它指的是以山东为中心加上周边地区的一个区域，例如豫东、皖北、苏北。海岱地区的考古学文化是一脉发展、自成序列的。从 1928 年龙山城子崖遗址发现以来，考古工作者在这片区域进行了近一个世纪的考古工作，建立起了一个比较完整的考古学文化发展序列，在每个阶段都有相关的考古发现。这些发现对我们探讨、研究文明起源及发展之路提供了很好的材料。

### （一）海岱初始文明

海岱地区的考古学文化，最早可以上溯到沂源猿人、乌珠台人所处的旧石器时代。沂源猿人距今已有四五十万年，乌珠台人也在距今 5 万年前后。它们分别代表了旧石器时代中期和晚期的考古学文化。考古学上的后李文化阶段（距今 8500—7300 年前后），这是先民定居生活的开始，也是我们东夷文明的起点。

后李文化是以寿光后李遗址命名的，主要分布在泰沂山脉北缘区域。当时的人类已经在局部地区有了定居农业，从相关遗址的发现来看，人们已经学会建造房屋，而且房屋的面积还不小，有的达到 40～50 平方米，当时在一个房子里居住的人群也是比较多的，应该是处在一种母系氏族社会阶段。该时期人的居住空间和下葬空间是分离的。从墓葬的随葬品来看，其社会处在一种平等的生活水准上，看不出墓主人之间的贫富差距。

北辛文化的年代大约（距今 7300—6100 年前后）。北辛文化遗址的分布范围较大，远远超过了后李文化的分布区域，几乎涵盖了整个海岱地区。它得名于滕州的北辛村遗址。北辛文化阶段基本上还是处在一个平等社会的阶段，氏族内部开始出现了贫富分化，而且发展出了一系列的信仰，比如说龟灵崇拜，犬灵崇拜。当时的人们已经知道烧制鼎和配套使用的许多器具，例如豆、壶等，贫富分化产生了，但还没有加剧的迹象，没有出现因为地盘争夺而产生的战争。

### （二）大汶口文化

大汶口文化（距今 6100—4500 年前后）以泰安大汶口遗址而命名，它的分布面积更加广阔了，影响所及就更大。除了现在的海岱地区，它的影响一直到了江淮乃至汉水流域，向西、向西南、向南方的影响尤其明显。而且它和当地同时期的文化都有明显的互动。

大汶口文化最典型的一个特点就是贫富分化加剧，生产工具的质量和数量要远远超过前一个阶段。酿酒在大汶口文化时期已经有明显增多的迹象，各种与饮酒酿酒有关的器具数量非常多。这和文献上黄帝时期仪狄造酒的记载，在时代上大致也是吻合的。在当时氏族内部，富裕的家族已经开始处在统治的地位。大汶口文化生产的陶器、玉器和前一段的同类器完全不一样，器物组合非常完备，功能也非常多样化，而且有的器具显然不是为了日用，而是为了等级的显示，如白陶、彩陶。大汶口文化晚期还出现了薄胎的黑陶。

大汶口文化时期，有了礼乐制度，有了争夺，社会已经变得复杂起来，已经处在国家社会的前夜。目前还很难说大汶口文化已经有国家组织的出现，成规模的战争要到龙山时代才发生。

### （三）龙山时代

龙山时代（距今5000—4000年前后），接续大汶口文化晚期。从历史上来看，龙山时代大约相当于司马迁《史记》当中《五帝本纪》所述的时代，它处在夏王朝诞生的前夜。我们说中国有五千年文明，就是从五帝时代算起。

龙山时代是国家起源与形成的时代。考古学界确定国家的标准，也就是文明三要素：首先是城的出现，再是金属冶炼，三是文字。文明的三要素最早是由英国考古学家柴尔德提出的，我国学者又加上了中国特有的礼制，也就是标志社会等级身份的这套礼器系统，这也是文明的一个要素。这就是四要素。

龙山时代的城，内部也有了功能的分区，有的是贵族居住的，有的是平民居住的，还有很重要的手工业作坊区，有的城还出现了进出城门的一些门卫的保护措施，有下水道、排水设施等等。像这样一个个复杂的城池，没有一个有力的管理者是很难建成的，也很难维持下去。所以城作为文明社会的标志被大家普遍接受。金属冶炼标志着科学技术发达的程度。如果说从城的元素看社会组织能力，那么科技发达的程度就要看金属冶炼。龙山时代金属冶炼的例子在全国有很多发现，就海岱地区来说，像三里河、尧王城都发现有铜器小件或炼渣，三里河的铜锥已经是青铜，是铜锡合金。

除了社会组织、科技这两种元素，还应注意到反映人们认知能力和意识形态的东西，那就是文字。海岱地区大汶口文化出现了一些刻划符号，比如大家耳熟能详的像日月山这一类符号，只是符号，还不是文字，因为很难说它有记录语言的功能。龙山时代的文字不断有新发现。1991 年在邹平丁公遗址发掘出土的丁公陶文，刻写在一块陶片上，共有 11 个文字。对它的解读目前有不同的意见，有部分学者认为它与商代甲骨文应该属于一个系统，因为其中的几个字可以和甲骨文进行对应、进行对照。也有学者说它是东夷的文字，并认为与古彝文一脉相承。也就是说，龙山时代已经出现了文字，而且是比较成熟的文字了。

从考古发现的尧王城古国和两城镇古国，这两个古国大约面积都在 250 万到 400 万平方米不等，都已经有了明确的城墙和壕沟，城圈里各种功能设施非常齐备，有规模较大的建筑物，有生活区，有墓葬；出土有重量级的蛋壳黑陶和精美的玉器等。这两个古国明显地具有了国家的形态。

大汶口时期和龙山时期这种区域中心聚落位置的变化、地点的变化，显示出龙山时代人们的交通能力、互动能力大为增强，区域间的互动也大为增强。古国之间的互动方式有可能是友好往来，也可能是战争，通过战争，不同区域互相兼并形成更大的社会团体、社会政体。这是国家社会发展的一个必然趋势。所以我们说中国文化是多元的。费孝通先生提出了多元一体的看法，文明是多地起源的，但是它又汇为一体。这个多元一体的过程就是通过国家之间的兼并战争来完成的。国家不断地互相兼并，由数量众多变得越来越少，由小规模的国家变成大规模的国家，再到夏商周时期的王国，最后到秦始皇统一六国形成帝国。所以由古国到王国再到帝国就是多元一体格局形成的道路。

## 二、东夷文化与华夏文化的相互关系

20世纪以来，有关中华文明起源地，学术界和考古界有非常多的探索，其中很重要的一个观点就是中华文明起源之多源说，也就是说它起源于多个地方。著名的考古学家夏鼐先生曾经提出：中华文明起源最重要的地方有五处，其中有两处非常重要的地方，即黄河流域的河洛地区和黄河下游的齐鲁之地。河洛地区大致上来讲即陕西的东部、河南的北部、山西的南部这一带；黄河下游流域即指泰山周围，也就是我们今天所说的齐鲁，是中华文明最重要的发源地之一。

夏、商时期，齐鲁也是一个文明高度发达的地区。有关夏代的考古文化称之为岳石文化，反映了山东在夏代的文化面貌。而从大量的文献记载看，夏代时期，齐鲁之地形成了若干个方国，可以称之为方国林立的时代；不论从考古还是从文献记载看，齐鲁之地在夏代也是一个文化比较发达的区域。

商代的齐鲁之地则是有商一代的东方文化中心。随着20世纪甲骨文和商代考古的发现，从多个方面证明在商代时，齐鲁之地就是一个文明发展程度很高的文化中心区。

经过近一百年的考古挖掘，学术界逐渐形成共识，海岱地区的文明演进是一个自成系统的文化序列。海岱地区的考古学文化从后李文化经过北辛文化，再经过大汶口文化再到山东龙山文化和岳石文化，这样的一个谱系，就是东夷文化区的谱系。同一时期，中原地区从裴李岗文化发展到仰韶文化，再发展到中原龙山文化这样一个谱系，它们的背后就应该是中原文化区的谱系。就海岱地区与中原地区的关系而言，既有夷夏东西分布的格局（夷分布在东，夏分布在其西的中原）；也有夷夏互动、互化、融合的情况。通俗地讲，就是有些部族由夷转化为华夏，也有华夏变化为夷，最后又都融合成华夏民族。

### （一）关于“夷”“夏”的概念

首先，要解释一下“夷”和“夏”的概念。这是历史学的概念，也是民族史上的概念。一般而言，我们所说的“夏”，既可以指夏王朝的夏，也可以指华夏民族。然而，夷夏放在一块的时候，夷夏之“夏”就是关于民族共同体的概念，指的是华夏民族。夷夏之“夷”也是族的概念，主要是指东夷。这样就涉及华夏民族的称谓、东夷民族以及几千年前少数民族的称谓问题。

在春秋战国时期，人们把华夏民族称呼为“华”“夏”“华夏”，或者称呼为“诸夏”，这在《左传》里多次被提到；而把其他民族，也即我们现在惯称的少数民族，当时是中原以外的民族，称为“夷”“蛮”“戎”“狄”。

汉代《礼记·王制》篇记载“东方曰夷，被发文身，有不火食者矣。”这些记载把东方的人明确地叫做“夷”，说他们披着散发，身上纹身；有的人是吃生的，不吃熟食的。《礼记·王制》篇明确说：东方曰夷，南方曰蛮，西方曰戎，北方曰狄。也就是说，从战国开始明确出现了“东夷”“南蛮”“西戎”“北狄”的称谓，把夷、蛮、戎、狄，整齐划一地分配于四方，固定在华夏的四方。

从春秋上溯到西周，在西周的青铜器铭文里面也有“东夷”。从西周再上溯到商代，商代的文字是甲骨文，在甲骨文里，夷和东夷被称为“人方”。甲骨文里有许多占卜王征伐人方的卜辞，写作“王征人方”。“王征人方”就是“王征夷方”，“夷”就是处于海岱地区的东夷。

这样看来，“夷”或“东夷”作为一个民族的称谓渊源悠久。从甲骨文到金文（金文就是青铜器铭文），再到《左传》，把定居于海岱地区的古老民族称为“夷”，这个称谓应该是清楚的。

与“夷”相对的就是“华夏”，就这是把自夏王朝以来，居住在中原地区的民族称为“华夏”。所以就民族的分布而言，形成东西对峙、东西分布的格局。

但是夷夏有东西分布的一面，也有经过互动、互化而融合的一面，夷夏的互动、融合，从三代之前就开始了。

（二）“夷夏”之间的互动融合

1. 华夏民族前身的华夏部族集团所面对的夷夏融合问题，其中既有夷人转化为华夏族的情形，也有华夏族人转化为夷人的情形，出现夷与夏交互作用和相互转化的局面，最终形成了华夏民族。

东夷融合为华夏，其最典型的例子就是舜。我们知道关于这一时期最有名的上古传说就是尧舜禹禅让。在尧年龄大了的时候，把他的位子禅让给舜，舜年龄大以后又禅让给禹。传说中的禅让，就是把盟主的位子让出来。舜担任过盟主，有很重要的地位。根据西晋时期皇甫谧写的《帝王世纪》和《尚书·尧典》篇的记载，舜担任盟主的时候，这个时候他应该居住在中原，定都在现在的山西西南部的永济到平陆这一带。

但是舜原本是东夷人。说舜是东夷人的证据在哪儿呢？《孟子·离娄下》篇说：“舜生于诸冯，迁于负夏，卒于鸣条，东夷之人也。”舜是东夷人，他出生在诸冯，后来迁走了，最后死在鸣条。那么诸冯在哪儿呢？实际上它就在山东的诸城。由舜的出生地可以推知，虞舜族的发祥地就应该在山东的诸城。

这样的话，舜这一族，包括舜本人，应该是由山东的诸城出发，向西迁徙。首先经过河南东部的虞城这个地方，后来到了山西西南部的永济到平陆一带，成为尧舜禹族邦联盟的盟主。舜以及跟他一起迁徙到中原的族人，就变成了华夏集团的成员，这是一个很典型的夷人转化为华夏民族的实例，即夷人华夏化。所以，华夏民族把舜是作为华夏族的圣人，当然也是儒家的圣人。孔孟之道，祖述尧舜，宪章文武，这是华夏民族的文化传统。

除作为盟主之一的舜之外，原本是东夷人的皋陶和伯益诸部，他们后来也成为中原各部落联盟的成员，也走向了夷人华夏化。

既然是互相转化，既有夷变化为华夏的，也应该有华夏集团变为夷的。比如，在山东寿光发现有纪国的青铜器，在山东莒县古代有向国。这些纪国、向国都是姜姓，也都是炎帝后裔。他们出现在山东应该还在西周之前，不属于周武王、周公、周成王分封的诸侯国。他们来到海岱地区，是华夏民族很早就向东夷地区迁徙的原因。

山东龙山文化中的黑陶对中原的龙山文化有广泛的影响。山东龙山文化中特别发达的黑陶，在当时原始文明的制陶业中都是最高级的。在中原地区以及在其他地区发现有黑陶，就是由山东传到这些地区的。这是一种高超的制陶技术。文献记载“有虞氏尚陶”，说的就是有虞氏这个部族特别善于制作陶器。山东龙山文化里面的黑陶既然是当时制陶所能达到的最高水平，那这样的黑陶出现在中原地区，就应该是由帝舜有虞氏从东夷地区带来的。帝舜由海岱地区到了中原，最后定都在山西南部。随着这批人从东向西的迁徙，高超的黑陶制陶技术也被带到了中原。所以有虞氏尚陶跟在中原地区出现的精美黑陶可以联系在一起。

这样看来，黄河的中下游地区，包括东夷文化和中原文化在内的黄河文明的起源，应该是各族文化交互作用的结果，也是夷夏相互融合的结晶，由夷变为夏，或由夏变为夷，然后再进一步融合，才成为华夏。

2. 夏王朝夷夏融合

夏朝时的夷夏融合与它的多元一体的复合制王朝国家结构密不可分。夏朝国家里面包含的诸侯邦国（即族邦）是多个方面的，在国家结构的形态上是多元一体的复合制。是指在夏、商、西周三代王朝内包含有王国和受王所支配的诸侯邦国两大部分。就夏代而言，在其复合制结构中，有作为王族的夏后氏；也有与夏后氏同姓的有扈氏等同姓族邦；还有与夏后氏不同姓的韦、薛、商侯等异姓族邦。

在夏王朝中，这些异姓的诸侯邦国在朝廷中担任官职，成为夏王与诸侯邦国之间的纽带。

例如，《左传·定公元年》说："薛之皇祖奚仲居薛，以为夏车正。"薛国因造车技术高超而使得其国君奚仲得以担任夏朝造车的官职。在二里头遗址已发现车轮轨迹的遗迹，可见夏代已有车。这说明奚仲制造车的传说是可信的。薛国之君这位专门给夏王造车的车正，成为王朝的在朝之官，这属于东夷族融入华夏族例子。

在夏朝也有许多尚未融入华夏族的东夷人。夏代在海岱地区有"九夷"：畎夷、于夷、方夷、黄夷、白夷、赤夷、玄夷、风夷、阳夷等。这些诸夷在复合制国家结构之外，属于"体制"外的所谓蛮夷之邦。这些尚未纳入王朝国家体系的夷人在政治上处于"时服时叛"状态，在民族关系上也尚未融入当时的华夏民族。

3. 商王朝的夷夏融合

由夏朝进入商朝，在多元一体的复合制国家结构进一步完善的同时，东夷在融入华夏的广度和深度上都有所发展。

商王朝由“内服”的王畿和“外服”的诸侯邦国组成。商王“天下共主”的地位，决定了王畿是王朝内的“国上之国”。诸侯邦国是王朝内的“国中之国”，二者共同构成了多元一体的复合制结构。商代的王权是指这种复合制王朝国家的王权，是一种广域王权，它既统治着王畿，也支配着从属于商王的侯伯等邦国。

连接内外服结构的纽带——在朝为官的“外服”贵族——他们也是王族和执掌各种职官的贵族大臣。实际上，担任“内服”官职的大臣有相当多是来自“外服”的贵族。这样，“外服”之人在朝为官，就成为连接“内服”和“外服”的纽带。

例如，青州苏埠屯商代“亚醜”大墓即可作为代表。从该大墓的规格规模看，这是诸侯一级的大墓。而从“亚醜”族徽判断，他又不是商的王族。所以他应该是东夷之人。与此同时，该墓随葬青铜器（鼎、觚、爵、斝、簋）的形制及组合、陶器（觚、爵、簋、豆、盘、罐）的形制及组合，都与殷墟相同，所以可以看出他是华夏化很深、已融入华夏民族之中的夷人。从这里可以看出，商代夷夏融合的深度。

关于商代夷夏融合的广度，可以通过早商、中商、晚商三个时期商文化分布区位予以说明。因为这三个时期商文化的影响逐渐向东递减，应该与商对夷的融合是成正比的。商代早期，除了济南的大辛庄遗址外，商文化向东的扩张主要到豫东地区。到了商代中期，商文化向东有很大的扩展，已到泰沂山脉一线。商代晚期的商文化已东扩到了泰沂山脉北侧的淄河、潍河流域。由苏埠屯“亚丑”诸侯大墓可以看到，商朝在夷夏融合的深度和广度上有很大的发展。

商代的人方（夷方）则尚未融入华夏民族之中。夷人是在商代之后的西周、春秋战国时期才完成了夷夏的融合。例如，周王把伯禽封到鲁地，把姜尚姜太公封到了齐地，其结果就促进了华夏和东夷的融合。到了战国和战国以后，它基本就融为华夏一体了。到了秦汉以后，整个山东地区都属于华夏民族，属于汉民族文化非常发达的地方。秦汉以来的海岱地区已属于完整的华夏文化区。

夏商时期夷夏持续融合，由此涉及夏商王朝的国家结构。夏商周三代王朝的国家结构是复合制机制下的多元一体。所谓“多元”就是既包含原来华夏自身的文化，也包含着原来是华夏之外的文化，比如说东夷的文化。夷夏融合是中国上古史中非常重要的一个问题，也是华夏民族不断向前发展的一个非常好的例子。

以上对东夷文化的概括性认识，是我们纪录片创作团队，在立项之初必须具备的，也是必须建立在历史发展规律和正确方向之上的。

## 三、东夷文化系列节目的创作原则

中华文明的“轴心时代”（春秋战国时代），由于列国纷争、诸侯割据，以及自然环境的差异，实际上被分割成了相互联系，又各具特色，发展水平高低不等的区域文化版块，形成齐鲁、燕赵、中原、秦晋、荆楚、吴越、巴蜀、岭南等影响深远的区域文化。而在各区域文化中，在当时和对后世影响及贡献最大的区域文化，当属齐鲁。要正确认识齐鲁文化在中华文明的重要地位，就要求我们正确把握创作规律，把重大考古文化题材做精做美。

**（一）价值坐标要准，提升节目的精神能量、文化内涵、审美功能**

习近平总书记指出："优秀文艺作品必然是思想内容和艺术表达有机统一的结果。正所谓'理辩则气直，气直则辞盛，辞盛则文工'。只有把美的价值注入美的艺术之中，作品才有灵魂，思想和艺术才能相得益彰，作品才能传之久远。"立足培育深厚的文化底蕴，《东夷文化》系列纪录片，从远古到大汶口文化再到岳石文化，设计开发带有浓郁传统文化色彩的特别节目，复活"丁公陶文""蛋壳陶杯""礼出东方"礼乐制度的形成等独具魅力的经典场景和意象，形成"破圈"效应，力争吸引众多观众特别是年轻观众成为中华传统文化的粉丝。实践证明，中华优秀传统文化是一座取之不尽、用之不竭的资源宝库。大家一定要坚定文化自信，坚守中华文化立场，传承中华文化基因，挖掘中华优秀传统文化的思想观念、人文精神、道德规范，把艺术创造力和中华文化价值融合起来，实现中华文化的创造性转化和创新性发展。

### （二）艺术表达要新，增强节目的传播力、吸引力和感染力

创新是文艺的生命。文化专题电视艺术创作是观念和手段相结合、内容和形式相融合的深度创新，是各种艺术要素和技术要素的集成，是胸怀和创意的对接。电视纪录片要在牢牢把握正确政治方向、舆论导向、价值取向、审美趣向的前提下，坚持守正创新，不断推陈出新，才能保持活力，增强吸引力，向更广阔的创作天地迈进。

在这项大型节目的创作中，我们将努力加强技术赋能。现在各种艺术门类互通互融，各种表现形式交叉融合，互联网、大数据、人工智能广泛应用，极大拓宽了电视艺术发展的空间。广播电视专题片要在艺术与技术的结合上继续深入探索，使艺术要素与技术要素交相辉映。要积极应用人工智能、大数据以及 VR、AR、MR、XR 等现代技术手段，打造互动式视频、沉浸式视频、虚拟现实视频，丰富文化内涵，表达思想情感，使节目呈现新的境界。努力以沉浸式体验的方式，带领观众接触深藏在博物馆中的精品文物，遍布在各地的考古遗址，还要让观众亲眼看见文物修复过程，充分满足众多观众尤其是青年观众的好奇心、求知欲。

在这项大型节目的创作中，我们将努力加强融合传播。广播电视精品文化类节目不仅要在大屏传播，更要利用小屏传播。当前，融合发展，融合传播大潮不可逆转，要适应新传播趋势，深入研究各类媒体、各类平台的传播特点和规律，通过台、网、微、端协同联动，大屏小屏共同发力，实现传播最大化。

# 山东平度东岳石村新石器时代遗址与战国墓

中国科学院考古研究所山东队

新石器时代遗址位于东岳石村的东南、淄阳河北岸的台地上，东西长约245，南北宽约200米。其东面靠近大泽山，南面靠近大泽山的支脉高望山与明堂山，西面与北面都是平原，东南距平度县城约30，北距渤海湾约15公里。发掘工作自1960年4月12日开始，至5月24日结束，在遗址的西部与东部共开5×5米的探方11个，并发掘战国墓葬20座（图一）。参加发掘工作的有魏效祖、许振、冯秉刚、何裔霭、韩树鸣、毕宝启、贾金华，山东省文物管理处陈芝生与平度县文化科杨光两同志也曾协助工作。发掘资料由吴汝祚（墓葬部分）、李文杰（遗址部分）分别整理，编写。

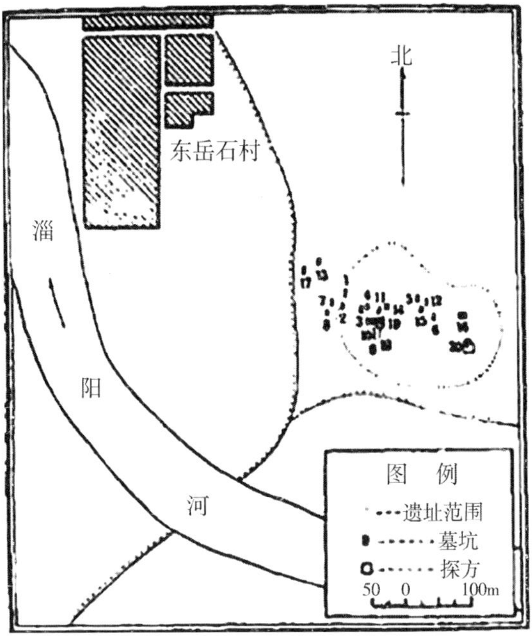


图 1 平度东岳石村遗址与墓葬分布图

## 一、新石器时代遗址

### （一）地层情况

耕土层下面即为新石器时代文化层。现以 T7 与 T8 为例说明如下（图 2）：

第 1 层，耕土。厚 0.07—0.2 米。包含物有新石器时代陶片、汉瓦及近代陶瓷片等。

第 2 层，新石器时代交化层。按土色、土质的不同，又可分为四小层：2A 层，棕色灰土，含有红烧土末，质硬。深

0.07—0.2，厚0.12—0.3米；2B层，黑色灰土，含有红烧土末，质很松。深0.2—0.45，厚0.21—0.68米；2C层，黄色砂土，质较硬。深0.5—0.75，厚0.2—0.85米。出土物很少；2D层，黄色灰土，含有淤砂，质较软。深0.85—1.3，厚0.25—1.37米。以上各层所包含的均系新石器时代遗物。

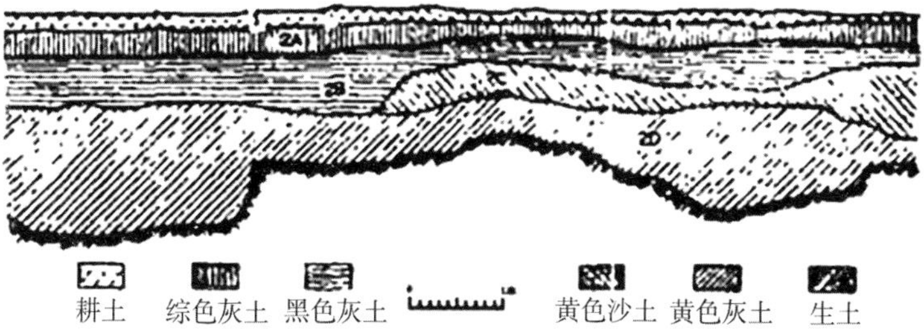


图2　T7与T8东壁剖面图

（二）遗迹

仅发现两个新石器时代灰坑。H1位于T4的东北角，半个在探方之外未发掘。口底大小相等，口径东西长1.92，口深0.65，底深0.95米。坑内填松软的黑色灰土，出土30余块陶片、1件石铲和少量兽骨。H2位于T3东北，坑口略成椭圆形，口大底小，口径宽1.12、长1.43，底径宽0.98、长1.22，口深0.65，底深1.1米。坑内填较硬的褐色灰土，出土60余块陶片和少量兽骨。

（三）遗物

按质料的不同，可分为陶器、石器、骨器、蚌器及其他五类，其中以陶器数量较多。

1. 陶器绝大多数为容器残片，能够复原的很少。此外，尚有纺轮、网坠等。陶质以夹砂红陶为最多，约占一半，夹砂灰陶与泥质灰陶次之，泥质黑陶再次之，泥质黄陶最少。夹砂陶器的火候较高，陶质较硬，往往颜色不纯，在同一件陶器上部分呈红色和灰色。泥质陶器陶土多经过淘洗，一般火候较高，陶质较硬。泥质黑陶仅表面呈黑色，内胎呈灰色。

制法有手制和轮制两种，以手制为主。夹砂陶器一般都为手制，表面抹平；泥质陶器一般都为轮制，表面抹平，少数经过磨光的工序。

纹饰都较简单。夹砂陶器除素面以外，主要有附加堆纹和划纹，泥质陶器普遍饰有弦纹和凸棱。附加堆纹大多数成泥条状，饰于甗的腰部和裆部，或夹砂罐的颈部和腹部，在泥条的上面又多饰有划纹（图版贰，10），也有饰圆窝纹（图版贰，17）或小园圈纹的。此外，也有作圆饼状的附加堆纹（图版贰，14）。划纹饰于夹砂罐的口部、颈部、肩部或腹部和夹砂盂的腹部，常见的有排列成各种式样的短直线纹（图版贰，11、12、16），此外还有断续的线纹（图3，8）。斜点纹（图版贰，15；图4，1）、弦纹，普遍饰于尊、簋、器盖、豆、皿、盂、杯等泥质陶器的器身、钮或足上（图4，2、4—15），也有的饰于夹砂盂的口部与腹部（图4，1）。凸棱系轮制而成，见于泥质陶尊、簋、器盖、皿、盂、杯的近口部或腹部和豆盘的内壁（图4，2—8、9、10、14、15）。印纹系拍印而成的网状纹饰，见于数块泥质灰陶片上（图版贰，13）。另外，在一块泥质灰陶器盖残片上有朱绘的痕迹（图4，8），另一块泥质灰陶豆圈足残片上有长方形的镂孔（图4，13）。

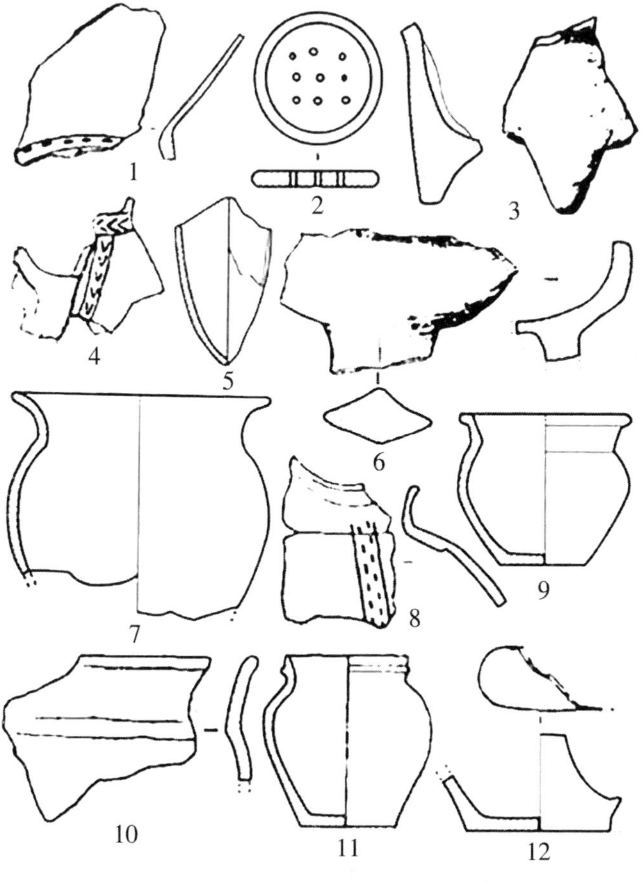


图3 新石器时代陶器

1、4、5. 甗残片及袋足（T8：2D⑦、T2：2⑰、T4：2⑤） 2. 箅（T1：2⑧） 3、6. 鼎足（T7：2D⑧、T3：2A⑥） 7. Ⅰ式罐（T2：2⑱） 8. 罐片（T3：2A⑦） 9. Ⅱ式罐（T5：2③） 10. 罐（T7：2D⑨） 11. Ⅲ式罐（T2：2②） 12. 罐（T8：2B⑧）（5、6为1/4，余皆1/8）

器形可识别的有罐、尊、器盖、豆、簋、盂、甗、鼎、皿、杯等10种，其中以罐的数量为最多，尊、器盖、豆次之，簋、盂、甗再次之，鼎、皿、杯最少。

甗　一般为夹砂灰陶，也有个别夹砂红陶，皆残缺。手制，敞口，直壁向外斜伸，束腰，三袋足，外表多有烟熏痕迹，有些内壁有白色水锈。

如T8：2D⑦、T2：2⑰与T4：2⑤（图3，1、4、5）。此外，还出土陶箅1件，T1：2⑧（图3，2），夹砂灰陶，手制。这种箅应为甗的附件。

鼎足　2件。T7：2D⑧（图3，3），正面与侧面都略成三角形，横剖面成椭圆形。T3：2A⑥（图3，6），足的横剖面成菱形，下部残缺。为夹砂灰陶。

罐　多为夹砂红陶，其次为夹砂灰陶，有很少泥质灰陶与泥质黑陶，还有个别泥质黄陶。皆平底，有些夹砂罐的外表有烟熏痕迹。可分三式：Ⅰ式，敛口，唇外侈，鼓腹。如T2：2⑱（图3，7），夹砂灰陶，腹下部残。Ⅱ式，T5：2③（图版壹，1；图3，9）为夹砂灰陶，唇上有浅槽一道。Ⅲ式，子母口，沿下附加泥条一周，鼓腹。复原1件，T2：2②（图版壹，3；图3，11），夹砂红陶。此外，尚有三种不同形式的残片（图3，8、10、12）。

尊　皆为泥质灰陶，轮制，小平底，成假圈足形。可分二式：Ⅰ式，直壁略向外斜，近口部与腹部各有凸棱一周。复原5件，如T8：2D④（图版壹，5；图4，2）。Ⅱ式，腹部略鼓，近口部有凸棱一周。复原1件，T8：2D⑤（图版壹，4；图4，3）。

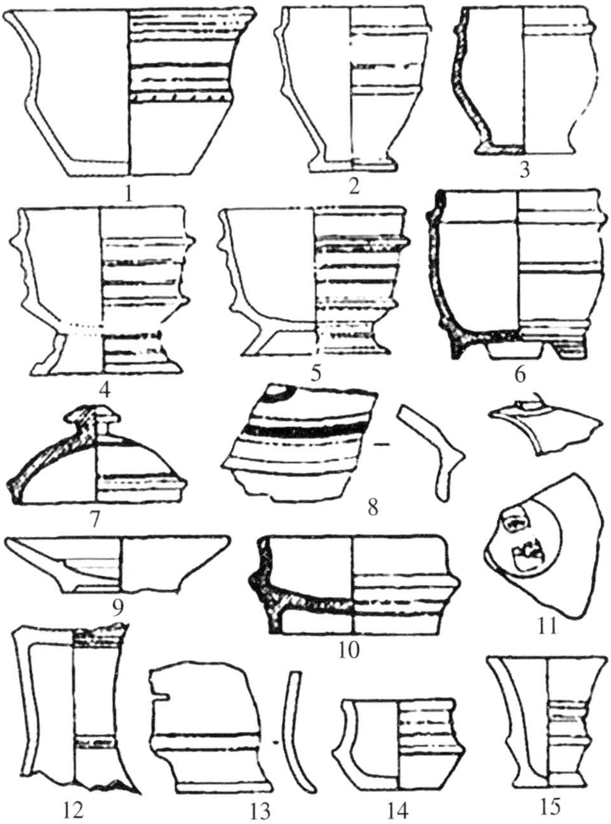


图 4　新石器时代陶器

1. Ⅰ式盂（T8：2B⑥） 2. Ⅰ式尊（T8：2D④） 3. Ⅱ式尊（T8：2D⑤） 4、5. Ⅰ式簋（T2：2⑲、T2：2⑳） 6. Ⅱ式簋（T7：2C①） 7. Ⅰ式器盖（T4：2④） 8. 朱绘器盖（T6：2⑧） 9、12、13. 豆的盘与圈足（T8：2B⑨、T7：2C⑪、T6：2⑦） 10. 皿（T7：2D⑥） 11. Ⅱ式器盖（T2：2㉑） 14. Ⅱ式盂（采集：②） 15. 杯（T7：2C④）（8. 1/4，余均 1/8）

簋 有泥质的灰陶、黑陶与黄陶三种，皆为轮制，近口部与腹下部各有凸棱一周，底部附有矮圈足或三足。可分二式：Ⅰ式，直壁略向外斜，底略下凹，圈足外侈。如T2：2⑲与T2：2⑳（图4，4、5）时，前者为泥质黑陶，后者为泥质黄陶，两件外表都经过精细打磨，有光泽。Ⅱ式，腹部微鼓，平底，三弧形足。复原1件，T7：2C①（图版壹，2；图4，6），泥质灰陶。

器盖 多为泥质灰陶，少量泥质黑陶，还有个别泥质黄陶，盖身皆轮制，顶部绝大多数附一圆钮，也有的附一环钮。可分二式：Ⅰ式，圆钮，钮系轮制，实心或中空。复原4件，如T4：2④（图版壹，8；图4，7），泥质灰陶。Ⅱ式，环钮，钮系手制，仅出土1件，T2：2②（图4，11），泥质黑陶。

豆 皆残缺，多为泥质灰陶，少量为泥质黑陶，还有个别泥质黄陶，皆轮制，敞口，浅盘，直壁向外斜伸，盘内壁有凸棱一周，圈足较高，其中部略向内收而下端外侈。如T8：2B⑨、T7：2C⑪与T6：2⑦（图4，9、12、13）。

皿 泥质灰陶，轮制，直口，盘较深，腹部有凸棱一周，底略下凹，附粗矮的圈足。仅出土2件，复原1件，T7：2D⑥（图版壹，7；图4，10）。

盂 有泥质灰陶、黑陶、黄陶与夹砂红陶四种陶质，皆折腹，平底。可分二式：Ⅰ式，大口，唇外侈，器形较大。复原1件，T8：2B⑥（图版壹，9；图4，1），夹砂红陶。Ⅱ式，口略直，唇微外卷，腹部有凸棱一周，器形较小。复原1件，采集品（图4，14），泥质灰陶。

杯 大口，唇外侈，腹下部有凸棱一周，小平底，假圈足。仅出土1件，T7：2C④（图版壹，6；图4，15），泥质灰陶。

纺轮 2件。皆残。T2：2⑨（图5，14）剖面成棱形，中央穿孔，两面都有弦纹。T7：2A①，采用泥质灰陶尊底改制而成，器形较大，中央钻孔。

网坠 24件。其中完整的11件。最大的直径6.5、长8，最小的直径3.5、长4.5厘米。可分四式：Ⅰ式，椭圆形，15件。其中单孔的12件，如T11：2②。双孔的3件，如：T8：2B②（图5，10）。Ⅱ式，球形，2件。如T7：2B⑤。Ⅲ式，圆柱形，3件，如：T8：2D⑥（图5，11）。Ⅳ式，长条形，4件。如：T8：2D②（图5，12）。

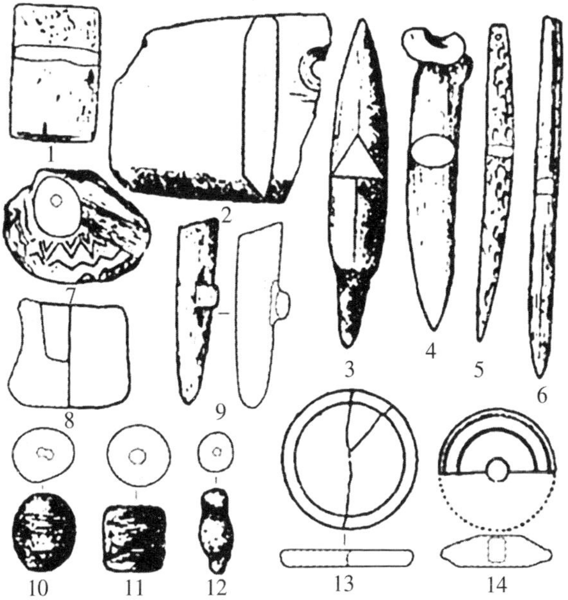


图5 新石器时代器物

1. 长方形骨器（T8：2B①）2. Ⅱ式石刀（T6：2⑤）3. 石镞（T7：2C②）4. Ⅲ式骨锥（T1：2②）5. Ⅱ式骨针（T2：2⑭）6. Ⅰ式骨锥（T7：2D⑦）7. 蚌饰（T2：2⑩）8. 小陶器（T2：2⑮）9. 骨鱼镖（T8：2A①）10—12. 陶网坠（T8：2B②、T8：2D⑥、T8：2D②）13. 圆饼形陶器（T1：2⑦）14. 陶纺轮（T2：2⑨）

小陶器　2件。用手捏塑，用途不详。如T2：2⑤、T2：2⑮（图5，8）。

圆饼形器　1件。T：12⑦（图5，13），系用夹砂灰陶器底改制而成。

圆形陶片　1件T5：2②，系将夹砂灰陶片磨成圆形，直径约3.2，厚约0.8厘米，用途不详。

2. 石器　共出土20件，采集1件，除1件敲砸器与1件石锛为打制外，其余18件皆为磨制。

斧　3件。可分三式：I式，1件，T7：2B④（图6，7），下部略宽，横剖面成椭圆形，器形中宽的两面各有竖直的浅槽一道，钝刃已残缺。Ⅱ式，1件。方柱形，T2：2⑬（图版贰，6；图6，3），下部略粗，双面刃。Ⅲ式，1件。扁平长方形，T1：2①（图6，4），平顶，单孔，系由两面对钻而成，表面磨制光滑，下部残缺。

锛　1件。T2：2⑥（图6，2），打制，单面弧刃，上部残缺。

凿　4件。其中完整的1件，T8：2B⑤（图版贰，5；图6，5），上窄下宽，横剖面成梯形，单面刃。

敲砸器　1件。略成方形。T5：2④（图6，1）。

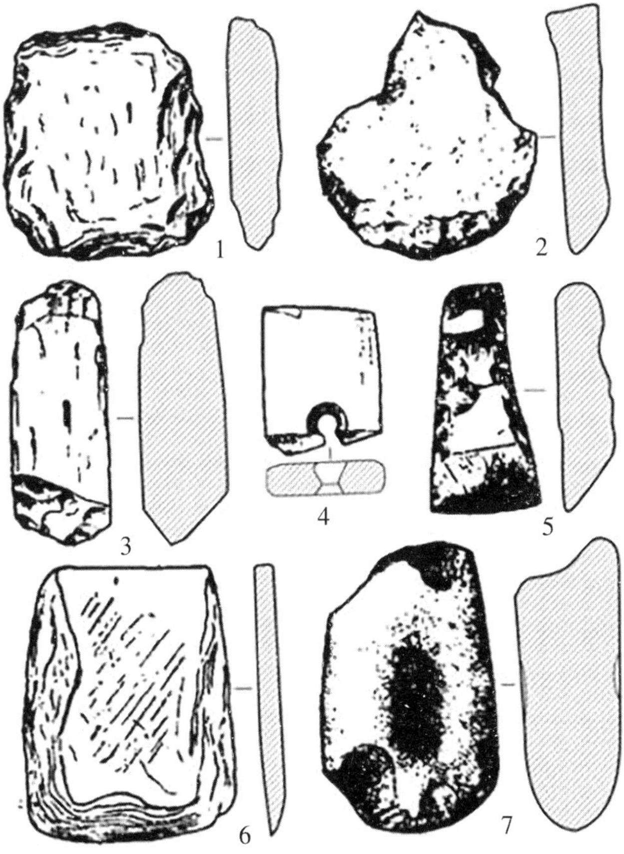


图6　新石器时代石器

1. 敲砸器（T5：2④）2. 锛（T2：2⑥）3. Ⅱ式斧（T2：2⑬）4. Ⅲ式斧（T1：2①）5. 凿（T8：2B⑤）6. 铲（H1：1①）7. Ⅰ式斧（T7：2B④）（5. 1/2，余均1/4）

铲　2件。如H1：1①（图6，6），器身扁薄，单面弧刃。

刀　7件。皆有两面对钻的双孔。可分二式：Ⅰ式，5件。

半月形，器身剖面略成弧形，单面刃。如T3：2②（图版贰，8），与T8：2D①，皆平刃。又如采集：③（图版贰，9），凹刃，一端残缺。Ⅱ式，2件。长方形，皆残。T6：2⑤（图5；2），单面刃。T8：2B③，双面刃。

镞　1件。T7：2C②（图5，3），剖面三角形。

纺轮　1件。T7：2B②，扁圆形，中央钻孔，残。

圆饼形器　1件。T1：2⑥，中部较厚，四周较薄，残，用途不详。

3. 骨器34件。除一件骨铲用兽下颚骨外，其余皆用兽肢骨。

铲　1件。T7：2C⑩（图版贰，3），基本上保持着下颚骨的原状，在一面磨成刃部，并露出齿槽的痕迹。

鱼镖　1件。T8：2A①（图版贰，7；图5，9），前半残缺，后半略成圆锥形，横剖面成椭圆形，一侧有一小钮，钮孔由两面钻。

针　8件。后端穿孔，可分二式：Ⅰ式，7件。细长形，制作精细，均残缺。Ⅱ式，1件。扁平形，T2：2⑭（图5，5），中部较宽，后端较窄，平顶。

锥　8件。可分三式：Ⅰ式，6件。长条形，其中完整的一件，T7：2D⑦（图5，6）。Ⅱ式，Ⅰ件。中空，斜形尖，T11：3①（图版贰，4）。Ⅲ式，1件。粗短，T1：2②（图5，4），钝尖状。

匕　12件。器身较宽扁，平顶，可分二式：Ⅰ式，7件。尖刃，其中完整的4件，如T2：2⑧与T6：2③（图版贰，1），后者器身中部较宽，顶端较窄。Ⅱ式，5件。弧刃，其中完整的一件，T3：2⑤（图版贰，2），器身较长，刃部很钝。T8：2C①，双面刃。

长方形器　2件。器身宽扁，两端皆平齐，其用途不详。H1：1②，中部较厚而两端较薄。T8：2B①（图5，1），器身很短，有一面在一端刻一“十”字纹。

笄　2件。其中完整的1件，T1：2⑨，长条圆锥形，圆顶，尖端锋利。

4. 蚌饰　仅出土1件。T2：2⑩（图5，7），系将海产的蛤壳尾部磨孔。

5. 其他　出土一些兽骨、鹿角、海产的蛤壳及鱼骨等。

东岳石村新石器时代遗址出土的生产工具中，以网坠的数量较多，说明捕鱼业在经济中占有相当的地位。遗址附近的淄阳河与渤海湾可能就是当时人们的主要捕鱼场所。

该遗址出土的陶器，质料以夹砂红陶为最多，泥质黑陶的数量很少，而且一般只是表面呈黑色，而内胎则为灰色，蛋壳陶根本没有发现；制法以手制为主，而轮制的较少；纹饰以附加堆纹、划纹、弦纹和突棱较多，而弦纹和凸棱的作风与城子崖龙山遗存相似；器形以尊、簋、器盖较为突出，具有独特的风格，而城子崖常见的鬶、大口平底盆等器物在这里则没有发现。这里出土的Ⅱ式半月形石刀，其形制与城子崖的大体相同①。从总的特征上观察，应属于龙山文化。

① 《城子崖》图版叁拾柒，10—12；肆拾壹，9—11。

## 二、战国墓葬

发掘的20多座墓葬，多保存得较好。墓坑多为南北向的竖穴，有的是口大底小，棺椁都已腐朽，从保存的遗迹来看，一棺一椁的墓有7座，有棺无椁的墓11座，其余2座没有发现棺椁的痕迹。除7座墓葬式不明和第6号墓为头向北、面向西的屈肢葬外，其余的12座墓葬全属头向北、面向上的仰身直肢葬。随葬器物的放置部位，一般是棺内主要放置着带钩和各种装饰品，棺椁之间或棺外多放置器皿、武器和车马器等。

随葬器物主要是陶制容器，其次是铜制容器、武器、服饰和装饰品，陶俑和车马器很少。

（一）陶制容器　完整的或能辨识器形的共136件，分属泥质灰陶、泥质黑陶和泥质红陶三种。陶质多较粗，并且多数陶器烧制时的火候较低，陶质松脆，只有部分灰陶火候较高，陶质比较坚硬。制法有轮制和泥条筑成法两种。泥条筑成的容器，器形多数不很规整。泥质黑陶制成的容器以无盖豆为主，还有部分盘、有盖豆、无底壶（即I式壶）和盂等。这些器物的表面都经过打磨。其他两种陶质制成的容器，表面多较粗糙，其中泥质灰陶最多，约占全部出土陶器的70%；泥质红陶出土最少，只有部分的盒、壶、盘和舟等。纹饰比较简单，除多属素面外，只有少数器物上有彩绘、暗纹和弦纹等。彩绘是陶器烧成后用紫红色或黄褐色和白色相间绘制成直线曲折纹、云雷纹和三角纹等，大多饰于无盖豆和壶的器身和器盖上。暗纹只见于M1：5的壶和M8：14的罐上，前者是在壶的颈部和腹部以波浪形纹、三角纹内加云纹、双曲线纹等相互配合组成带状，后者是在罐的肩部以斜方格纹和三角纹组成带状。

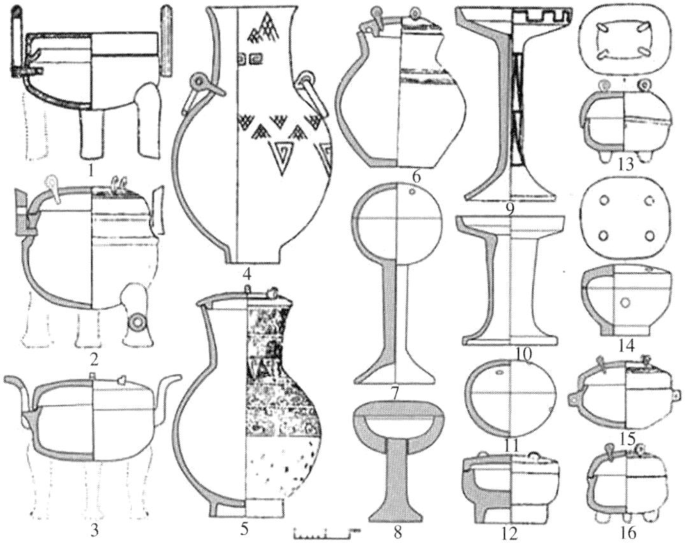

图7　战国陶器

1、2. Ⅲ式鼎（M13：1、M17：23）3. Ⅳ式鼎（M1：1）4. Ⅰ式壶（M13：23）5. Ⅳ式壶（M1：5）6. Ⅲ式壶（M17：10）7、8. Ⅱ式豆（M16：37、M18：2）9. Ⅰ式豆（M8：11）10. 笾（M16：29）11. Ⅰ式盒（M16：32）12. Ⅲ式舟（M4：2）13. Ⅱ式舟（M17：29）14. Ⅰ式舟（M16：45）15. Ⅱ式盒（M13：26）16. Ⅲ式盒（M17：28）

器形有鼎、豆、笾、壶、舟、盒、罐、盘、匜和盂等。

鼎　9件。可分四式：Ⅰ式，1件（M16：41）。平口缘，圜底，双耳微向外伸，盖上有三圆孔，孔内各附有一钮（图版肆，1）。Ⅱ式，1件（M18：1）。体小，壁厚，浅腹，圆底。Ⅲ式，3件（图版叁，3；图7，1、2）。口部下有对称的两个长方形孔，可以装入鼎耳，盖上大多有三个圆孔，每个孔内附有一个环钮。一件（M13：1）为浅腹，三足成圆柱形；一件（M17：23）为深腹，三足较矮。Ⅳ式，2件（图版叁，6；图73）。腹部较浅，盖上附有三钮，器耳显著地向外伸展，如标本Ml：1。

豆　48件。可分二式：I式，26件（图版叁，9；肆，9；图7，9）。多属浅盘，标本M8：11和M16：43，器形较小，把手较短。标本Ml：7，器形较大，把手较高。Ⅱ式，22件（图版叁，4、7；肆10；图7，7、8）。有盖豆，盘身大多较I式的为深，唯标本M18：2，浅盘而器壁较厚，盘底有孔，可插入把手。标本M16：37，平口缘，盖与盘相合略呈圆球形，盘口下穿有对称的两个圆孔，盖上穿有三个圆孔。标本M17：12，子母口，盘壁较直，盖上穿有三个圆孔。标本Ml：2，盖上附有圆饼形的钮。

笾　2件（图版肆，4；图7，10）。器形与I式豆相似，盘底中部有一圆孔，与圈足相通，如标本M16：29。

壶　22件。可分四式：I式，4件（图版肆，8；图7，4）。口部稍向外侈，无底而成假圈足形。标本M16：36，器形较小，腹上部外鼓，颈腹间穿有对称的三个圆孔，盖的中央穿有一个圆孔。标本M13：23，器形较大，腹部较圆，颈腹间穿有对称的两个圆孔，孔内各附有环耳一个，无盖。Ⅱ式：2件（图版肆，7）。侈口，短颈，深腹，圈足，底部中央镂空，颈腹间穿有对称的两个圆孔，如标本Ml6：26。Ⅲ式，6件。标本M17：10，短颈，圆腹，有肩，盖上穿有三圆孔，孔内附有环钮（图版叁，2；图7，6）。标本M3：13，器形较大，侈口，长颈，深腹。标本 M9：6，颈部较短而粗，颈腹界线不明，有盖。Ⅳ式，10 件。标本 M8：18，颈部较直而长，高腹，颈部间界线不明显。标本 M17：11，直口，颈部较短而粗，圆腹，有盖，盖上穿有三个圆孔，孔内各附有一个环钮（图版叁，1）。标本 M14：9，直颈，深腹，盖上附有三个环钮。标本 Ml：5，直口，直颈，圆腹，盖上附有三钮（图版叁，8；图 7，5）。标本 M14：16，直口，颈部较短而粗，颈腹间附有双耳（图版肆，5）。

盒 21 件。可分三式：Ⅰ式，2 件（图 7，11）。平口缘，圆底，有盖，盖上穿有三个圆孔，口部下有对称的两个圆孔，如标本 M16：32。Ⅱ式，12 件。子母口，口部下附有双耳，有盖。如标本 M13：26，盖上穿有三个圆孔，孔内各附有一个环钮（图 7，15）。标本 M14：10，盖上附有三个环钮。Ⅲ式，7 件（图 7，16）。如标本 M17：28，腹壁较直，底部附有三矮足，有盖，盖上穿有三圆孔，孔内各附一个环钮。

舟 6 件。可分为三式：Ⅰ式，2 件（图 7，14）。如标本 M16：45，平口缘，有厚平底，成假圈足形，盖低平，穿有四孔。Ⅱ式，1 件（图版叁，5；图 7，13）。标本 M17：29，子母口，平底，附有四矮足，盖上穿有四孔，孔内各附有一个环钮，腹的两侧穿有对称的两个圆孔。Ⅲ式，2 件（图 7，12）。如标本 M4：2，子母口，平底，圈足，盖附有四钮。

（二）铜制容器 都出于 M14 和 M16 中。它们的器壁较薄，器形有鼎、敦、豆、提梁壶、盘和舟等，其中以鼎、敦保存得较为完整。

鼎　1件（图版肆，2）。标本M16：25，敛口，深腹，圜底，盖上附有三环钮，三足残缺，器身和盖上均饰有蟠虺纹。

敦　2件（图版肆，3、6）。标本M16：23，器身和盖上有变形雷纹；标本M16：24，则有蟠虺纹。

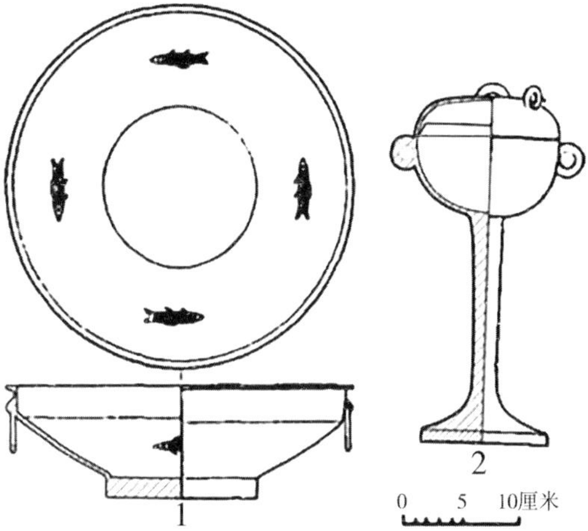


图8　战国铜器

1. 盘（M16：35A）2. 豆（M14：25）

豆　复原的有1件（图8，2）。标本M14：25，直口，深腹，把手较细而长，盘形器盖，附有三环钮，豆盘的上部附有对称的两个环耳。

提梁壶　复原的有1件。标本M14：17，直口，高腹，平底，圈足，有盖。

盘　复原的1件（图8，1）。标本M16：35A，直口，平底，圈足，腹上部附有对称的两个环耳，盘内饰有4条对称的鱼纹。

舟 1件。标本M16：35B，直口平底，假圈足，腹中部较宽的两侧附有两环耳，盖上附有四环钮。

此外，又有刻纹的残铜器片1件（图9），标本M16：60，刻有人形、鸟形、植物形、波浪形和三角形等纹饰。

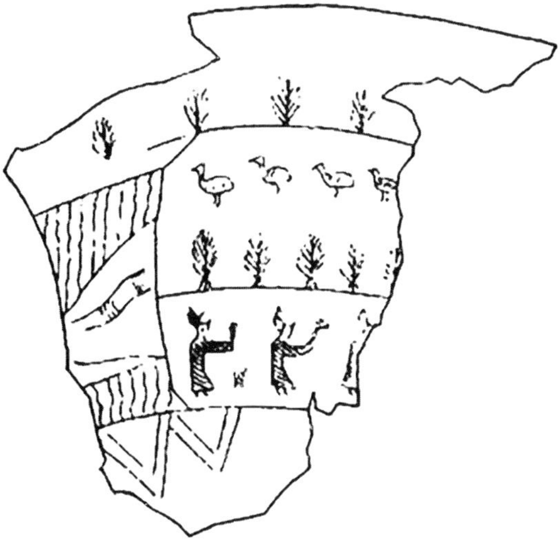

图9 战国刻纹铜片（M16：60）

（三）陶俑 有人俑和马俑两种，都出于M16中，是用泥质黑陶制成，中胎呈红褐色，烧制时火候较低，陶质松脆，大多破碎不堪，只有少数可以复原得比较完整。

俑 复原比较完整的有标本M16：52A一件（图10，1），全身多有刮削痕迹，眼、鼻、嘴都用白彩绘成，袒右肩，右手屈于腹前，左臂残缺。

马俑 比较完整的有标本M16：54一件（图10，2），全身也是多有刮削痕迹，用红、白彩色绘成马具。

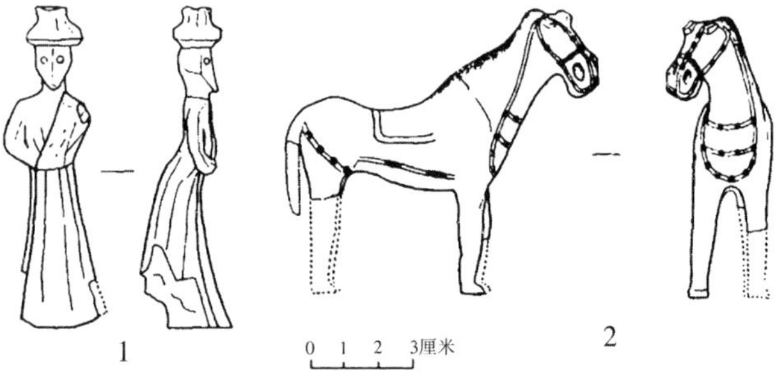


图 10 战国陶俑

1. 俑（M16：52A）2. 马俑（M16：54）

（四）武器 有铜制的剑、戈、镞和矛等 4 种。标本 M16：1 的剑，长 58.8 厘米，是出土的八支剑中最长的一件。圆首，茎呈圆柱形，中间有平行的凸棱两周，腊上有用绿松石镶嵌成的饕餮纹，剑身有斜方格纹。

戈 出土的有 12 件，有的器形较大，胡二穿，内一穿，如标本 M16：50A；有的器形较小，胡三穿，内一穿，如标本 M16：4。

镞 出土的有 41 件，其中标本 M16：39A 等，双翼，有脊，两侧有动物形图案；铤细长。标本 M16：30，器形与 M16：39A 相似，而两侧无纹，短铤中空成圆銎，此外又有三棱镞，或长脊、齐头的，或镞身较小成圆锥形的。

（五）服饰和装饰品 有铜制的带钩、玛瑙环、玛瑙和绿松石制成的管形饰等组成的一组串饰、石和陶制的环、石璧、石和陶制的璜、骨珠以及石和骨制的贝等。带钩出土的有 16 件。

这 20 座墓葬，或多或少都有随葬器物，其中除 M6 和 M10

两座只出土铜剑、带钩和石璧等器物外，其余的18座墓葬都有陶制容器随葬。随葬陶器的组合，以M8、M13、M16和M17等来说，是用鼎、豆、壶、盒、舟、盘和匜等。这些陶器的特点是：陶质比较松脆，附在器身土的耳和器盖上的钮，大多可以移动。有的壶无底，有附耳的多在颈腹之间。而Ml和M14等座只有鼎、豆、壶或鼎、豆、壶、盒等。这些陶器的陶质比较坚硬，器耳和盖钮都是固定在器物土。

陶豆与陶壶的随葬数量，也有一定的比例关系。陶豆分无盖豆和有盖豆两种。两者经常共存，有盖豆常常少于无盖豆，也有两者数量相等的。随葬壶的数量，常少于豆，或两者数量相等。

这批战国时期的齐墓，从年代上来说，大体可以分为早晚两群：一群以M16为代表，出土的铜器残片上的刻纹饰，与山西长治市分水岭出土的刻纹图案有类似之处①。铜鼎与河北唐山市贾各庄出土的I式铜鼎相近似②。陶器上的耳和钮居多可以移动，又有舟等遗物出土。它的年代可能为战国早期。另一群墓葬以Ml和M14两座为代表，器耳和盖钮多趋固定。鼎耳显著地向外伸展，豆盖上的钮多成圆饼形或喇叭形，同时也不再用舟随葬。在年代上应较前者为晚，可能约当战国晚期。

原文发表于《考古》1962年第10期

① 山西省文物管理委员会：《山西长治市分水岭古墓的清理》，载《考古学报》1957年1期。

② 安志敏：《河北省唐山市贾各庄发掘报告》，图版拾贰，载《考古学报》第6册（第一、二分合刊），1953年。

# 墓葬统计表

单位：米

| 墓号 | 方向 | 墓葬尺寸 | 棺椁 | 随葬器物 |
| --- | --- | --- | --- | --- |
| 1 | 11° | 3.1×1.84-? | 棺痕 | 陶鼎（Ⅳ）1，陶豆（Ⅰ）4、（Ⅱ）2，陶壶（Ⅳ）2，陶环5，陶璜125，陶管135，石管272，石环22 |
| 2 | 0° | 2.8×2.6-? | 棺痕 | 陶鼎（?）1，陶豆（Ⅱ）1，陶壶（?）1，铜剑1，铜戈1，铜镞1，铜带钩1 |
| 3 | 5° | 2.2×1.64-? | 棺痕 | 陶舟（Ⅰ）1，此外还有破碎不能复原的陶片，铜带钩1，石圭3，长条形穿孔石片3，眉月形穿孔石片3，曲尺形石器1，骨管1 |

（续表）

| 墓号 | 方向 | 墓葬尺寸 | 棺椁 | 随葬器物 |
| --- | --- | --- | --- | --- |
| 4 | 10° | 4. 2×2. 85-? | 棺痕<br>椁：3. 4 × 2. 32-1. 1 | 陶舟（Ⅲ）1，此外还有破碎的陶片，不能复原，串饰一组 |
| 5 | 7° | 2. 7×14-? | | 陶壶（?）1，陶豆（?）1，陶盘 1 |
| 6 | 0° | 3. 15×2. 75-? | 棺痕<br>椁：2. 35 × 1. 74-1 | 铜带钩 2，石壁 32，石管 26 |
| 7 | 8° | 2. 9×1. 94-? | 棺痕 | 陶壶（Ⅲ）1，陶匜 1，此外又有破碎不能复原的陶片，石环 4 |
| 8 | 15° | 3. 5×2. 42-? | 棺痕<br>椁：2. 5 × 2. 17-0. 82 | 陶鼎（Ⅲ）2，陶豆（Ⅰ）8、（Ⅱ）2，陶壶（Ⅰ）1，陶壶（Ⅳ）1，陶罐 1，陶盘 1，陶匜 2，陶盒（Ⅱ）2、（Ⅲ）2，此外还有一些不能复原的陶片 |
| 9 | 5° | 2. 72×1. 92-3. 15 | 棺痕<br>椁：2. 72 × 1. 92- | 陶鼎（Ⅳ）1，陶豆（Ⅱ）2，陶壶（Ⅲ）2，陶盒（Ⅱ）1，陶盘 1 |
| 10 | 7° | 3. 7×2. 61-4. 3 | 棺痕<br>椁：<br>3. 26×2. 1-? | 铜剑 1，铜带钩 1 |

（续表）

| 墓号 | 方向 | 墓葬尺寸 | 棺椁 | 随葬器物 |
|---|---|---|---|---|
| 11 | 17° | 3.16×北1.34 南1.52 -2.36 | 棺痕 | 陶豆（Ⅱ）1，陶盂1，铜带钩1 |
| 12 | 10° | 2.95×2.05-? | 棺痕 | 陶豆（Ⅰ）2、（Ⅱ）2，陶匜1，铜矛2 |
| 13 | 6° | 3.3×2.86-? | 棺痕<br>椁：<br>2.3×1.56-? | 陶鼎（Ⅲ）2，陶豆（Ⅰ）4、（Ⅱ）4，陶壶（Ⅰ）2、（Ⅲ）2，陶盘2，陶匜2，<br>陶盒（Ⅱ）6，铜环3 |
| 14 | 3° | 4.6×3.4-? | 棺痕 | 陶鼎（Ⅳ）1，陶豆（Ⅱ）2，陶壶（Ⅳ）4，陶盒（Ⅱ）3，铜豆2，铜提梁壶1，铜盘1，铜戈2，铜镞（?），铜带钩1，玛瑙环2，石璧1，石璜4，石贝550，骨贝18，铜合叶形器2，铜泡2，铜衔1，骨镳2，铜轴头4 |
| 15 | 4° | 3.38×2.7-? | 棺痕 | 陶器都已破碎不能复原，石梳2，石圭4，石环43，石管45 |

(续表)

| 墓号 | 方向 | 墓葬尺寸 | 棺椁 | 随葬器物 |
| --- | --- | --- | --- | --- |
| 16 | 0° | 3.3×3-? | 棺痕<br>椁：3.2×2.8-0.92 | 陶鼎（Ⅰ）1，陶豆（Ⅰ）4、（Ⅱ）2，陶箍2，陶壶（Ⅰ）1、（Ⅱ）2，陶盘2，陶匜1，陶舟（Ⅰ）1，陶盒（Ⅰ）2，陶俑4，陶马俑2，铜鼎1，铜敦2，陶盘1，铜提梁壶1，铜剑3，铜戈6，铜镞40，铜带钩6，玛瑙环4，石璜62，骨珠780，石管1065，石贝662，铜管12，骨梳1，石墩2，骨管2，骨锥形器，铜衔1，骨镳2，铜轴头2 |
| 17 | 12° | 2.25×1.6-? | 棺痕 | 陶鼎（Ⅲ）2，陶豆（Ⅰ）4、（Ⅱ）4，陶壶（Ⅲ）1、（Ⅳ）3，陶盘2，陶匜2，陶舟（Ⅱ）1，陶盒（Ⅲ）4，铜剑2，铜戈3，铜矛2，铜带钩3，陶璜30，石管131 |
| 18 | 6° | 2.3×1.25-2.4 | 棺痕 | 陶鼎（Ⅱ）1，陶豆（Ⅱ）1，陶舟（Ⅲ）1 |
| 19 | 357° | 2.26×0.96-1.9 | 棺痕 | 陶豆（Ⅱ）1，小罐1，陶盒（Ⅲ）1 |
| 20 | 0° | 2.2×1.1-? |  | 陶盂1，铜剑1 |

图版壹

1. Ⅱ式罐（T5：2③） 2. Ⅱ式簋（T7：2C①） 3. Ⅲ式罐（T2：2②）

4. Ⅱ式尊（T8：2D⑤） 5. Ⅰ式尊（T8：2D④） 6. 杯（T7：2C④）

7. 皿（T7：2D⑥） 8. 器盖（T4：2②） 9. Ⅰ式盂（T8：2B⑥）

山东平度东岳石村新石器时代遗址出土陶器

（4—6、8. 约 1/4，余均约 1/5）

图版贰

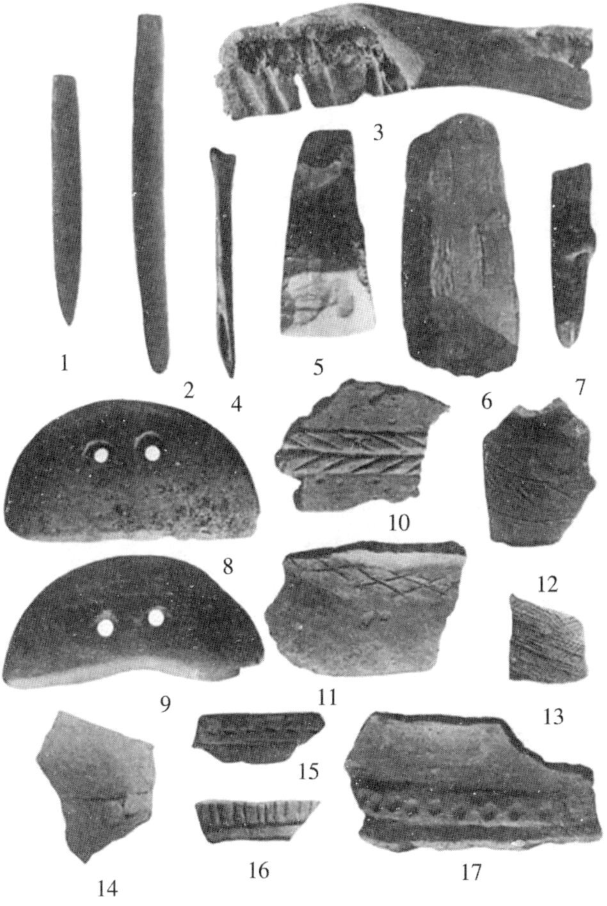


山东平度东岳石村新石器时代遗址出土器物

1. Ⅰ式骨匕（T6：2②）　2. Ⅱ式骨匕（T3：2⑤）3. 骨铲（T7：2C⑩）4. Ⅱ式骨锥（T11：3①）5. 石凿（T8：2B⑤）6. Ⅱ式石斧（T2：2）7. 骨鱼镖（T8：2A①）8、9. Ⅰ式石刀（T3：2②、采集：③）10—17. 陶器纹饰（1、9. 3/4，2—4、6、8. 1/2，5、7. 原大，10、12—16. 1/3，11、17. 1/4）

图版叁

1. Ⅳ式壶（M17：11）

2. Ⅲ式壶（M17：10）

3. Ⅲ式鼎（M17：23）

4. Ⅱ式豆（M17：12）

5. Ⅱ式舟（M17：29）

6. Ⅳ式鼎（M1：1）

7. Ⅱ式豆（M1：2）

8. Ⅳ式壶（M1：5）

9. Ⅰ式豆（M1：7）

山东平度东岳石村战国墓出土陶器